中国科普大奖图书典藏书系

古今化学二十杰

杨建邺　杨　露◎编著

長江出版傳媒　湖北科学技术出版社

图书在版编目（CIP）数据

古今化学二十杰 / 杨建邺，杨露编著. — 武汉:湖北科学技术出版社，2021.12

（中国科普大奖图书典藏书系 / 叶永烈，刘嘉麒主编）

ISBN 978-7-5706-1690-9

Ⅰ. ①古… Ⅱ. ①杨… ②杨… Ⅲ. ①化学家－生平事迹－世界 Ⅳ. ①K816.13

中国版本图书馆 CIP 数据核字(2021)第 179773 号

古今化学二十杰

GUJIN HUAXUE ERSHI JIE

责任编辑：彭永东　梅嘉容　　封面设计：胡　博

出版发行：湖北科学技术出版社　　电话：027-87679468

地　　址：武汉市雄楚大街 268 号　　邮编：430070

（湖北出版文化城 B 座 13-14 层）

网　　址：http：//www.hbstp.com.cn

印　　刷：武汉中科兴业印务有限公司　　邮编：430071

710×1000　1/16　19 印张　2 插页　280 千字

2021 年 12 月第 1 版　　2021 年 12 月第 1 次印刷

定价：46.00 元

总序

ZONGXU

我热烈祝贺"中国科普大奖图书典藏书系"的出版!"空谈误国,实干兴邦。"习近平同志在参观《复兴之路》展览时讲得多么深刻!本书系的出版,正是科普工作实干的具体体现。

科普工作是一项功在当代、利在千秋的重要事业。1953年,毛泽东同志视察中国科学院紫金山天文台时说:"我们要多向群众介绍科学知识。"1988年,邓小平同志提出"科学技术是第一生产力",而科学技术研究和科学技术普及是科学技术发展的双翼。1995年,江泽民同志提出在全国实施科教兴国战略,而科普工作是科教兴国战略的一个重要组成部分。2003年,胡锦涛同志提出的科学发展观既是科普工作的指导方针,又是科普工作的重要宣传内容;不是科学的发展,实质上就谈不上真正的可持续发展。

科普创作肩负着传播知识、激发兴趣、启迪智慧的重要责任。"科学求真,人文求善",同时求美,优秀的科普作品不仅能带给人们真、善、美的阅读体验,还能引人深思,激发人们的求知欲、好奇心与创造力,从而提高个人乃至全民的科学文化素质。国民素质是第一国力。教育的宗旨,科普的目的,就是为了提高国民素质。只有全民的综合素质提高了,中国才有可能屹立于世界民族之林,才有可能实现习近平同志提出的中华民族的伟大复兴这个中国梦!

中华人民共和国成立以来,我国的科普事业经历了:1949—1965年的创立与发展阶段;1966—1976年的中断与恢复阶段;

1977—1990年的恢复与发展阶段；1991—1999年的繁荣与进步阶段；2000年至今的创新发展阶段。60多年过去了，我国的科技水平已达到“可上九天揽月，可下五洋捉鳖”的地步，而伴随着我国社会主义事业日新月异的发展，我国的科普工作也早已是一派蒸蒸日上、欣欣向荣的景象，结出了累累硕果。同时，展望明天，科普工作如同科技工作，任务更加伟大、艰巨，前景更加辉煌、喜人。

“中国科普大奖图书典藏书系”正是在这60多年间，我国高水平原创科普作品的一次集中展示。书系中一部部不同时期、不同作者、不同题材、不同风格的优秀科普作品生动地反映出中华人民共和国成立以来中国科普创作走过的光辉历程。为了保证书系的高品位和高质量，编委会制定了严格的选编标准和原则：①获得图书大奖的科普作品、科学文艺作品（包括科幻小说、科学小品、科学童话、科学诗歌、科学传记等）；②曾经产生很大影响、入选中小学教材的科普作家的作品；③弘扬科学精神、普及科学知识、传播科学方法，时代精神与人文精神俱佳的优秀科普作品；④每个作家只选编一部代表作。

在长长的书名和作者名单中，我看到了许多耳熟能详的名字，倍感亲切。作者中有许多我国科技界、文化界、教育界的老前辈，其中有些已经过世；也有许多一直为科普事业辛勤耕耘的我的同事或同行；更有许多近年来在科普作品创作中取得突出成绩的后起之秀。在此，向他们致以崇高的敬意！

科普事业需要传承，需要发展，更需要开拓、创新！当今世界的科学技术在飞速发展、日新月异，人们的生活习惯和工作节奏也随着科学技术的进步在迅速变化。新的形势要求科普创作跟上时代的脚步，不断更新、创新。这就需要有更多的有志之士加入到科普创作的队伍中来，只有新的科普创作者不断涌现，新的优秀科普作品层出不穷，我国的科普事业才能继往开来，不断焕发出新的生命力，不断为推动科技发展、为提高国民素质做出更好、更多、更新的贡献。

“中国科普大奖图书典藏书系”承载着中华人民共和国成立60多年来科普创作的历史——历史是辉煌的，今天是美好的！未来是更加辉煌、更加美好的。我深信，我国社会各界有志之士一定会共同努力，把我国的科普事业推向新的高度，为全面建成小康社会和实现中华民族的伟大复兴做出我们应有的贡献！“会当凌绝顶，一览众山小”！

中国科学院院士
华中科技大学教授
杨叔子
二〇一二
九．廿八

序

化学的历史几乎和人类的历史一样悠久。在这漫长的历史岁月里，先后出现了许许多多对化学发展做出卓越贡献的学者。他们从人类还处于野蛮愚昧的时期，就开始以愚公移山、精卫填海的精神，艰难地构筑起如今雄伟的化学大厦的基础。

在这么长发展的时间里和这么多的化学先贤们中，挑选出“古今化学二十杰”，真可谓“大海里捞针——无从下手”。因为每一个人的学识、爱好、性格等都不一样，因此每一个人心目中的古今化学二十杰也绝对不会一样。庆幸的是，本书的两位作者，一位是大学物理教授，一位是中学的化学老师，可以从化学与物理两个不同的角度进行选择，从而不失偏颇。这本书选中的二十杰，当然有我们的理由，然而，即使我们的理由再充分，我们也不敢奢望让所有的读者朋友同意我们的选择，所求不过是此书对读者朋友有所裨益，以化学科学之一角引导读者朋友窥其全豹。

这本书选出从古至今的二十位化学家，是希望通过叙述他们所处的典型环境，知道他们为推进化学的前进所遭遇的苦难、付出的努力和创造性的研究方法。没有他们和千千万万化学家含辛茹苦的奋斗和努力，我们就享受不到现代化学为我们创造的一切。通过这些描述，我们还可以知道化学学习和研究所必需掌握的研究精神和方法，这将有益于我们更好地理解和学习化学，激励我们为未来化学的发展，像书中的二十杰那样，以首创精神和创新的研究方法，贡献出自己的知识和能力。

湖北科学技术出版社的彭永东博士，邀请我写这本书。我是研究物理学史和物理学家的，对于化学史与化学家当然也知道一些，但不能说很熟悉，所以我颇有一些犹豫。为了不辜负彭博士的好意，我答应下来。为此，我邀请红安县第二中学高中化学老师杨露帮忙，他对化学史一向有很大的兴趣和心得。幸运的是杨露老师慷慨地答应帮忙，于是这本书终于在我们的努力之下按时写完。

然而，时间毕竟比较紧凑，又是两人初次合作，自然有不到之处。幸运的是，我们的责任编辑较真和负责任的态度，出乎我意料。有时为了一些问题，我们不停地讨论，在讨论中发现问题，不断地对此书进行完善。谢谢她的较真！

即使作者和责任编辑殷切地希望这本书能够写得让读者满意，但总会有不周之处，因此希望读者朋友不吝指教。

最后，谢谢彭永东博士的信任和多方帮助。

杨建邺

于华中科技大学

宁泊书斋

2021 年 7 月

目 录

炼金术士的悲喜剧

——伯纳德和布兰德

伯纳德·特莱维森(Bernard Trevisan,1406—1490),意大利炼金术士,为炼金术耗费自己一生的精力和财产。他曾经浪迹阿拉伯世界寻求能够把贱金属变为黄金的"哲人石",但是没有获得成功。但他和其他先行者在黑暗中艰难摸索出的新知识,为化学发展铺平了最初的道路。

> 炼金术有一些类似于《伊索寓言》"农夫和他的儿子们"里说的故事。一个老农夫快要死去的时候,他告诉他的儿子们,说他在葡萄园里已埋下许多黄金留给他们。儿子们把葡萄树四周的泥土都挖动了,却没有发现金子。可是树根四周的青苔和杂草被他们这样除去了,结果第二年满园葡萄大丰收。同样,炼金术士寻求黄金的苦心和毅力,已使他们的后人获得许多有用的发明和有益的实验,并且间接促使化学走上光明大道。
>
> 罗吉尔·培根

德国伟大的化学家李比希(J. Liebig,1803—1873)曾经说过,炼金术实质上就是化学。这种看法虽然有些人不同意,但当我们追溯化学的起源时,却无论怎么样也无法不牵涉到炼金术。事实上,炼金术发祥地的学者们,就不采用希腊-拉丁语源的"化学"(英文为"Chemistry")这个词,而用炼金术(英文为"Alchemy")这个词代替。

当然,炼金术也的确给人类带来过欺骗、迷信甚至愚昧,但是哪一门学科在产生之初，又不与迷信、愚昧有着千丝万缕的关系发生呢？当我们漫游于化学发展旅程的历史长河时，我们将发现，我们正是从迷信与愚昧中开始进行科学探索的。

1. 贱金属变成贵金属

在过去的漫长岁月里，有一种想法在很多科学家的心目中占有十分突出的地位，那就是使贱金属变成贵金属，例如使铁变成铜，或者使铜变成金子。在人类有记载的历史上，足足有17个世纪被令人发狂的炼金术所左右。炼金术那特有的诱人的目的和令人神魂颠倒的神秘，在使人们神经错乱这一方面，它可以说一直保持着较高纪录。相信炼金术的人，也绝不都是无知之辈，我们只举一个例子就足以证明这一点。对数学、物理学和天文学做出卓越贡献的牛顿（I. Newton，1642—1727），可以说是历史上最伟大的科学家，但他对炼金术的兴趣却十分强烈。在剑桥大学三一学院他有一个小小的实验室，牛顿曾在此做过各种各样的实验，目的是想使贱金属变为贵金属。离开剑桥大学以后，他还一直关心这件事情。当他的朋友弗兰西斯·阿斯顿（F. Aston）准备遍游欧洲各国时，他曾写信给牛顿：

> 请你注意某些地方的出产，特别是矿产。如果你偶尔得知有使贱金属变为贵金属的事情，请你及时通知我。下面我举一个这方面的例子：在斯坎尼特里阿姆和匈牙利，有人把铁溶在一种含有硫酸成分的水中，使铁变成了铜。

当牛顿听说伦敦有人知道一种“秘方”可以“繁殖”金子时，也给予了极大的关注。在《最后的炼金术士——牛顿传》一书中，作者迈克尔·怀特写道：

> ……牛顿留下的文件中，有关炼金术的资料超过100万字之

多，况且，其中还有许多是用他自创的符号暗语、拉丁文和手写的小字记载下来的，解读这些资料就已经是件十分困难的事了。有些学者花费了60年的光阴从事这项工作，至今仍在进行中。已故美国学者贝蒂·多布斯（Betty Jo Dobbs）译解了大量这类资料，并且提出了相当详细的分析。她将牛顿的炼金试验汇集写成两本学术著作：《牛顿炼金术的基础》和《天才的两张面孔：炼金术在牛顿思想中所扮演的角色》。

纵观历史，炼金术的确繁殖了迷信和欺骗，它每次都以人们无法抵制的新的引诱力，迫使人们一次又一次上当。一旦人们知道又一次上当后，他们（当然也包括那些最高统治者）的愤怒是可想而知的，不少炼金术士为此被处以极刑。1575年，一个女炼金术士玛丽·基克勒琳被活活烧死。在德国的符兹堡还专门立了一个特殊的绞刑架，以绞死那些许诺炼出黄金而又失败了的倒霉人。这个绞刑架由铁铸成，却又绘以金色的花纹。

2. 所有炼金术士都是骗子吗？

那么，是不是所有的炼金术士都是骗子呢？是不是所有的炼金术士的活动都是毫无价值的海底捞月一场空呢？当然不是。否则，炼金术对于一门科学的学科——化学，又怎么会做出贡献？下面我们介绍两位炼金术士，其中一位叫伯纳德·特莱维森，他是一位真诚的探索者，他那盲目而愚昧的努力，不仅耗尽了他的财产，也使他受尽了苦难。他的一生是一幕令人叹息的悲剧。另一位名叫恩尼格·布兰德（Hennig Brand，约1630—1710），他在无意之中发现了磷，这使他的名字永垂化学史名册之上。他的一生似乎带有喜剧的色彩。

伯纳德·特莱维森于1406年诞生于意大利北部的一个城市帕多瓦

(Padua),他的家庭在当地声名显赫。当伯纳德很小的时候,他的祖父就给他讲了许多有关炼金术士动人的故事。故事中的炼金术士几乎都以失败而告终,这使小小的伯纳德感到特别不舒服。他想:如果是我,我一定会取得成功。后来他回忆说,他从小就被这种想法缠住,除了这种想法以外,他几乎再没有什么别的想法了。

16 世纪前后炼金术士的作坊,它是现代化学实验室的前身

14 岁的时候,伯纳德在双亲的鼓励之下,开始了此后终生没有间断过的艰苦探索。他的双亲抱有一种当时人们普遍都有的幻想:如果伯纳德获得了成功,那他们的财产会成千成万倍地增加。

但是,随着时光的流逝,成功一次也没有降临。他们的财产不仅没有增加,却还日渐减少。炼金的梦逐渐幻灭。他的双亲像大多数人一样对他迷恋的炼金术失去了信心,他们开始可怜他。然而伯纳德却一如既往,而且毫不气馁;他那疯狂的追求,使人们认为他简直是疯了。

随着失败而来的是讽刺、打击,但他毫不在意。每次失败,他总能以超人的耐心去寻找更神秘、更荒诞的“秘方”。他常常自己给自己打气:

“我一定会成功的!我肯定会找到使大量黄金繁殖出来的秘方!”

伯纳德以为,金属都是活的有机体,它们将逐渐发展成为最完美的金属——黄金。在他看来,如果认为世界上现有的黄金全都是在一瞬间形成的,那是荒谬之极!以前在变,今后也一定会继续变。自然界的一切总是不完善的,随着时间的流逝,它才能日臻完善。这种完善的过程,伯纳德相信是可以捉摸的,甚至可以用人工加以模拟,方法是把黄金的“精灵”提炼出来,使其转入贱金属。这样,贱金属就成了黄金。

为了达到促使黄金迅速产生的目的,伯纳德在开始的十几年当中,把所有能弄到的矿物和各种盐类,都逐一进行溶解、结晶。他曾一次、两次,甚至几十次几百次地把明矾、硫酸亚铁，甚至各种动植物、人的血和尿拿来做实验，而且都以同样非凡的耐心对待每一次试验，从不敢有半点马虎。对于别人向他提供的种种“秘方”，他也一律认真进行研究，并慷慨地给予提供者酬金。但天真的伯纳德哪里知道，向他提供所谓“秘方”的人，绝大部分都是骗子。他们只知道这个意大利人非常富有，可以很容易地骗到一大笔钱。至于他们提供的“秘方”嘛，天晓得，他们自己都完全不懂！

3. 另觅途径

接连不断的失败，再加上他的财产迅速地减少，使他厌倦了这帮骗子。他要另觅途径。恰好在这时，他认识了一位圣芳济会的修道士。这个修道士告诉他，当教皇约翰二十二世身为“巴比伦囚徒”时，他曾在一个名叫阿威隆的地方建立了一个实验室，教皇为这个实验室提供了1800多万枚金币，企图以这种经济上巨大的优势，压倒其他所有炼金术士的竞争。据说教皇本人也亲自做实验。修道士还告诉他一个绝密信息：那时教皇的实验室里曾用蒸馏法得到过一种可以制造黄金的“精液”。伯纳德听后大受鼓舞，立即开始用新方法做实验。他把一种别人都不知道的物质，先后蒸馏了30次。据说这次他“真的”提炼出了一种“精液”，他自负地说：

“任何玻璃都不能盛这种‘精液’，这正是炼金不可缺少之物！”

结果，黄金还是没有炼出来。

有一天，伯纳德忽然灵机一动，想出了一个新奇的想法。他把银子和水银分别溶于一种“非常厉害的水”中，然后把它们分别放到炭火上加温使其浓缩。等溶液浓缩到体积只有原来一半时，他又把这两种溶液极其小心地掺合在一起，倒进一个坩埚，然后放在露天使其接受阳光照射。这次他认为自己很有把握，因为有一本炼金术书上说，金子只有在阳光照射下才能生成，他觉得很有道理，并埋怨自己连这么一个十分浅显的道理都没注意到。太阳神阿波罗不是每天驾着由4匹马拉着的金光灿烂的太阳金车，把金色的阳光洒向大地吗？对！至少要晒5年！

5年过去了，他得到的仍然是失望。这时，伯纳德已是近50岁的人了。但他还没死心，他想，他几十年来之所以失败，一定是因为没有看到真正的炼金术的书，传到欧洲的一定是一些不可靠的玩意儿。于是他决心到炼金术的发祥地——埃及、巴勒斯坦、波斯、希腊、土耳其和塞浦路斯去找。他知道，罗马皇帝凯尤斯·狄阿克纳蒂安在公元290年曾下过一次命令，将一切有关炼金术的书统统烧掉。但是，也许有一些书逃脱了厄运，没有被烧掉。在希腊辖地亚历山大港，也许能从古书堆里找到一两本有用的书。

4. 浪迹阿拉伯世界

这种想法，使他万分激动，并立即行动起来。为此，他花了4年多的时间，浪迹阿拉伯各国，到处寻找古书。

在找书的途中他认识了一个修道士，修道士将漂白珍珠的秘诀教给了他。把珍珠涂上明矾后，放进一位健康年轻人的尿里浸泡。取出晾干后，上面有一些被腐蚀的痕迹，然后又将这珍珠放入水银和狗奶里加热。伯纳德观察了整个过程，并亲自将珍珠拿在手上看。真是从未见过的白！

炼金术士的作坊

他同这个修道士一起干了3年，学会了这套漂白珍珠的方法。他们还把一种含铁量很低的铁矿石浸在醋里，指望得到一种神秘的液体。伯纳德工作得那么专心致志，脸也不洗，胡子也不刮。后来，他累得不想吃、不想喝。实验室里有毒的烟和气，毒害了他的身体，他终于彻底垮了。更糟的是，不仅实验又失败了，而且钱也用完了。

不名一文，失去朋友，精疲力竭，这一切使伯纳德感到异常孤独和伤心，他决定回帕多瓦老家去。回到老家，他才知道再也不能从家里得到任何帮助了。虽然他还不死心想继续搞下去，无奈身体、经济都不许可他这样做，他只好回过头来专门研究古代哲学家的著作。也许是以前忽略了某些环节？在他生命最后的10多年里，只要是能弄到手的古书，他总是读了又读，直到有一天，他正读着读着的时候，忽然睡着了。他梦见一个国王和一个奇怪的喷泉，天空烟雾缭绕，周围的一切时隐时现……他在梦中碰见了一个教士，他问道：

"这一切是怎么回事呀？"

教士回答说："上帝制造了一和十，一百和一千，还有两万，然后又把它们都乘以十。"

"我还是不明白。"

"我再也没有什么可告诉你的，我累了。"

伯纳德突然醒过来，头晕异常，他知道死期临近了。他失望，他痛苦，艰苦探索一生，一事无成！他默默向上帝祈祷：

"让我再活一年吧，上帝！如果不行，一天也行。让我干涸了的灵魂，稍微满足一下吧，让我临死前知道这无上的秘密吧！……"

声音低下去，低下去……终于，没有声音了。伯纳德·特莱维森离开了几乎没有给他一丝满足、一丝愉快的人世。

5. 悲剧中的得益

伯纳德的一生是一场地地道道的悲剧。这场悲剧的起因主要在于在同大自然搏斗中，他完全不懂得大自然的规律。他肯定不是骗子，他是一个一心一意想要真正炼制出黄金的人。他从一种虚假的可能性出发，又被黄金这个极富魔力的字眼纠缠得几近发狂，于是在坎坷的一生中，他无休止地去干那些无益而又损害身体的事情，并浪费了大量的人力、财力和物力。

牛津大学科学家迈克尔·怀特在《最后的炼金术士——牛顿传》里，写到伯纳德时他是这样写的：

> 特烈夫（今意大利境内）的伯纳德是个生于富贵却因愚昧受骗而以穷苦终结一生的人，他可以说是这类人物的典型例子。他于 1406 年出生于帕多瓦的一个富有的贵族家庭，一辈子追求炼金幻梦以致家财败尽。他尝试一个又一个疯狂的炼法，在法国、西班牙、意大利和德国等地到处旅行，受到奸黠之徒一连串的设局欺骗，最后成为一个卑贱贫穷的老人，以 85 岁高龄终结于爱琴海上的罗得岛（Rhodes）。

左图为 14 世纪末炼金术士的蒸馏器，右图为 15 世纪末的炼金室

显而易见，这是一种从荒谬的目的出发的活动，充满了盲目性，但它又毕竟是一种实际的探索活动。在这种探索中,人们学会了很多化学操作方法,创制了许多化学实验用具,在一些特殊情形下,还会使炼金术得到出乎意料的结果。

例如,阿拉伯国家的炼金术士在炼金的实际活动中,改进了蒸馏、结晶、升华等操作方法,学会了制造明矾、硼砂、朱砂、酒精、汞、碳酸钠、硫酸、硝酸、王水等化学用品,现在我们十分熟悉的化学用品苏打、酒精以及樟脑等,就来自阿拉伯语。

炼金术士们还发现了很多新的化学元素。古代阿拉伯最有名气的炼金术士贾比尔·伊本·哈彦(Jabir ibn Hayyan,活跃于676年前后),虽然也曾劳而无功地想使贱金属转变为贵金属,但在这种实际活动中,他学会了从硫化物中提取砷和锑。

除此以外,炼金术士们还发明了灰皿、蒸馏器、细颈瓶以及简陋的天平。这些用具,经过少许的改良,直到今天仍然是化学实验室里不可缺少的仪器。

只要我们仔细研究一下,我们就会承认,在炼金术里可以继承的东西的确非常丰富。无数像伯纳德这样的先驱者在黑暗中摸索出的新的知识,为后世更有成果的化学发展,铺平了道路。美国化学家、化学史家韦克思在他的《化学元素的发现》一书中指出:“炼金术士虽然没有能把贱金属变为珍贵的黄金,但他们却用了神秘而晦涩的术语,把所做的实验一一记录下来,因而逐渐揭开砷、锑及铋等金属的真面目。到了17世纪末期,磷的微光才开始照耀着在黑暗秘密中的炼金术,使神话般的化学一步步地走向科学化。”

6. 布兰德的喜剧人生

在众多炼金术士的悲剧当中,磷的发现者布兰德的一生就颇有点喜剧色彩了。

布兰德是一位德国的炼金术士。年轻时他当过兵，后来还当过商人和医生。他是怎么当医生的，就无法考证了，只知道他目不识丁，而且粗鲁无礼。他不像伯纳德那样是富家子弟，但他鸿运亨通，一位有钱人家姑娘竟然因钦佩他的才能而钟情于他。不久，这位姑娘成了他的妻子。后来布兰德受到炼金术士的诱惑，迷恋上了诱人的炼金术，开始狂热地炼制“金属之王”的黄金。像伯纳德一样，他迅即破产了。但正是在破产之后，他竟异想天开地认为，人的身体是天地间最完美的物体，黄金则是金属中最完美的，因此要想得到炼金的“哲石”（可以用来炼出黄金的一种石头），应该用人体生命活动的产物。他对自己的这种想入非非十分得意，并且立即开始蒸馏人尿。

1669 年前后，德国炼金术士布兰德在蒸馏尿液的过程中发现了磷

1669 年，他惊奇地发现，人尿蒸干后留在曲颈瓶里的残渣，竟然是一些能发光的白色粉末！这种粉末在黑暗里可以发出一种奇异而美丽的光。这使他大感兴趣，并称之为“火素”。实际上，这种发光物质就是今日的磷。

布兰德开始想严守秘密，但是因为需要钱用，他只得将这秘密出卖。正好这时德累斯顿有位叫克拉夫特（J. D. Kraft，1624—1697）的医生，从他的朋友孔克尔（J. Kunckel，1638—1697）那儿得知布兰德拥有一种制造发光物质的秘密。他立即赶到汉堡，用 200 个德国银币将这一秘密买过来了。克拉夫特马上利用这项秘密做起生意来，他到欧洲和美洲各地旅行，在皇宫和富家住宅演示关于磷的实验，发了一笔大财。

布兰德虽然没有因为发现磷而发财，但是他的名字却与世并存，在任何一本有关化学发展史的书上，都不会不提到布兰德。这一点大约是他始料未及的吧！他的夫人对于他的这一项成功，更是十分得意，四处宣扬；布兰德本人在世时也因这项伟大的发现，享受过极大的荣誉。德国化学家兼药学家亨克维茨（A. G. Hanckwitz，1660—1741）曾用下面赞颂的语言表达他对布兰德崇高的敬意：

……宇宙间万物都有它们存在的时间，生命之光亦复如是。布兰德的精力，朝夕消耗，日见衰颓……现虽哲人云萃，可是这种发明的光芒，将长留在我们的记忆之中……比之他的生命在最光荣的时代，还照耀得更久。凡是他的友人和敬仰他的人，假如可能的话，一定都有希望他衰老得愈慢愈好的心情。

美国科学家阿西摩夫指出："布兰德的这一发现，使人们从炼丹术的玄秘中朝着理性的化学又迈出了一步。"

从伯纳德和布兰德这两位生活在不同时代的炼金术士的一生经历中，可以清楚地看出，那些真诚探索的炼金术士们，不论他们的目的如何，也不论他们的成败如何，他们都为近代化学在欧洲的诞生，做出了不可磨灭的贡献。他们的悲喜剧，无疑是科学发展初期的一个缩影。

炼金术士们盲目的实践活动，虽然绝大部分失败了，但他们追求的终极目的——人工制造（贵重）元素，却日益被证明并非完全是荒诞之想。问题在于要正确地认识自然界；这种认识过程是一个漫长的过程，既有漫长的过去，也还有漫长的未来。

1932年初，当美国物理学家劳伦斯（E. O. Lawrence，1901—1958）成功地制造出一台可将质子加速到百万伏的回旋加速器时，美国的《纽约时报》在头版头条报道说：

"人类可能制造黄金！"

难道几百年前那场愚昧的骗术又掀起了新浪？不，不是的！人类不会永远愚昧，通向科学之路虽然漫长，但人类终会慢慢走过。

路，还在脚下延伸，人类还得不断地上下求索。

化学界的马丁·路德

——巴拉赛尔苏士

巴拉赛尔苏士(Paracelsus,1493—1541),瑞士医生和炼金术士。1510年进入巴塞尔大学学习,1527年回巴塞尔大学任教。因为推行新的医学思想而受到旧势力的严酷迫害,只得浪迹天涯、四处躲藏。他一生通过医学实践活动,使人们对组成世界的物质和元素有了进一步的认识,也使得化学逐步成为一门独立的学科。

> 由于化学内在的复杂性,一直到18世纪化学革命以前,推进化学最有效的途径,不是那合理的机械途径,反倒是……直觉的、神秘的途径,而巴拉赛尔苏士则占据作为现代化学创始人不容争辩的地位。
>
> J. D. 贝尔纳

化学是一门主要研究物质分子及其转化规律的科学。由于这一特定的研究对象,它在某些方面比其他学科更复杂,至少在学科发端时期,在化学领域里遇到的困难更多、更大。因此化学这门学科的产生、形成和发展,似乎更加坎坷和艰难。在文艺复兴时期开始以后,由于思想的解放,化学也同其他学科一样发生了巨大的变革。以巴拉赛尔苏士为首的一批医学工作者,通过猛烈抨击严重阻碍医学进步的古代医学权威和古代传统,寻求自然界的普遍真理。巴拉赛尔苏士本人以及他的追随者,通过他们的医学实践活动,使人们对组成世界的物质和元素有了进一步的认识。人类正是通过这些内容庞杂的实践活动，才使化学逐步摆脱真伪难辨的混乱，发展成为一门条理分明、内容精深的学科。

15 世纪最著名的炼金术士是伯纳德·特莱维森，可是他一生努力寻找黄金的梦想后来彻底破灭了。到了 15 世纪末叶，以炼金术形式表现的化学研究，与当时正在兴起的近代科学思想极不适应，虽然黄金梦后来又曾几度在世界各地小范围内狂热地爆发过，但已经不能占据主流思想的地位，它已经不再具有普遍的吸引力。炼金术已经是日薄西山了。

1. 化学史上巴拉赛尔苏士的地位

16 世纪化学发展有了一个巨大转变，形成了一个新的发展方向——医药化学，它孕育着近代化学的产生。在 16 世纪和 17 世纪的欧洲，兴起的医药化学取代了炼金术。

16 世纪医药化学最著名的代表人物是巴拉赛尔苏士。这样高度评价巴拉赛尔苏士是有根据的。美国国家历史和技术博物馆馆长、美国国会图书馆馆长布尔斯廷（D. J. Boorstin）有一本研究人类探索世界和自我的文明史代表作《发现者》，其中《自然篇》占全书 1/3 的篇幅，在这样一本通古论今的巨著中，作者没有忘记给巴拉赛尔苏士留下 10 页的位置，专门叙述这位伟大而又有争议的人物。更有意思的是布尔斯廷为论述巴拉赛尔苏士的这一节取了一个有趣的标题："疯先知指点方向"。

巴拉赛尔苏士画像

另一个例子是英国著名学者布洛诺夫斯基（J. Bronowski），他应英国广播公司之约写了一本《人之上升》，这本书后来拍成电视系列片，在西方引起了极大的轰动。在这本篇幅不大而又论及人、自然和社会相互关系这么一个范围极广的书中，布洛诺夫斯基也没有忘记巴拉赛尔苏士，他写道：

> 人类上升的历程中，有一个从神秘而无个性的知识的幽暗之乡，迈步走向开放的、个人发现的新体系的时刻。我选择的代表这一转折的人叫……巴拉赛尔苏士。

2. 巴拉赛尔苏士的早期生活

巴拉赛尔苏士于1493年诞生于瑞士的埃因西德恩，他父亲威廉·朋巴斯特是移居瑞士的一个穷困潦倒的医生。巴拉赛尔苏士生下来的时候非常瘦小，还患有软骨病，很多人以为这婴儿活不长。幸亏他妈妈(修道院的一个女奴)有无限的爱和耐心，在她精心护理下才使他长大成人。

后来他在一个铅矿区的学校念完小学和中学，接着他考取了巴塞尔大学。读大学时，他将自己的原名菲利普斯·奥利拉·塞弗拉斯图斯·朋巴斯特·冯·荷恩海姆这个长长的名字改为巴拉赛尔苏士，意思是他要超过(para)罗马名医赛尔苏士(Celsus)。美国科学史家B. 科恩认为，“巴拉赛尔苏士”还有另一层意思：“同已接受的观点相反。”纵观巴拉赛尔苏士一生，他也的确不断地向传统学说、传统观点宣战，而且他也的确“超过了赛尔苏士”。

在大学里，他读过有名的占星学家、炼丹家和速记发明人阿玻特·汉斯·特里赛米尤斯的不少著作。在这些著作的影响下，他专程去德国的符兹堡，投靠到特里赛米尤斯的门下，在他的指导下研读了许多著作。

这以后，他在奥地利西部阿尔卑斯山中的一个叫提洛尔(Tyrol)地区的银矿里工作了几年。1516年，巴拉赛尔苏士23岁了，他认为要使自己成为一个真正出色的医生，应该广泛吸取各国医学流派之长，使自己成为一个“百花齐放的花园的园丁”。于是，在此后的10年里他浪迹天涯，访问了当时各国所有的名牌大学。有时他旁听学习，有时也与学生一起进行专题研究。

在巴黎他结识了安布罗伊斯·帕雷（Ambroise Pare，1517—1590），帕瑞当时正在研究人体动脉的结扎，后来在这方面有了很大成就，被人们尊为现代外科之父。帕雷也是第一个用法语写作的外科医生。

在美国的蒙皮立市，巴拉赛尔苏士研究过摩尔人的传统医药；在瑞典，他考察了矿工疾病的起因和治疗；在俄罗斯，为治疗马、牛、羊的疾患，他在那儿待了很长一段时间。后来，当他游历意大利、葡萄牙、西班牙和英国，最后到达荷兰时，战争爆发了。他自愿报名参加了荷兰军队，担任外科医生。这之后他又以同样的职务，在那不勒斯战争中为意大利服役。在这一次服役期间，他得到了一把著名的长剑，还利用职务之便出席过德国沃尔姆斯（Worms）会议。在会上，他亲耳聆听了马丁·路德为捍卫自己的信条而作的振奋人心的讲演。路德的话，与他的观点竟是那么吻合，这使他终生难忘！

巴拉赛尔苏士不仅遍游了欧洲、美洲，他还像炼金术士伯纳德·特莱维森一样游历了东方。他拜访过世界著名的医药圣地康斯坦丁堡。特莱维森到这儿来是为了寻求炼金术之谜，而巴拉塞尔士到这儿来则是想解决长生不老药的疑窦。

3. 医学领域里仍然死水一潭

多年的游历和探索，不仅使他的治疗经验越来越丰富，结下累累硕果，而且也使他对当时的医学界情况了解得非常透彻。他清楚地看到，伪科学在医学界到处泛滥着，与科学文化的其他领域的发展极不相称。巴拉赛尔苏士的一生，正值欧洲处于一个伟大变革的前夜。马丁·路德勇敢地挺身而起，对当时正统的宗教提出了尔后震撼欧洲的大论战，这一论战又直接导致了宗教改革的到来；哥伦布（C. Columbus，1451—1507）为了寻找从西方到东印度群岛的通路，却又意外地发现了一片新大陆；波兰天文学家尼古拉·哥白尼(N. Copernicus,1473—1543)在没有望远镜的情形下,在位于意大利东北部的帕度亚大学对星球运动做了仔细观察,他得出的日心说推翻了托勒密(C. Ptolemaeus,90—168)的地心说,使人们认识到我们的宇宙是以太阳为中心的;帕多瓦大学另外一个毕业生——比利时医学家维萨留斯(A. Vesalius,1514—1564)冒着被西班牙宗教法庭审判的危险,大胆对人体进行了解剖,他的这一行动掀起了巨大的风波……总之,科学文化的其他领域都相继有了巨大的突破,但是医学领域里却仍然死水一潭。医学理论的基石仍然是希波克拉底(Hippocrates,前460—前375)、阿维森纳(Avicenna,980—1037)、盖仑(Galen,130—200)他们那一套。医学里充满了封建迷信、神秘主义和虚假的理论,最令人无法容忍的是谁也不能怀疑盖仑他们那一套"经典"著作,否则就被认为是大逆不道。只用举一个例子就可以清楚说明这种迷信权威的愚笨行为已经严重到什么程度。当巴拉赛尔苏士还在巴塞尔大学念书的时候,有一位名叫吉尼斯的医学博士希望到英国一所医学院任教,但医学院拒不接纳,除非他公开承认他不再怀疑盖仑。

这就是当时流行的"放血疗法"。这种"疗法"不知道使多少病人死于非命

医学理论的情况如此令人感到羞辱和愤怒，那么医疗的实践情况又如何呢？我们随便举几个例子就会明白当时的医疗情况，在现在看来是多么荒唐、多么愚昧！当时流行一种所谓“和谐疗法”，如果治疗伤口，在清洗伤口后，不仅要给伤口上药，还要给致伤的器具涂上相同的药才行。例如，屠夫被斧砍伤了手，在清洗、上药、包扎伤口后，还得小心地把那把斧头涂上同样的药，还得挂在手上，直到痊愈后才可拿下来。他们认为，斧头挂在手上可以产生一种奇异的力量，使伤口可以奇迹般地愈合。至于所谓的“放血疗法”，那更是每病必用的方法。幸亏放血还得限制在太阳处于黄道十二宫中的某些特定位置才能进行，否则这种危险的手术还会使更多的患者死于非命。这种可悲的状况在英国国王亨利八世颁发的一张特许状上说得十分清楚。特许状上写道：“许多无知之徒，他们大都不懂得医学，也不懂得任何别的学问，有些人甚至目不识丁，而像铁匠、织工和女人却都无畏地、习以为常地接受他们的种种怪异治疗，对此，上帝深感震怒，医界蒙受奇耻大辱，而国王的子民广受伤害和摧残……”

巴拉赛尔苏士对当时医药界流行的伪科学痛恨之极。在他写的一本书里，他向保守势力大声疾呼：

> 你们以为学了一点盖仑、阿维森纳的东西，就等于什么都知道了，什么都懂了吗？其实，这些人虽然写了药物学专著，却连一根药草也没尝过；虽然写了一些关于治疗的书，但那只不过是与贵人们闲谈的一些无聊的记录罢了。只有经过实践证明了的东西，才是正确的东西，而你们根本不可能证明书中说的一些东西到底是对还是不对。你们常常吹嘘自己是医生，但依我看充其量也只能算是刚刚学步的婴儿！

4. 巴塞尔大学任教

为了实现对医学进行一番彻底改造的决心，巴拉赛尔苏士于1526年到位于巴塞尔的巴塞尔大学任教。通过多年的经历，他深知要使那些老古董们接受新的知识，放弃那些毫无用处的古董玩意儿，几乎是完全不可能的。他曾经说："这些顽固的老古董们根本不愿意学习新知识，也不愿意承认自己的愚昧无知。这将阻碍人类的进步。但是，我坚信他们终将被淘汰！我希望当老一代的人都寿终正寝以后，年轻的一代应该彻底抛弃这些迷信、害人的东西。年轻的一代应该成为另一种类型的新人！"他把希望寄托于未来的一代新人。

巴拉赛尔苏士在伏案工作

1527年6月24日圣约翰日，是他在巴塞尔大学开始讲课的一天。那一天他请了巴塞尔的一些药剂师和理发师兼外科医师来听他讲课，他要使从事医疗实践的人与学者共同促进医学的改革。令人震惊的不仅仅是他打破了传统习惯，不用学者们必用的拉丁语讲课，而用日耳曼方言（当地所谓"瑞士德语"）讲授，而且他当着挤满课堂的听众，焚烧了医学权威盖仑和阿维森纳的著作，大声宣布：

“把这些劳什子玩意扔进火堆去吧！让这些浓烟带走人间所有的痛苦和不幸吧！”

他还大胆宣称：“我所讲授的医学课程将以治疗病人的经验为基础！”

学者们和上层人士对巴拉赛尔苏士激进的行为惊骇不已。他们到处说：“10年前有一个名叫路德的人，用一把大火焚烧了教皇列奥十世（Pope Leo X，1475—1521）的敕书，现在又冒出了这么一个亡命之徒，竟敢把法老们神圣不可侵犯的著作扔进火堆，任意践踏那些不朽的告诫和箴言！这个巴拉赛尔苏士简直是疯了！”

他们向他提出了严厉的警告，不准许他继续发狂，不准他破坏人们珍惜的安宁生活！

但巴拉赛尔苏士对他们接连不断的威胁根本不放在心上，他以一种宗教狂般的热忱和勇敢，继续猛烈地抨击着那些被视为神圣的教条。他反对学者们当时普遍承认的医学理论，即希波克拉底的四种体液的学说。这种理论认为人们身上具有胆汁、血液、黏液和忧郁液四种体液，如果这四种体液分配得当，人就健康无疾，否则就会引起种种疾病。这一理论如果追本溯源，还是来自亚里士多德学派的四种基本性质的理论：冷、暖、干、湿。而巴拉赛尔苏士认为，人体在本质上是一个化学系统，这个化学系统由汞、硫、盐三元素组成。前两种元素是炼金术士们十分珍视的，认为所有的物质都是由汞和硫组成的，硫是可燃性的要素，是一切气体的代表；汞具有流动性，是一切液体的象征。现在，巴拉赛尔苏士加上第三种成分——盐，组成“三基说”。他认为盐代表可燃性，是不可挥发性及不可燃性的要素，是一切固体的代表。在他以前，盐也曾被认为是一种基本物质，但从来没有被普遍认为是一种基本的化学元素。巴拉赛尔苏士的三元素说，实际上是想把世界上所有的物质归类为气体、液体和固体三类实体。他曾经写道：“这三元素是基本的物质……正像神是三位一体的，所以地上的物种都各自有其职能。”

在巴拉赛尔苏士看来，整个宇宙就是一个巨大的、精巧的化学实验室，万事万物都在宇宙里不停息地发生着化学变化，其中还渗透着一种神秘的“上帝精神”和永不衰竭的“自然力”。巴拉赛尔苏士在大小宇宙类比的基础上，认为人也是一个化学系统。正是在这种理论指导下，他与他的学生们率先打破了传统，建立了独树一帜的“医疗化学”。从这一理论观点出发，巴拉赛尔苏士认为，人之所以生病并非什么体液的失调，而是人体内的各元素失去了化学平衡的结果，所以他十分强调每一种疾病都应该用特效的化学药物进行治疗。他鄙弃以前那种包治百病的、含有许多成分的“灵丹妙药”，主张服用针对性强的单一化学药物。为此，他改造了炼金术，使炼金术不再沉湎于点石成金的有害幻想中，而成为一种对人类有益的实践活动。他给炼金术重新下了定义：

巴拉赛尔苏士著的《药剂大全》第二部分的插图

“把天然的原料转变成对人类有益的东西的任何过程，都可名之为炼金术。”

这是一个内涵极广的定义，它包括了所有化学工艺和生物化学工艺。打铁的、烘面包的、厨师、药剂师、医生，都可算是炼金术士。这个定义对化学的正常发展显然起了重要的作用。

5. 迫害临近

巴拉赛尔苏士肆无忌惮地在大学讲台上宣扬他的理论，而对那些他认为是虚假的科学，不论它被人们如何珍视，他都给予严厉的批判，毫不留情。于是名流和绅士们，越来越觉得非除掉这个马丁·路德式的人物不可。但有一桩难事缠住了他们的手脚，使他们暂时无法加害于巴拉赛尔苏士：一位有名的出版商约翰·佛洛本利尤斯(J. Frobenius)在保护着他，他曾经为这位出版商治过病。出版商的右腿如果不是巴拉赛尔苏士及时的治疗，肯定早就被截掉了。还有，鹿特丹伟大的学者爱拉斯莫(D. Erasmus, 1465—1536)那时也正住在那位出版商家里，由巴拉赛尔苏士给他治疗痛风和肾病。爱拉斯莫对巴拉赛尔苏士的评价极高。他曾写信给巴拉赛尔苏士说："你把佛洛本利尤斯——我生命的一半，从地狱里带回来了。"他还写道："我无法提供与您精湛技术相比的报酬。您曾经治好佛洛本利尤斯的病，我的病恰好与他类似。如果您能治好我的病，您可以相信，您将得到人们的尊敬，您也将获得永久留在巴塞尔的权利。"

正是有这两位有影响力人物的庇护，名流和绅士们才暂时无法对巴拉赛尔苏士下手。但巴拉赛尔苏士似乎专门与这些名流和绅士们为敌，他竟然自称是上帝的使徒。他还宣称："你们这来自巴黎、科隆和维也纳的人，你们这些莱茵河和多瑙河哺育出来的人，以及你们这些雅典人、阿拉伯人、希腊人和犹太人，都应该跟我走！我就是你们的君主！""正如阿维森纳是阿拉伯人最好的医生，而盖仑是彼尔加蒙最好的医生一样，日耳曼也最幸运地挑选了我作为她不可缺少的医生。"

巴拉赛尔苏士放肆的话，不仅使名流和绅士们感到极端愤怒，连统治阶级的上层人物也觉得非除掉这个人不可，至少应该将他驱逐出境。他们形成了联合战线，努力寻找机会以求一逞。

除此以外，巴拉赛尔苏士还有一些仇人，也在想办法除掉他。这些人当中，有一些是不学无术的所谓"医生"，他们除了用放血、出汗、淋浴以及种种所谓"医疗方法"折磨病人以外，再也没有其他任何科学的治疗方法。巴拉赛尔苏士对这些人恨之入骨，他公开称这些"医生"只是一群跟着别人嗷嗷叫的"私生的驴子"。他在课堂上对大学生们说：

“这些用钱买到开业执照的所谓医生，简直是把病人当作犯人那样折磨！这些蠢牛犊们还自以为是了不起的大师！如果有人说他们不学无术，他们还会振振有词地说：‘我们是纽伦堡经过审核的！’。”

还有一些药剂师也加入了这个反对巴拉赛尔苏士的阵营。因为巴拉赛尔苏士作为一个城市官方指派的医生，要求审查他们药剂配方的成分。这些自己开药房的药剂师们常常克扣病人处方中的药，并大量掺假以牟取暴利。巴拉赛尔苏士曾经警告过他们：“我们的责任是为病人治病，不是让黑心肠的人发横财！”为了帮助病人，他还常常制药免费供给他的病人。

陷害巴拉赛尔苏士的时机终于被他的敌人盼到了。原来巴拉赛尔苏士的庇护人佛洛本利尤斯因为不听他的劝告，坚持要骑马到法兰克福去，结果因为过分劳累而突然去世。这件事情，本来明显与他无关，但他的敌人绝不会顾及事实，他们知道机不可失，利用佛洛本利尤斯之死，可以挑起事端兴师问罪。

不久，巴拉赛尔苏士收到一纸命令，要他出席大学医学院的会议，他应在会上当众声明，他的病人佛洛本利尤斯突然地去世，他负有重大责任，并且还通知他，今后他无权在巴塞尔继续行医，更没有资格在大学任教。

巴拉赛尔苏士非常愤怒，病人之死跟他没有任何关系。他严词拒绝了阴谋者们蛮横无理的要求，表示决不出席会议，更不做什么声明。他的好朋友们偷偷告诉他，他的敌人正准备用更毒辣的手段对付他，朋友们劝他偷偷离开这个对他充满敌意的城市，这个城市再也容纳不了他。巴拉赛尔苏士虽然异常勇敢，而且具有与敌人斗争的智慧，但是敌人的势力太大，做最后斗争的时机尚未成熟。他接受了朋友们善意的劝告，偷偷离开了这个曾经使他燃起了生命的希望之火，但又使他失望了的城市。巴塞尔从此失去了一个无比热爱它的战士，巴塞尔人民也从此失去了一个无比热爱他们的好医生……

6. 浪迹天涯

后来，宗教裁判所宣布处他以死刑，于是他只好到处流浪，逃避迫害。1541年9月24日，巴拉赛尔苏士极其悲惨地在奥地利的萨尔斯堡孤寂地死于贫病交加之中。那时他48岁，终身未娶。死后他被葬于当地圣·塞巴斯蒂安救济院，墓碑上的铭文给了他一份荣誉：

> 这儿安葬着著名医学博士菲利普斯·塞弗拉斯图斯，他以高超的医术治愈了重伤、麻风、痛风、水肿和其他传染病，并希望把他的财物施舍给穷人。

可怜的巴拉赛尔苏士！除了那可怜的一点医疗器械和少许药物、书籍以外，他哪有什么"财物"！他人穷，却有一颗宽厚而博爱的心。正是因为这种伟大的精神，他曾被马娄、歌德、勃朗宁、施尼茨勒和柏辽兹等世界最著名的文学家和艺术家作为浪漫英雄的人物，加以歌颂。

巴拉赛尔苏士的贡献是卓越的。这位化学界的先驱被誉为"化学中的马丁·路德"，具有诗人般的想象力，同时又具有战士般大无畏的精神。他的敌人说他是一个爱酗酒的夸大狂，这完全是别有用心的诬蔑。可以毫不夸大地说，他是人类的大恩人。他并没有什么划时代的发现，但是，在研究和应用化学物质治病，从而促进化学的巨大进展方面，他做出了无与伦比的贡献。他曾一再强调，当一个医生必须同时是一个化学家。在一本书中他写道：

> 我应该百倍地赞美医学化学家。他们没有去追求荣华富贵，却以巨大毅力日夜工作；他们没有闲情逸致在散步中消耗时光，但在实验室里他们却得到了乐趣和幸福；他们的手指上没有戴着

金戒指，却让它们在煤以及一些脏物中擦去擦来。他们相信实验室是出真知的地方，是找到治病良方的处所。

7. 实验出真知，伟大的科学先驱

为了用化学药物治病，巴拉赛尔苏士终生坚持不懈地做了许多化学实验。即使在被迫流浪各国时，他也是千方百计地做实验。有次他在阿尔萨斯省何尔马找到了避难所，他立即通过一位排字工人弄到了不少化学仪器和资料。于是他在地下室建立了一个实验室，继续进行医学化学的研究。他一再告诫人们，医学不能脱离实验，他说：

千万不可拒绝实验的方法，应该毫无偏见地尽力用实验证明一切。依照不同的内容，每一个实验都是解决某些特定问题的一种特殊武器，正如矛是用来刺，棒是用来击一样。

通过实验，他制出了许多化学药物，如治皮肤病的砷剂、止痛的鸦片酊剂等；在现代药典里，还有很多化学药物都是他率先开始用于治病的。这些实验活动，其意义绝不仅仅是增加了几味治病的药，更重要的是，它使人们对组成世界的物质有了更进一步的认识；人类正是通过这些内容极不相同的实践活动（如炼金、炼丹、制药、冶金等），才使化学逐步形成为一门科学。例如，为了制药，他用金属进行了一系列标准化反应，制得了许多金属的盐溶液，而且从这些反应过程中，他归纳出化学反应的一般特征。而我们知道化学反应的一般特征，正是化学学科的重要内容之一。

巴拉赛尔苏士的著作有《外科学大全》、《论精神病》、《汞剂对梅毒的用途》、《矿工职业病》、《论矿泉浴》以及《一百一十四种实验及其疗法》等，这些著作收进了许多对物质进一步认识的化学知识。例如：他区分了白矾

（明矾）和蓝矾（胆矾）化学性质的不同；提到了二氧化硫具有漂白作用；通过铁粉与硫酸的作用生成了气体（所以丹皮尔在他的《科学史》上说："氢气的分离，甚至可以追溯到巴拉赛尔苏士。"）。还有，他是在化学史上第一次提到金属"钴"的人，第一个认为空气具有合成的性质……

正因为巴拉赛尔苏士能在那么恶劣的条件下为人类做出这么多贡献，所以后世学者都给予他极高的评价。

英国著名的科学史、科学学专家贝尔纳认为他是"现代化学的创始人"。

英国科学史专家沃尔夫（A. Wolf）在《十六、十七世纪科学、技术和哲学史》一书中指出："医药化学的主要推进者是巴拉赛尔苏士，新时代肇始时的一些最有才华的化学家都师承巴拉赛尔苏士。"

英国化学史专家帕廷顿（J. R. Partington）在《化学简史》中认定，巴拉赛尔苏士是医药化学家"这一派的奠基者"。

这些评价是公正的。因为巴拉赛尔苏士的思想对近代科学的兴起，起了两方面的作用：一是他猛烈抨击了古代的权威和严重阻碍科学进步的古代传统；二是他试图通过化学这门自然科学而不是神学，来寻求自然界的普遍真理。

当然，巴拉赛尔苏士有许多非科学甚至反科学的观点，但从历史观点观来看，我们不能苛求古人。我们应该承认的是，巴拉赛尔苏士使人们对传统的医学、化学以及旧的宇宙论观点有了根本的转变。

正因为这样，瑞士心理学大师卡尔·荣格（Carl Gustav Jung，1875—1961）高度评价了他的同胞，他说：

> 巴拉赛尔苏士是伟大的科学先驱，新精神杰出的领袖。

敲响了化学黎明的钟声
——波义耳

罗伯特·波义耳(Robert Boyle,1627—1691),英国化学家和物理学家,伦敦皇家学会创始人之一,近代化学元素理论先驱者之一。1635年进伊顿学院学习,1639—1644年在欧洲大陆旅行和学习,1656—1668年寄居牛津大学。1662年发表了著名的波义耳定理,同年出版《怀疑的化学家》。这本书明确地把化学与炼金术以及其他实用工艺区别开来,从而为化学确立了独立的目标。

> 罗伯特·波义耳实际是化学之父或化学之祖。如果说,在波义耳以前也曾有过化学的话,那就不妨把波义耳称为“科学化学”的始祖。实际上,在波义耳以前的化学,还不能说是科学的化学。为什么是这样呢?
>
> 波义耳曾经说过,“化学,到目前为止,还只认为是在制作医药和制造工业品方面具有价值。但是,我们想要学习的化学,决不应只满足于充当医学或药学的婢女,或工艺或冶金的奴仆。化学本身作为自然科学中的一个独立部分,是探索宇宙奥秘的一个方面。化学,必须是为真理而追求真理的化学。”
>
> 山冈望《化学史传》

炼金术、冶金术和医学化学对近代化学的产生,毋庸置疑,有着举足轻重的作用,但它们研究的目的大多实用性过强,因而还不能称为科学。它们的实验应该属于弗兰西斯·培根所说的旨在产生有实际利益的“结果实”的实验，而不是旨在促进对化学现象作科学理解的“启示性”的实验。真正的科学，还需要具有启发性的思想和科学实验的方法，来指导和理解观察到的事实。在16世纪中后期，由于伽利略在力学研究中树立了科学研究的榜样，于是化学家们也开始对当时流行的一些化学概念以及偏见，进行批判性研究。完成这项复杂而艰巨任务，并将化学确立成为一门科学，主要是英国化学家罗伯特·波义耳的功绩。日本著名化学史家山冈望(1892—1978)在他写的《化学史传》中写道：

> “波义耳的最伟大的功绩……是把古代视为魔术或其他什么东西的化学，变成自然科学的一个重要组成部分，从而为迎接化学新黎明时期的到来，敲起了破晓的钟声。”

1. 不盲目崇拜权威

波义耳出身于贵族家庭，他的父亲是爱尔兰考克伯爵——理查德·波义耳(Richard Boyle)，担任过爱尔兰的大法官。考克伯爵有14个子女，波义耳是他的第七个儿子，于1627年1月25日诞生于考克附近的里斯莫尔堡。四岁时，波义耳遭遇一生中最大的不幸，他的善良又慈爱的母亲在这时因病去世。

波义耳画像

波义耳是一个神童，八岁就进了贵族学校伊登公学，那时他已经能够讲希腊文和拉丁文。可能是因为从小没有妈妈关照的缘故，他的身体一直就不大好，常常生病，所以他在学校里不大喜欢参与那种激烈、热闹和竞争性强的游戏，喜欢一个人静静地散步和阅读书籍。

1641 年，他与哥哥弗兰克和家庭教师一起到欧洲旅行，年末到达意大利。在意大利他阅读了伽利略的著作《关于两大世界体系的对话》，也拜读了笛卡尔的著作。伽利略对他的影响很大，《关于两大世界体系的对话》一书更是给他留下了深刻的印象，对伽利略更是崇拜之至。正是由于这些书籍对他的影响，使得他早期就具备了进步的科学思想。以后他能成为"怀疑派"科学家，与他早期受到的这些教育有很大的关系。1661 年，他匿名发表的《怀疑的化学家》一书，就是模仿伽利略风格写的。

1644 年，他的家乡爱尔兰发生战乱，他的父亲在一次战斗中死去，老家也被毁掉。由于家庭情况的突然变化，经济来源也随之中断，他与哥哥只能冒险回到战乱仍然没有终止的英国，隐居在伦敦西南面大约一百英里的斯塔尔桥（Stalbridge）庄园。这里远离战乱，可以安静地读书和做化学实验。

据说有一次波义耳遇到赫赫有名的法国物理学家和哲学家笛卡儿（R. Descartes，1596—1650），他们之间发生过一次有趣的争论。波义耳在欧洲旅行时看过笛卡儿的书，对他极为尊崇。但是，波义耳不盲目崇拜权威，所以常常就某些问题与笛卡儿发生争论。有一次，他们两人对理性与实验各自的重要性有不同看法，争论起来。

"我不能同意您的意见，"波义耳对笛卡儿说，"不能把理性放在高于一切的位置上。弗兰西斯·培根说过'知识就是力量'，可是，知识又是从哪儿来的呢？"

"您的答案一定是'从实验中来'，是吧？"笛卡儿略带嘲笑般地问道。

"当然，"18 岁的波义耳似乎有点不好意思，因为他的答案被年长 31 岁的笛卡儿猜出来了，但他坚持说，"实验才是最好的教师。"

"可是，"笛卡儿严肃起来，"舍去理性，您的实验又能提供什么呢？科学提供给我们的一切，都是在理性指导下取得的。您不会反对这点吧？"

"我绝不否认理性的作用，"波义耳有点着急了，"这可能是老生常谈，但我觉得有必要再一次引用培根的话：'一个哲学家不应该像蜘蛛一样，把理性浪费在搞阴谋诡计上；他应该像蜜蜂一样，搜集事实，靠理性把它们酿成蜜。'"

2. 到底什么是元素?

正是在这样不断的争论中,波义耳开始怀疑亚里士多德(Aristotle,前384—前322)的四元素组成一切物体的见解,也怀疑巴拉赛尔苏士的硫、汞、盐三元素说。

波义耳知道,为了建立科学的化学,首先要弄清楚的是化学里最重要的一个基本概念:什么是元素?

我们知道,最早提出元素这一概念的是古希腊伟大的哲学家柏拉图(Plato,前427—前347),他认为是万物由"四种基本要素——火、水、气、土"组成;他的学生亚里士多德则进一步提出构成万物的"四元素说"。这一学说在两千多年里一直被学界视为真理。后来医药化学家巴拉赛尔苏士提出"硫、汞、盐的三要素理论",也曾经一度风靡学界。

但是波义耳对这些传统的元素学说产生了高度的怀疑。通过一系列实验他指出:这些传统所谓的"元素",实际上并非真正的元素。因为许多物质,比如黄金就不含这些"元素",实验中也根本不能从黄金中分解出硫、汞、盐等任何一种"元素"。恰恰相反,这些元素中的盐却可被分解。

那么,到底什么是元素呢?

波义耳认为:"只有那些不能用化学方法再分解的简单物质才是元素。"

例如黄金,虽然可以同其他金属一起制成合金,但是仍然可以在实验中恢复其原形,重新得到黄金。再例如,水银,也是如此。

谈到大自然里元素的数目应该是多少,波义耳认为:作为万物之源的元素,不会是亚里士多德的"四种",也绝不会是巴拉赛尔苏士说的"三种",一定会有很多种。现在我们知道,元素的定义应该是"具有相同核电荷数的同一类原子的总称"。这一科学的定义是在波义耳之后直到20世纪初才清楚的。所以可以看出,波义耳当时能批判四元素说和三要素说而提出科学的元素概念,实在是很不简单,是认识上一个了不起的突破,使化学第一次明确了自己研究的对象。

波义耳还进一步整理了自古以来化学中长期使用的许多不准确的化学用语,并给出它们正确的定义。例如,什么是“化合物”?他认为是由两种或两种以上元素构成的物质,并具有与其组成成分性质完全不同的新性质。这就明确了“化合物”同“混合物”的区别。这一术语沿用至今。再例如,他还给出了关于化学反应、化合、分解和分析等化学用语的定义。由于他在化学方法、化学用语方面的重要贡献,化学才有可能进入正确的发展轨道上,迎来近代化学的春天。

3. 空气也有压力

波义耳常说:“空谈无济于事,实验可以决定一切。”波义耳对实验的兴趣,代表着一种独树一帜的科学创新精神。他还明确地指出:“化学为了完成它光荣而庄严的使命,决不能认为到目前为止的研究方法是正确的。必须抛弃自古以来立足空想的研究方式。也应当像已经觉醒了的天文学和物理学等姊妹学科那样,化学也应立足于严密的实验基础之上,并始终忠实地遵循这一原则,以扎扎实实的研究步骤前进。”

当时大多数学者都信奉笛卡儿的哲学,因此不少著名学者对波义耳的观点表示怀疑。荷兰的著名哲学家斯宾诺莎(Benedictus Spinoza, 1632—1677)曾写信给波义耳,试图让他相信“理性高于实验”,但波义耳没有听信这位著名人物的劝告。

父亲的去世,使波义耳在经济上有些为难,但他仍然设法在他继承的领地中,把许多房子改建为实验室,并和许多热衷于做实验的人组成一个研究小组,共同做实验,共同研究新兴的科学问题。

波义耳的研究兴趣很广,他曾研究过气体物理学、热学、光学、电和磁、无机化学、分析化学、化学工艺、物质结构理论、气象以及哲学等。但他的主要兴趣始终在化学上，重要贡献也在化学上。

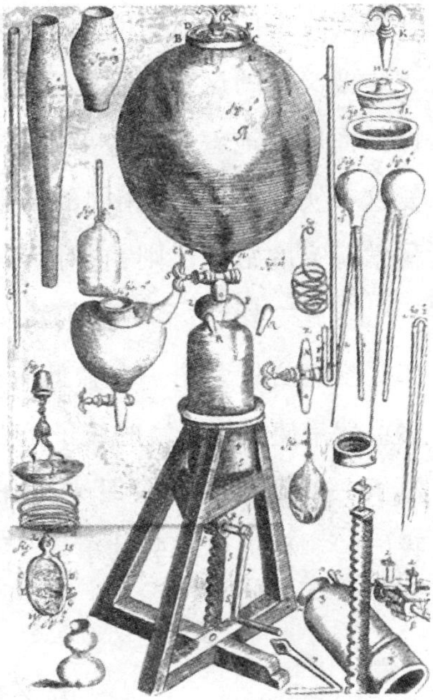

波义耳的第一台空气泵，1660 年绘制

当时许多物理学家和化学家都热衷于研究空气，波义耳也不例外。当他听到德国马德堡的盖里克(Otto von Guericke，1602—1686)于 1654 年发明了空气唧筒以后，他立即同他的助手罗伯特·胡克(Robert Hook，1635—1703)一起制出了更大功率的抽气机，并用来进行了许多实验。在对空气进行加压和减压的过程中他发现了空气的弹性。通过对真空的许多实验，他认识到所谓真空所产生的“吸力”，实际上不是真空有什么吸引力，而是空气产生的“压力”。他在进行稀薄空气的实验中发现了声的传播、物质的燃烧和生物的呼吸等过程都离不开空气。此外，还发现了在外压的影响下液体的沸点有高低之别。

波义耳用自制的压力计，精心测定了不同压力下的气体体积。在这一系列实验中，他最终推导出空气的压力和它所占体积之间的数学关系。1657 年，他发表了他的研究文章《关于空气弹性及其物理力学的新实验》，文中他明确地提出：“空气的弹性和它的体积成反比。”即对一定量密封的气体，压强增加一倍，则气体体积减小一半；压强增到 3 倍，气体体积减到 1/3；反之，如果压强减少体积就膨胀。这种反比关系，就是每个中学生都知道的“波义耳定理”。

法国物理学家马略特(Edme Mariotte，1602—1684)在此后 15 年，也根据实验独立地提出这一发现。所以后人把这一定理又称作“波义耳—马略特定理”。这一定理用当今较精确的科学语言可表达为：“一定质量的气体在温度不变时,它的压强和体积成反比。”

波义耳的这一实验定理在科学史上占有很重要的地位,因为他开创了详尽而周密地叙述实验步骤的先河。任何人看了他的实验报告,都可以重复这一实验,并得出相同的结果。如今,波义耳开创的实验方法早已成为科学研究的常规法则,它对科学进步起的作用是绝不可小视的。

除此之外,这个实验还可以得出一个重要的结论:既然空气可以压缩,那么空气必定是由一些彼此有很大距离的、分散的气体粒子组成,压缩实际上就是使这些分散的粒子挤得更紧一些。这样,物质由不可分的粒子——原子——组成,对波义耳来说,已经不是一种纯思辨的东西,而是实验告诉我们的一种无可辩驳的事实。

4. 空谈无济于事

波义耳常说,“空谈无济于事,实验可以决定一切”“要想做好实验,就要敏于观察”。

在波义耳众多的科研成果中,以下几项化学实验具有重要的价值。

有一次,实验室里的紫罗兰不小心被溅上了浓盐酸,一向喜欢花的波义耳立即用水冲洗被盐酸腐蚀正在冒烟的紫罗兰。在冲洗时波义耳惊讶地发现,深紫色的紫罗兰变成了红色。这一奇怪的变化,立刻使他醒悟到这是一种特定的化学反应。他让许多花草与酸、碱相互作用,发现了大部分花草受酸、碱作用都会改变颜色,其中以石蕊中提取的紫色浸液最明显,它遇酸

波义耳在做实验

变成红色,遇碱变成蓝色。利用这一特点,波义耳用石蕊浸液把纸浸透,然后烤干,制成了实验中常用的酸碱“试纸”,直到今天化学家在实验室里仍然继续使用他的这一发明。波义耳还发现,五倍子水浸液和铁盐在一起,会得到一种不会发生沉淀的黑色溶液。这种黑色溶液长久不会变色,于是他利用这一发现制成墨水用于书写。此后一个世纪以来,人们一直使用这种墨水。

在实验中波义耳还发现,从硝酸银中沉淀出来的白色物质,如果暴露在空气中就会变成黑色。这一发现,后来人们将它用于照相术上。

波义耳晚年在研究制取磷元素和磷化物方面也取得了很重要的成果。他根据“磷是人身体重要成分之一”的观点,经过不懈努力,继布兰德从人尿提取磷之后,从动物尿中也提取出了磷。经进一步研究后,他指出磷在空气中燃烧冒出白烟,形成白矾,白矾与水发生作用形成的溶液呈酸性,这就是磷酸;把磷酸与强碱一起加热,会得到一种名叫磷化氢的气体,这种气体与空气接触就燃烧起来。这些是人类关于磷元素最早的研究成果。

5.《怀疑的化学家》

1661年,波义耳出版了他的重要著作《怀疑的化学家》,这本书从根本上把炼金术改造成化学。化学之所以能确立为一门科学的学科,与波义耳在这本书中提出的理论上的新见解,有着密切关系。

1)为化学确立了独立的目标

在化学发展史上,波义耳第一次明确地把化学与炼金术以及其他实用工艺区别开来,从而为化学确立了独立的目标。他在书中写道:

> 化学家到现在为止仍信守着极为狭隘的原则,认为化学不需要特别广阔的眼界。他们认为自己的任务只是制备药品,制取金属和转变金属。而我则完全从另一个角度来看待化学。我不是

作为一个医生，也不是以一个炼金术士的身份来看待化学的，而是以一个哲学家的身份来看待化学的。我在本书里草拟了化学哲学的计划，希望用自己的实验和观察来完成这一计划，并使它完善起来。

由于波义耳指出了发展化学的正确道路，所以德国思想家恩格斯说，“是波义耳把化学确立为科学”。

2)为元素下了一个比较正确的定义

他在书中写道：

> 我现在说的元素指的是某些确定的、初始的、单纯的和完全未混合的物体。这些物体不是由任何其他物体组成，也不是彼此相互组成；这些物体是作为配料，由它们构成一切所谓的完全混合物体，而这些混合物体最终也可以分解成它们。

这个“元素”概念的本身，就是对化学科学的一个宝贵贡献，因为这个概念虽然不够准确，但它摒弃了从古以来的种种神秘主义的观点，并把它建立在实实在在的实验基础上。而且，这一定义也给化学家提出了一个明确的任务：从缤纷的自然界复合物中，寻找最终的、不能再分解的元素。

3)正确理解化学反应

最后，波义耳在书中为正确理解化学反应，提供了科学的立足点。

前面我们说过，在研究气体可压缩性时，波义耳认为他用实验证实了古代原子论的思想。由此，他认为自然界所有的物体都是

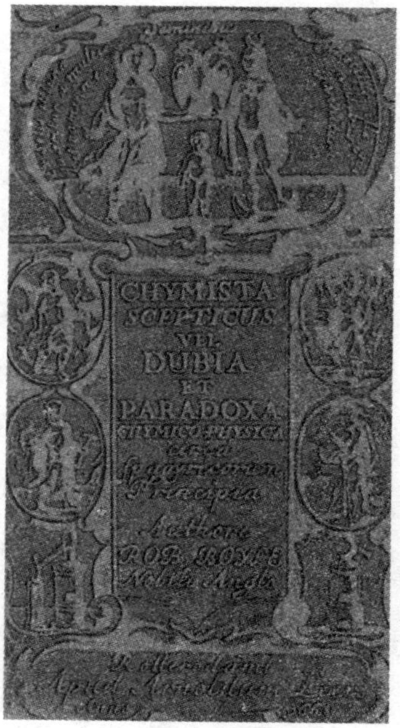

《怀疑的化学家》扉页照片

由细小致密和用化学方法不可分割的粒子(原子)组成,粒子可以由不同的数量结合成大小、形状不同的团,这些粒子团是参加化学反应的基本单位,也是决定物质性质的根本原因。在这一研究中,他还澄清了一个极重要的化学概念,即“化合”的概念。他指出,在一个“化合物质”中,每一个组成成分失去了原来的特性,而且很难把它再同其余的部分分离开来。例如,铅黄和醋化合而成为甜味的铅糖,它跟它的两个组成部分的性质很不相同。而混合物中,每个组成成分均保持其原有性质,而且很易于把它们重新分开。

值得注意的是,波义耳思想上还残留着炼金术士的气息,例如他相信可以从贱金属制出黄金。当他62岁时,他还极力劝说英国政府废除禁止炼金术活动的命令。这说明一位即使在科学史上很重要的科学家,他的思想一定会受到他生活时代种种思想的影响,不可能与之立即斩断一切联系。

我们需要用历史眼光看待科学家,否则我们就无法理解伟大的牛顿还是一位热衷于炼金术的专家。

6. 无形学院

在波义耳生活的时期,一批具有新思想、对科学感兴趣的青年学者,其中包括教授、医生、神学家,从1644年起定期地在某一处聚会,讨论一些自然科学问题。他们称他们这种松散的组织为“无形学院”(Invisible College),其目的是使从事物理学、化学、地理学、天文学和医学等实验科学研究的学者们,有机会在一起交流研究成果和探讨研究中出现的新问题。会员每周在一位会员家里或适当处所集会一次。随着无形学院的人员的增加,在1660年的一次集会上,经波义耳建议、大家一致同意,他们宣布正式成立一个“促进物理—数学实验知识的学院”。不久国王批准这一建议,并命名这个以促进自然科学知识为宗旨的学会为“皇家学会”(Royal Society)。皇家学会根据培根的思想,十分强调科学在工艺和技术上的应用,建立起新的自然哲学。直到今天，它还是全世界最著名和最有权威的学术团体之一。

波义耳在 1646 年就参加了无形学院的活动，一直是无形学院的核心人物之一。后来由于想集中精力做一些科学实验，在 1654 年迁往牛津。在牛津他寄宿在牛津大学附近一个药剂师家里，还为自己建立了一个设备齐全的实验室，并且聘用了一些助手。有些助手是很有才华的学者，例如罗伯特·胡克是他的助手之一，后来胡克发现了形变同应力成正比的固体弹性定律——胡克定律。这些助手在波义耳主持下进行实验，并帮助波义耳收集、整理科学资料和来往信件。这样，在波义耳的周围就形成了一个科学实验小组，波义耳的实验室也一度成为无形学院的集会活动场所。

罗伯特·胡克参与了波义耳空气泵的制作

波义耳的许多科研成果都是在这儿取得的：划时代的名著《怀疑的化学家》也是在这里完成的；1660—1666 年的 6 年时间里，他写了 10 本书；在《皇家学会学报》上发表了 20 篇论文。

1668 年，波义耳的姐夫去世后，他决定从牛津迁往伦敦，和他的姐姐莱涅拉夫人一起生活。到伦敦后，他在他姐姐家的后院又建了一处实验室，继续进行研究。他不太喜欢社交活动，但是他积极参加皇家学会的科学活动，在皇家学会有很高的声誉，是英国科学界公认的领袖。

1670 年他因劳累而中风，经过很长时间的治疗才痊愈。1680 年波义耳被选为皇家学会会长时，他因为体弱多病而谢绝未受，把荣誉让给了瑞恩。以后牛顿接任了这个职务，连续任会长 20 余年直到逝世。

波义耳在病榻中度过晚年，只要身体稍感轻快就去实验室做实验或撰写论文，以此为乐趣。

1691 年 12 月 31 日，波义耳去世，享年 64 岁。

不承认自己“女儿”的“现代化学之父”
——普利斯特列

约瑟夫·普利斯特列(Joseph Priestley,1733—1804),英国教士、政治理论家和科学家。他是氧元素的发明者之一,并因此闻名于世。1765年爱丁堡大学授予他法学博士学位,1766年当选为伦敦皇家学会会员,次年出版《电的历史和现状》一书。1794年移民美国,任宾夕法尼亚大学教授。除了氧气,他一生共发现十种新气体(如氧化氮、二氧化氮等)。

> 普利斯特列是“现代化学之父”,但是他始终不承认自己的“女儿”。
>
> 乔治·居维叶
>
> 18世纪最后20年提供了一个科学史上最惊人的证明,即那些真理就在他的鼻子底下,而且又有解决问题的一切条件的有才能的人——那些实际地做出了战略发现的能人,由于燃素理论而不能使他们认识他们自己工作的意义。
>
> H. 巴特菲尔德

1789年7月14日,巴黎人民在武装起义时攻克巴士底监狱,法国资产阶级大革命由此开始。正当法国革命勇士沉浸在攻克巴士底监狱的狂欢之中时,在英国伯明翰一个鲜为人知的小小实验室里,有一位50多岁的学者正以好奇的、饥渴的目光注视着他面前试管中的化学变化,探索着自然界中最常见但又最令人费解的奥秘。这位学者就是被尊称为“现代化学之父”，发现氧气的英国化学家约瑟夫·普利斯特列。

1. 酿酒槽中不断冒出来的气泡

1733 年 3 月 13 日，普利斯特列出生在英格兰约克郡利兹市附近的一个农家里。这是一个信奉基督教加尔文派的家庭。

幼年时，普利斯特列就期望自己长大后能当上一个牧师。22 岁那年，他的期望果真实现了，他被委任为萨尔费克一个小教堂的牧师，年薪 30 英镑。这点薪水实在是太菲薄了。为了额外多弄到一点钱解决家庭的经济困难，他不得不在上午 7 点到下午 4 点兼任一所学校教法语、德语、意大利语、阿拉伯语的教员，有时还教古巴比伦的迦勒底语；下午 4 点到晚上 7 点，他又是家庭教师。其他时间，尤其是礼拜天和种种节日，他便履行牧师的职责，或者专心写一些有关英语语法的书。

1761 年，他迁到瓦林顿市，担任该市神学院教师。他先讲授了一段时间化学元素的课程，后来讲过生理学课程，课余就坚持做一些研究。

1767 年 9 月，普利斯特列到利兹市当传教士。在利兹市，他的住宅旁有一家酿酒厂，正是这家酒厂，使他后来走上了化学研究之路，并成了著名的化学家。

在这个小小的酒厂里，普利斯特列注意到在酿造啤酒的过程中，有气泡不断地从巨大的酿酒槽中冒出来，这使他很好奇。于是在教堂工作之余，常常来到酒厂研究这些发出“咕噜咕噜”响声的气体。

化学史告诉我们，化学家们只有在对空气（和水）的理解上找到一个令人满意的结论时，化学才能建立起真正科学的基础。近代化学之所以姗姗来迟，其原因虽然众说纷纭，但大多数人都同意，是因为千百年来一层浓密的“哲学之雾”笼罩在空气、水和火这三种物质形态（和变化）中，形成一个巨大的障碍，使科学家无法将化学向前推进。因此，普利斯特列无意中选中了气体作为他的研究课题，实在是非常幸运。

我们这儿恐怕还要提醒一下读者，在1750年以前，化学家们完全没有想到空气实际上是由各种不同气体组成的混合物。虽然他们也讨厌空气中的一些臭气，但他们认为这是其他物质腐败变质的结果。1750年以后，有人猜测空气中可能有几种气体，但都没有明确提出这种思想。我们如果不了解这一前提，就不容易理解普利斯特列工作的艰难和价值。

普利斯特列在观察中发现，当气泡从发酵的啤酒槽里咕噜咕噜往外冒时，他将点燃的木屑放到气泡旁，仔细观察会看到冒出的气泡能够使燃烧着的木屑熄灭。当时正是夏季，酒厂的工人看见普利斯特列弯腰伏在酿酒槽上，都不以为然地摇头：

“对一位牧师来说，这样爱酒未免太不成体统！”

其实这位“醉翁”的醉意可真不在酒上！他非常专心，因此也完全没有注意到人们的疑惑、不满和嘲笑。他只注意到，啤酒槽里冒出的气泡能够使燃烧着的木屑熄灭。这使他十分惊讶。他猜想，这可能是因为酒槽中有一种与“固定空气”（二氧化碳 CO_2）性质相同的气体。

5年前，一位葡萄商的儿子布莱克曾用加热石灰石的方式得到一种所谓的“固定空气”（那时科学家们把一切气体统称为空气，而且空气有很多种）。后来，一位叫斯蒂芬的医生用这种“固定空气”治疗痛风，名噪一时。

普利斯特列决心弄清楚，他在酒槽中收集的气体是不是“固定空气”。为了大量收集这种气体，他果断地决定在家中制备这种气体。很快他就确信这种气体正是布莱克所说的“固定空气”。接着，他想了解这种气体是否溶解于水，结果他发现它只能部分溶解于水中。当他将这种气体（CO_2）注入水中2～8分钟后，他得到了“与矿泉水简直相差无几的、滋味异常爽口的饮料”。其实这种“异常爽口的饮料”就是现今人们十分熟悉的苏打水，一种低酸度的、溶解了部分 CO_2 气体的饮料。

在当时这一发现不啻是一个奇迹，因此普利斯特列向英国皇家学会报告了他的发现。他的报告引起了皇家学会会员极大的兴趣，于是该学会邀请他向皇家学会会员们表演他的实验。普利斯特列得知这一邀请后非常兴奋，因为这说明他的研究得到了认可。果然，当皇家学会的会员们亲眼看见他的表演后，都惊叹不已，并热情赞扬了这一发现。后来，这种特殊的饮料被推荐给英国皇家海军大臣，作为远航士兵、军官的饮料，以防治坏血病。普利斯特列也因为这一发现，获得了皇家学会最高奖——科普莱（Copley）金质奖章。

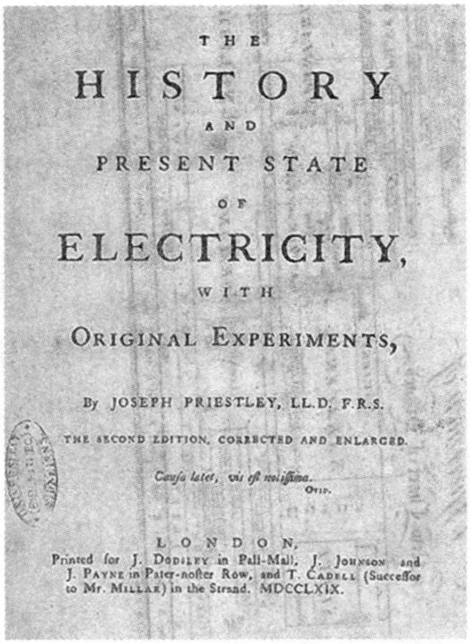
THE
HISTORY
AND
PRESENT STATE
OF
ELECTRICITY,
WITH
ORIGINAL EXPERIMENTS,
By JOSEPH PRIESTLEY, LL.D. F.R.S.
THE SECOND EDITION, CORRECTED AND ENLARGED.
Caufa latet, vis eft notiffima.
OVID.
LONDON,
Printed for J. Dodsley in Pall-Mall, J. Johnson and J. Payne in Pater-noster Row, and T. Cadell (Succeffor to Mr. Millar) in the Strand. MDCCLXIX.

普利斯特列还研究过电学，这是他的著作《电的历史与现状》的封面

普里斯特列在履行神职的同时，也极力传播科学知识。他有一个庞大的写作计划，想编写一套囊括所有实验科学的百科全书。1767 年，他的《电的历史与现状》一书出版，这本书回顾了电的发展历史，总结了前人和最新的有关电的实验成果，对电的进一步研究提出了许多建设性意见。普里斯特列还亲自参与电的实验，并得到了人们的重视。在《电的历史与现状》一书出版以前，英国皇家学会就接纳他为会员。

普里斯特列的文笔流畅，这使得他的著作通俗易懂。《电的历史与现状》一书在他生前就被翻译成德语、法语和荷兰语。由于这本书的成功，作为牧师的普里斯特列开始了真正的科学家生涯。

《电的历史与现状》一书出版后不久，普里斯特列就开始写作一本关于光学的概论，但这本书的销量很小，使他入不敷出，生活的艰难迫使他取消了庞大的写作计划，将精力集中于自己喜爱的气体化学。

在气体化学实验方面，他真是硕果累累。

2. 最伟大的一项发现

首次成功使普利斯特列大为振奋，于是决心用更多的时间进行化学研究。他接着做了许多不同种类气体的实验，这使他在气体实验中的技能、设备和方法有了很大的改进。现在化学实验中收集气体的方法就是由他发明的。

1774 年 8 月的第一个星期天，他利用一个直径为 1 尺（1 尺≈33.3333 厘米）的大凸透镜聚光产生的高温，加热氧化汞。他把红色氧化汞（当时称“汞灰”）放在水银面上一个玻璃皿上，整个水银又都放在玻璃钟罩里；当透镜把阳光聚集在玻璃钟罩里的氧化汞上时，氧化汞受热分解后释放出一种气体，由于罩内气压增加，一部分水银从玻璃钟罩里被排挤出去。利用这种方法，他收集到加热氧化汞所分解出来的气体，这种气体就是今天人人熟知的“氧气”，但当时普利斯特列称它为“脱燃素空气”。为什么取这么一个古怪的名字，下面自会有交代。为了叙述的方便，我们就直接把“脱燃素空气”称为氧气。

我们现在知道，氧的发现是普利斯特列最伟大的一项成就，但在当时并没有引起人们的广泛注意。这是因为在他之前，其他一些人也曾用加热固体的方法获得过同样的气体。例如：1678 年英国科学家波义耳用透镜加热硝石，获得了与普利斯特列类似的结果；英国生理学家黑尔斯（S. Hales，1677—1761）也曾用加热的方法收集到一种“受到熏染的气体”；瑞典化学家舍勒（Carl Wilhelm Scheele，1742—1786）比普利斯特列早一年通过加热氧化汞（HgO）、硝石（KNO_3）、高锰酸钾（$KMnO_4$）和碳酸银（$AgCO_3$）等，也发现了氧气，并称之为“火空气”；甚至在 13 世纪一位德国的炼金术士，也完成了与普利斯特列相同的实验。但在普利斯特列之前的这些科学家，都没有进一步研究这种气体与空气之间的关系。

普利斯特列用聚光镜加热氧化汞

普利斯特列的卓越贡献，就在于他发现了这种气体之后，立即做了许多相关的实验以进一步研究这种气体的性质，并且得到了非凡的成果。

他将点燃的蜡烛放入盛有氧气的玻璃瓶里，与以前许多这类的实验相反，蜡烛不但没有熄灭，反而燃得比以前更剧烈，光芒耀眼。普利斯特列异常兴奋，但他无法解释这一现象。他又将一段烧红的铁丝插入盛有氧气的瓶中，烧红的铁丝立即发出耀眼的白光，并很快被烧得蜷曲起来。

普利斯特列当时只是惊讶、兴奋，他完全没有料到他的这些实验发现，竟然促使一次化学革命的降临！许多年以后，当他谈到这个值得纪念的实验时，他说：

> 由于时间太过久远，我无法回忆起在做这次实验时，我的指导思想究竟是什么，而且，当时我也没有期待它的实际结局是什么。如果我不曾碰巧拿到一支在我面前点燃的蜡烛，我也许根本不可能去做这个实验，当然也就不可能产生进一步研究这种气体的想法。因此我认为，在科学研究中，一次偶然的机会，比任何预先设计好的理论和计划更为重要。

那时，普利斯特列对燃烧还没有正确的认识，因此对氧气在燃烧中起的作用也就不能有正确的认识。他对燃烧的认识还停留在德国化学家柏克尔（J. Becher，1635—1682）提出的"燃素说"的水平上。1669年，柏克尔提出"燃素说"来解释燃烧现象。"燃素说"认为，当一种物质燃烧时，它所含有的"燃素"便以火焰的形式释放出来；所谓易燃物质就是指这种物质含有大量的燃素，相反，如果某物质含的燃素很少，则某物质为不易燃物质。根据燃素论奇怪的解释，气体只不过是燃素、土质和硝酸组成的某种奇异的化合物，因此在柏克尔看来气体并非简单的元素。柏克尔的理论十分混乱，普利斯特列虽然常常被其中的矛盾弄得迷迷糊糊，如坠五里雾中，但他却坚信“燃素说”是绝对正确的燃烧理论。

“燃素说”的历史渊源应该说极为久远，但直到17世纪它才成为一个盛极一时的“伟大理论”。这与德国化学家斯塔尔（G. E. Stahl，1660—1734）的努力有关。斯塔尔总结前人的理论与实验，指出燃素并非亚里士多德的火元素，而是一种“没有重量、难以觉察、细微的气态物质”，斯塔尔为它正名，取名“燃素”。

斯塔尔认为，燃素存在于可燃物（动植物、金属……）中，燃烧时燃素从这些物体中逸出，形成一股旋风般的运动，同空气结合就形成火。可燃物燃烧时释放出的燃素，被周围空气吸收，而且据斯塔尔说，这些被空气吸收了的燃素从此再也无法与空气分离。但植物可以从空气中吸取燃素，动物机体中的燃素又是从植物中吸收的。燃烧过程不能离开空气，是因为空气可吸收燃素；否则，燃素不能离开可燃物体，而可燃物体如不能释放燃素，燃烧过程就无法进行。如果空气吸收的燃素太多以至饱和，燃烧就会衰减以至熄灭。

燃素说本来是一个漏洞百出的假说，与实验结果经常发生矛盾，而且人们寻找燃素的努力一再失败。但在拉瓦锡之前，它却是一个许多杰出科学家笃信的理论。普利斯特列这位卓越的实验大师，就坚持认为燃素说是颠扑不破的真理，至死捍卫它。发现了氧气有帮助燃烧的特殊本领后，他称氧气为“脱燃素气体”来解释氧气的这一特性就是基于燃素理论。他认为，正因为他发现的气体（即氧气）可以使物体过多的燃素被“脱去”（“脱燃素”），所以物质就会燃烧得非常迅猛和欢快。

3. 老鼠实验令他惊讶

1775 年 3 月，普利斯特列把两只老鼠分别放进两个玻璃钟罩里，一只钟罩充满的是空气，另一个钟罩里充满的是氧气。做完了这些准备工作之后，他就坐在旁边的椅子上，静观两只老鼠的表现。究竟需要多长时间才能观察到有趣的现象，他事先并不清楚。

突然，他发现那只放在普通空气罩子里的老鼠，开始出现不安和动作僵滞的征兆，再过一段时间就失去了知觉。他看一下时钟：15 分钟！他迅速把老鼠拉出罩外，但已经迟了，老鼠再也没有活过来。他转而注视装有氧气的钟罩，里面的老鼠仍然活蹦乱跳，十分活泼！又过了 10 多分钟，它才开始不安，普利斯特列立即把这只老鼠取出来，放到暖和、通风的地方。几分钟后，这只老鼠又变得和以前一样富有活力。

普利斯特列对这一观察感到有些难以置信：放在氧气罩里的老鼠在里面待了近 30 分钟，而且幸存了下来；而放在普通空气罩里的老鼠，只呆了 15 分钟就死了！如何解释这一现象呢？难道是由于氧气比普通空气更“纯净”吗？或者是由于普通空气中含有一些威胁生命的成分？当天晚上，他整晚未眠，苦苦思索着这一系列让他困惑的问题。

普利斯特列的实验室

最终，普利斯特列断定：氧气有益于健康。由此他受到启示，为什么自己不亲自享用这种“气态营养食物”呢？于是他用一根玻璃管，吸入了一些自己制取的氧气。他发现，与普通空气相比较，吸入氧气后肺部有一种难以描述的清新感觉，整个人似乎变得轻快舒畅，简直是一种奇妙的享受。

除此以外，他还立即预见到氧气在许多方面的应用：

“当人的肺部呈现病态时，氧气可以起到独特的治疗作用，而普通空气却未必能如此彻底、迅速地将肺里的废物带出体外。”

现在人们早已利用氧气治疗肺炎、被浓烟窒息的病人；对于登山运动员和高空飞行的飞行员，氧气早就成了不可缺少的救生用品。

普利斯特列还想到，用氧气代替普通空气鼓风时，火力会成倍地加强。在他的朋友马格兰的帮助下，他先将氧气装进一个气囊，然后通过一根玻璃管，将氧气吹到正在燃烧的木块上，微弱的火苗立即燃烧得非常旺。这便是当今广泛应用的吹氧焊接装置的雏形。

4. 眼睁睁地失去获得荣誉的机会

普利斯特列完成的许多实验显示出他卓越的才智，因而受到了科学界高度的评价和重视。1772 年，他当选为法国科学院名誉院士。同年 12 月，英国政治家舍尔伯恩勋爵认识了普利斯特列。这位博学的政治活动家立即决定向普利斯特列提供 250 英镑的年薪，作为对其实验的资助，并请普利斯特列以私人图书管理人和学术鉴赏人的身份与他住在一起。此后的 8 年里，普利斯特列一直住在舍尔伯恩勋爵家里。在这优越舒适的条件下，普利斯特列完成了许多有价值的实验。

1774 年，普利斯特列随着舍尔伯恩勋爵到欧洲大陆旅行时，他在巴黎认识了法国著名化学家拉瓦锡（C. L. A. Lavoisier，1743—1794）。在拉瓦锡的实验室里，普利斯特列对当地一些自然科学家演示了他的实验，这些实验使法国科学家大为惊讶。法国同行们不断向他提出种种问题,他则有问必答,将自己的工作成果毫无保留地和盘托出。他万万没有料到的是,正是他的这些演讲实验演示,启发了拉瓦锡,并促使拉瓦锡拉开了“化学革命”的大幕。正如普利斯特列所说:

“那时,我并没有意识到我的这种做法会导致什么结果。”

触动拉瓦锡的是普利斯特列那些与燃烧有关的实验,即在有氧气时燃烧更加激烈的一些实验。这些实验使拉瓦锡对所谓“燃烧说”做出了彻底的批判,并最终提出了燃烧的“氧化学说”。

燃烧现象虽然是人们见得最多、利用最广的一种化学反应,但它却使化学家糊涂了几千年,直到拉瓦锡揭示其本质时为止。

拉瓦锡从1772年就开始研究空气组成和燃烧过程,看了普利斯特列的实验以后,他立即意识到,普利斯特列虽然有了重大的实验发现,却因为固执地坚持燃素说而失去了建立一种新燃烧理论的机会。拉瓦锡立即通过精密测量证实,普利斯特列所谓“脱燃素空气”实际上是一种新的气体,它除了能助燃、助呼吸以外,还能与许多非金属物质结合生成各种酸,也正由于这一原因,拉瓦锡把这种新的气态物质称之为“氧”(在希腊文里,氧的意思是“酸素”)。他还用实验证明,空气本身不是一种元素组成的纯净物,而是一种主要由氧和氮等元素组成的混合物。

这是18世纪的一幅漫画,嘲笑普利斯特列是“燃素博士”

1778年,拉瓦锡彻底地否定了燃素说,证实了任何燃烧过程都是可燃物与氧化合的过程,可燃物在燃烧过程中吸收了氧,所谓的“燃素”实际上根本不存在。从此,燃烧的氧化学说迅速代替了燃素说,它不仅统一地解释了许多重要的化学反应,而且更重要的是它拉开了化学革命的大幕,为现代化学的发展奠定了坚实的基础。由于拉瓦锡理论的辉煌成就，科学家们先后都抛弃了燃素说，接受了拉瓦锡的氧化学说。但是，发现了氧气的普利斯特列却至死也不承认氧化学说，坚持燃素说。甚至当他后来衰弱得无法再做实验时，他仍然坚持着写了最后一篇论文，以维护燃素说。他还给朋友贝托莱写信说：

“作为一个虚弱的朋友，我已经付出了极大的努力，以便给予燃素说一点支持……燃素说并不是没有困难，其困难在于我们至今还不能确定燃素的重量。”

唉！普利斯特列由于对燃素说盲目的信仰，使他忽视了自己发现氧气的伟大价值，所以人们说他是不承认自己“女儿”的“现代化学之父”。研究科学史的专家们，每当研究到普利斯特列这段历史的时候，都不免感到遗憾和惊讶，为普利斯特列的失误而扼腕痛惜。

5. 科学史上的“7 · 14事件”

法国大革命爆发后，由于普利斯特列对这场大革命采取支持歌颂的态度，因而受到英国贵族阶层的仇视。统治阶级的代表人物，包括教会、科学界的头面人物，都开始恶毒地攻击普利斯特列。他们诬蔑他是一位无耻的剽窃者，声称他对科学没做过任何贡献，只不过善于玩弄权术，窃取了一些本不属于他的荣誉……

普利斯特列中年时期的画像

普利斯特列没有屈服，他不断地发表各种文章和演说，号召人们起来反对贩卖黑奴的罪恶行径，并控诉这种罪恶行径使成千上万的黑人，过着人类无法忍受的凌辱和饥饿的生活。为了向科学界某些头面人物的无耻攻击表示强烈的抗议，普利斯特列宣布退出皇家学会。

1790年除夕，普利斯特列在他的传教辞里，还向教友们谈到新社会的理想——自由、平等、博爱。1791年，拥护法国革命的英国人逐渐增多，还成立了《宪章协会》，公开号召在英国实行改革。这一举动引起了统治阶级的强烈仇恨，于是反对《宪章协会》的力量组成了集团与协会对抗。他们公开宣布普利斯特列是异教徒，是“魔鬼的朋友”，还诬蔑立宪主义者“要把英国推向毁灭和贫困的深渊”。

这年7月14日，宪章协会会员们决定隆重庆祝法国攻克巴士底监狱两周年。就在这天晚上，普利斯特列在伯明翰的实验室，被王室煽动的暴徒们烧毁了。这就是科学史上有名的“7·14事件”。在暴徒们冲进他的实验室前半个小时，普利斯特列才在儿子的强烈要求下被迫离开。半小时后，暴徒们用石块彻底捣毁了普利斯特列的实验室和住家。这位伟大科学家一生惨淡经营的实验室，瞬间成了一堆碎片。被宗教荼毒得疯狂、失去理智的暴徒们，连普利斯特列的图书室也没有放过，一把大火将他收集一生的珍贵图书和手稿，烧得个干干净净。这是人类文明史上又一次耻辱的记录。人类不止一次犯下这种天理难容的罪恶，到了20世纪，这种罪行仍然一再重新上演！

普利斯特列一直躲在朋友家里，饱尝有家不能归的痛苦。直到秋天，他才到哈尼克任神甫。

“7·14事件”激起了全世界科学家的愤怒，各国著名的科学家都纷纷表示支持普利斯特列，抗议英国的镇压民主和自由的可耻行动。1792年9月，法国议会推举普利斯特列为法国荣誉公民，还有许多人汇钱给他，以帮助他在英国重建实验室和图书馆。后来，在国内外许多知名人士的支持下，普利斯特列依法提出上诉，要求赔偿价值4000英镑的损失。英国国王乔治三世也不得不在给大臣邓迪（Dundee）的一封信中写道：

“虽然我为普利斯特列及其同党受异教的毒害如此之深而深感遗憾，但是我并不赞成以如此残暴的方式来表达对普利斯特列等人的轻蔑。”

6. 远渡大西洋到美国求发展

诉讼以普利斯特列的胜利而告终，这使他可以重返科学界。但是一想起人们对他曾经做过的事，他感到不寒而栗，他决心远走异国他乡。他的三个儿子约瑟夫、威廉和亨利于1793年8月先离开英国，远渡大西洋到美国以求发展。大半年之后的1794年4月7日，普利斯特列与妻子在圣凯姆港登上了远洋轮船。刚过花甲之年的普利斯特列，从此离开了既给他带来成功和荣誉、又给他带来严重伤害的祖国，向美利坚合众国奔去。这正是：

吊影分为千里雁，
辞根散作九秋蓬。
共看明月应垂泪，
一夜乡心五处同。

与英国中伤、迫害这位伟大科学老人形成鲜明对照的是，当普利斯特列到达纽约港时，美国人民像迎接战场上归来的英雄一样迎接了他。纽约坦慕尼协会（隶属美国民主党）专门派一位委员前去码头，向普利斯特列致欢迎辞：

“尊贵的长老，从您踏上我们国家国土之日起，您便逃离了专制的火焰，逃离了权势的魔掌，逃离了偏执的枷锁。您将呼吸到自由的空气，找到宁静的避难所。”

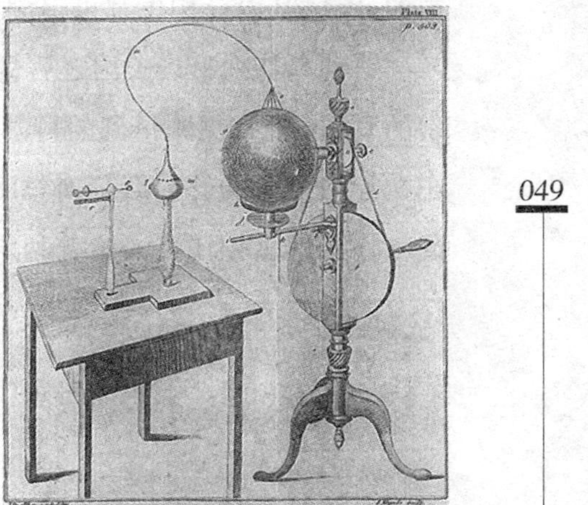
普利斯特列的电学实验设备

美国人民以极大热情迎接这位虚弱而又充满内在活力的英国人，全美基督教堂的牧师们集体为他祈祷。宾夕法尼亚大学立即聘他为化学教授；全国各地的著名大学、学术团体纷纷请他去讲演，他接受了其中几项邀请。

后来，他决定在清静的诺森伯兰镇(Northumberland)隐居下来。他在这儿盖了住所和实验室，并立即忙于写作和做实验。在这儿居住期间，美国伟大的政治家杰佛逊(T. Jefferson，1743—1826；1801—1809 任美国第三任总统)常常光顾他家，向他请教有关自然科学的新发现。当杰佛逊后来当上总统时，他曾对普利斯特列说：

“您的生命是人类所珍视的不多的几个生命之一。”

普利斯特列也偶尔短暂地离开诺森伯兰镇，参加在费城召开的全美哲学研讨会。会前，他或者读一些与会议有关的论文，或者与美国第一任总统乔治华盛顿(G. Washington，1732—1799；1789—1797 任美国第一任总统)一起喝茶。华盛顿对普利斯特列说：

“您可以随时来见我，不须拘于任何礼节。”

1798 年即将降临之际，普利斯特列的实验室完工。正是在这里，他又一次完成了具有重要意义的化学实验。他在燃烧的木炭中收集到一种气体，现在称它为一氧化碳。这种无色气体的发现，对摇曳扑烁的炉火为什么闪着蓝光，首次做出了科学的解释。现代家庭生活中，一些以气体为燃料的灶具，其设计构思都可追溯到普利斯特列在 1799 年前后的发现。

普利斯特列移居美国之后，仍然与英国的学术组织“圆月学社”保持经常的联系。他常把刚得到的科学发现告诉国内的好友们，而好友们也没有忘记漂泊他乡的普利斯特列。1801 年，瓦特(James Watt，1736—1819)和他的合作者博尔顿还托人给普利斯特列带去一些可产生大量气体的装置。

7.“我现在做完了……”

普利斯特列 70 岁以后思想仍然十分活跃，但他的身体却日见衰弱。他告诉朋友说：

> 我已经过着人们谓之另一世界的生活。不过，我相信几乎没有人享受过我所拥有的这种幸福。请转告杰佛逊先生，在他出色的管理下，我过得很好，并且期望在这儿养老送终。我相信，面朝地球躺下去死无疑是最好的，然而，我却希望站着死，以便看到更出色的蒸馏器问世。

1804年2月6日清晨8点，这是星期一的清晨，普利斯特列安静地躺在床上，进入了弥留时刻。他仍然清醒，叫人拿来了一本小册子，其中记录了他最近做的研究。一辈子勤于写作的他，这时只能仔细地、清晰地口述着几种化学反应，打算在近期发表这些发现。

他再三要秘书复述他的叙述，秘书耐心地回答说：

"我记牢了，您就放心吧。"

普利斯特列仍然不断喃喃自语，重复着说了多次的话……那神情，好像享有莫大的满足。突然，他高声说道：

"那是对的！"

半小时后，那双闪烁着智慧与期望的眼睛，终于闭上了，再没有睁开。

普利斯特列死后，他在诺森伯兰镇的旧居被完整地保留下来。现在，这所建筑物已翻修成具有防火设备的宽敞的博物馆，陈列着普利斯特列用过的心爱仪器：曲颈瓶、烧瓶、喷气木桶、天平、坩埚、水银槽、排气管……在宾夕法尼亚大学和卡里斯兰的狄金森学院，还收藏着按普利斯特列的方法制成的仪器样品。这一切都标志着约瑟夫·普利斯特列的名字将永垂史册！

伯明翰市在1874年为普利斯特列建立的雕像

1874年8月1日，英格兰伯明翰的市民，在市中心为普利斯特列建造了一尊雕像，以纪念他发现氧气一百周年。

同一天，美国化学家们也在普利斯特列墓地聚会，一来表示对普利斯特列的纪念；二来宣告美国化学学会正式成立。新成立的美国化学学会还给英国皇家学会发了电报，宣告普利斯特列被光荣地接收为该会的荣誉会员，而且他对科学事业所做出的杰出贡献，将载入美国的史册。

被送上断头台的化学家

——拉瓦锡

拉瓦锡(Antoine Lavoisier, 1743—1794),法国化学家。他提出的新的燃烧理论被认为是一场化学革命,是18世纪科学发展史上最辉煌的成就之一;他的元素学说和科学的命名法,使化学得以上升到科学理论的高度。这些贡献使他被誉为"现代化学之父"。

> 法国化学家和现代化学之父(拉瓦锡),卓越的实验家和多方面的天才,曾积极献身于公众事务和科学事业。他提出新的燃烧理论,推翻了100多年来长期支配化学发展的燃素说。他关于氧化的基础研究,证实了氧在化学过程中的作用,并定量地证明氧化与呼吸之间的相似性。他系统地阐述了化学反应中的质量守恒定律,阐明了元素与化合物之间的区别,并在设计现代化学命名系统方面起了一定的作用。拉瓦锡是将定量研究作为基础的首批科学工作者之一。他在实验上的独创性、严格的方法和有说服力的推理,一如他的各项发现,使化学发生一场革命。他的名字与现代科学基础的建立紧密联系在一起,不可分割。
>
> 《大不列颠百科全书》

1789年在法国出现了两件震撼世界的大事:一是法国化学家拉瓦锡出版了他的《初等化学概论》,这象征由他发动的化学革命到此基本完成;另一件大事是这年7月14日,巴黎人民举行武装起义,攻克巴士底监狱,一场声势浩大的法国资产阶级革命由此爆发。这两个不同领域的革命同时发生,也许不应该看作是偶然的现象。恩格斯对此曾有一种有说服力的看法,他说:

拉瓦锡(左)与他的学生和朋友埃勒泰尔·杜邦在观察实验。后来杜邦建立火药厂,这个厂后来发展成为今天的杜邦公司

> 在法国为行将到来的革命启发人们的头脑的那些伟大人物,本身都是非常的革命的。他们不承认任何外界权威,不管这种权威是什么样的。宗教、自然观、社会、国家、制度,一切都受到了最无情的批判;一切都必须在理性的法庭面前为自己的存在做辩护或放弃存在的权利……一切传统观念都被当作不合理的东西扔到了垃圾堆里去了;到现在为止,世界所遵循的只是一些成见,过去的一切只值得怜悯和鄙视。

化学革命是科学革命中非常重要的一个环节,它是以批判燃素论和建立燃烧的氧化学说为序幕,到《化学基础论》一书的出版告一段落。此后,只有当原子论进入化学以后,在化学革命时期引入的新观点才能进一步得到发展,并由新的一代化学家将这场革命进行到底。

化学革命发生于资产阶级革命时期的法国。在这一革命时期里,拉瓦锡举起了化学革命的大旗,成为科学革命中的一员闯将。但不幸的是,拉瓦锡又同时被社会革命家们当作敌人,送上了革命法庭,最后还被推上了断头台。这种巨大的反差,这种罕见的矛盾和冲突,历来都引起历史学家们的沉思。

1."必须用天平进行精确测定来确定真理"

拉瓦锡于1743年8月26日生于巴黎一个富裕的家庭,他父亲是当时巴黎知名的律师。拉瓦锡从小受到他母亲的溺爱,但像普利斯特列一样,拉瓦锡早年失去母亲,由疼爱他的姑妈把他养大成人。也许溺爱过度,拉瓦锡从小身体就不好,患有慢性消化不良的病。但是拉瓦锡从小智力就非同一般,而且他丰富的想象力也常常让他父亲吃惊。

到了上学年龄,拉瓦锡被送进一所叫马扎兰的中等学校。在这所学校里就读的都是贵族、富豪和高级政府官员的子女。他父亲本来希望儿子学法律,但年轻的拉瓦锡受到该校一位化学教授的影响,对自然科学产生了浓厚的兴趣。在一次科学实习中,拉瓦锡有幸认识了瑞典伟大的博物学家、现代生物学分类命名的奠基人林奈(Carl von Linne,1707—1778)。在与林奈的交往中,拉瓦锡强烈地感受到,自然科学比他原来打算献身的法学更有趣,也更有价值,于是他暗下决心放弃律师职业,立志为科学献身!

在两个世纪以前,近代物理学的奠基人伽利略曾指出:凡不能测量的物理量不能进入物理学。这种观点到20世纪似乎被认为有点过激,但在16世纪却因此引起了近代物理学史的一场革命。两个世纪过去了,测量在物理学中的地位已经显示出无与伦比的重要性,而且已经成为物理学家眼中的常识和最起码的要求;但在化学界却一直没有人特别重视精密的测量。正是这一原因,错误的理论无法否定,正确的理论不能建立。这种极不正常的状况,拉瓦锡从一开始研究化学就发觉了。他有一句名言:

"必须用天平进行精确测定来确定真理。"

由此可见,他是多么重视准确的测量。在拉瓦锡的贡献中并没有可以称道的发现。他不是一个发现者,实际上他对化学的贡献是以数学和物理为手段,在牢固的基础上去建立崭新的化学。

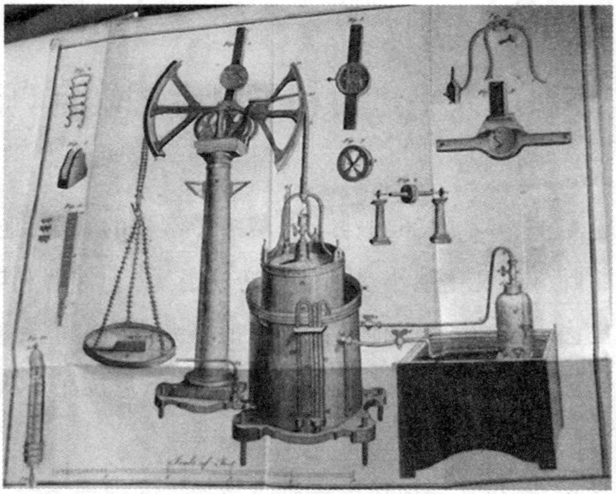

拉瓦锡著作中的一页，上面画的是他的精密试验示意图

为了完成这一使命，所需要的丰富实验事实大都已经被发现。他的任务是把这些实验事实做进一步的、准确和精密的测定，即对各种化学变化中所伴随的物质“量的变化”，进行精密的测定。在这个过程中天平当然是不可缺少的仪器设备——没有天平，就不可能有真正的化学。当时一些化学家也曾经或多或少地使用过天平，但是不幸的是他们把天平看作是一种可有可无的奢侈品，而不是不可或缺的化学设备。拉瓦锡没有这样看，他把它们视为一种绝对不可缺少的武器，并充分利用它们，充分发挥它们的效能。人们把他称为“定量化学之父”，其原因就在于此。

1764 年，21 岁的拉瓦锡从事化学研究的第一件重要的定量工作，是确定石膏的成分。他把石膏加热，然后准确地测出在加热时释放水分的重量。

2. 水能变成土吗？

自古希腊的泰勒斯（Thales，约前 624—前 546）以来，人们由于崇拜尼罗河，就认为万物之源皆归因于水。人们都相信，借助于蒸发，水可以变成泥土和石头。在拉瓦锡所处的时代，人们还是相信源于泰勒斯的亚里士多德的四元素说，比如说，对于16世纪的比利时医生海尔蒙特(Jan Baptist van Helmont，1580—1644)著名的“柳树实验”：水转变成了“164磅的木头、树皮、树根”，人们就认为这是一个支持四元素说的证据。

拉瓦锡测量使用的鹈鹕

拉瓦锡怀疑这种“水变土”的传统观念，并决定用精确的实验检验这件事。

他先到巴黎的郊外，从尽可能远离住户和森林的地方收集到一些雨水，他认为这是最纯的水。他经过八次反复蒸馏而使其更加纯净后，再把这称过重量的水装入一个称量过的“鹈鹕”玻璃容器中，密闭后加热。鹈鹕蒸馏器是一只很像醍醐鸟正用嘴叼啄自己前胸羽毛的样子的玻璃容器，因此而命名。当装入水加热时，产生的水蒸气在上部遇冷而凝结成水，又经容器的颈部回流到下部。无论怎样加热，水蒸气也不会散失。

他从1768年10月24日开始加热，日夜不断，保持60摄氏度到70摄氏度的温度连续加热到第2年的2月1日，前后共101天。拉瓦锡发现在容器底部沉淀有固体物，但整个鹈鹕的重量同加热前并没有变化。这就明确告诉人们，在加热过程中，既未从鹈鹕外进入任何物质，也未从鹈鹕内逸出任何物质。在把水从鹈鹕器倒干净后，称重它的重量发现略有减少，而水的重量则略有增加。可以设想，这是由于玻璃容器的一部分溶于水中。当拉瓦锡把水完全蒸干以后，果然发现有一些残存的固体物质。把它和先前在鹈鹕器底积存的固体物质放在一起称量，其重量恰好等于鹈鹕器所减少的重量。据此拉瓦锡断定，并不是水本身变成了固体物质，而是由于水在长时间加热的过程中容器的一小部分溶解了，并以固体的形式出现。

这就是拉瓦锡研究方法的大致过程。他在研究中非常仔细和精确，哪怕是一丝一毫的微小差别也决不疏忽，尽可能地做到细致和精密。实验结果打破了历来研究方法的模式，出现了他的独特的、闪烁着崭新时代光辉的实验方法和思考方式。凭借灵敏的天平，可以纠正前人的谬误；也充分说明，没有精密测量的观察，得到的结果可能是毫无价值的。

有趣的是，以前瑞典化学家舍勒也做过类似的实验，试图说明水不能变成土。他也同样是把纯水放在容器中进行长时间的加热，然后收集残存的固体物，并做过分析。他也同样发现容器的一部分溶于水中，但是他只专注于研究质的变化，像当时许多化学家一样没有注意重量的变化。然而，拉瓦锡突打破了历来研究方法的模式，开创了独特的闪烁着崭新时代光辉的方法，即化学定量分析，这具有划时代的意义。

正是由于拉瓦锡一生对化学的贡献，拉瓦锡还被称为“化学中的牛顿”。

3.“噗嗤”一声，燃素论寿终正寝

18 世纪 70 年代，随着城市的繁荣，大城市夜间的照明成了一个亟待解决的问题。法国科学院悬赏解决“大城市夜间照明”问题，拉瓦锡立即全身心投入这一研究之中。正是在这一研究中，使他对整个燃烧理论发生了兴趣，并导致了他一生最伟大的发现。

1772 年，拉瓦锡在封闭容器里做燃烧磷和硫的实验时发现，燃烧后的磷比燃烧前重，他想：也许是磷与空气化合了？如果是的，与多少数量的空气化合呢？他设计了一个巧妙的实验来解决这个疑问。他将磷放在一个小碟里，小碟浮在容器的水面上，把磷点燃后，立即用玻璃罩把它罩住。白色浓烟立即充满了玻璃罩，燃烧的磷随之很快熄灭，这时玻璃罩内的水也开始上升，上升到玻璃罩内空气体积大约减少 1/5 的地方，就不再上升。

开始，拉瓦锡以为是磷太少了，如果多用一点磷也许会使全部空气都与磷化合。但十多次的实验，不论磷有多少，玻璃罩内的水总是只上升到同样的高度就不再上升了。这使拉瓦锡明白了一个事实：磷只与 1/5 的空气化合。燃烧硫也获得同样的结果。这些实验使拉瓦锡猜想:难道空气是复杂的化合物吗?

为了证实这一想法，拉瓦锡于1774年设计了加热锡和铅的实验。他在有一定量空气的密封容器中加热铅(或锡),加热后金属表面出现了一层“金属灰”(即金属氧化物)。冷却后将整个密封容器称重,他发现总重量没有改变,这显然与波义耳的结果相反(注意:波义耳是打开了容器才称重,一举之差,谬误千里!)。当拉瓦锡在容器壁上穿一小孔时,只听见“噗哧”一声,外界空气迅速冲进容器,再一称重,就得出了波义耳的结果:瓶的总重量大于封闭时的重量。接着他称量燃烧后的金属的重量,发现它增加的重量恰好等于从小孔冲入容器的空气的重量。这个实验的结果明显地告诉我们:金属在加热时同空气相化合,因此重量增加,燃素论的观点完全站不住脚。燃素论认为,

金属 - 燃素→金属灰

拉瓦锡则认为,

金属 + 空气→金属灰

但拉瓦锡这时还是不太清楚:空气到底是不是混合物?因此他仍然语焉不详,不能做出令人更加满意的解释,他甚至认为空气全部都可以同金属化合!

1774年10月,普利斯特列随同舍尔本勋爵访问巴黎。普利斯特列向拉瓦锡介绍他发现的“脱燃素空气”,以及其制备方法。这一介绍,为拉瓦锡正确解释燃烧理论提供了重要的启示。

此后,拉瓦锡通过精密的测量证实,普利斯特列的所谓“脱燃素空气”实际上是一种新的气体,它除了能助燃、助呼吸以外,还能与许多非金属物质结合生成各种酸,正因如此,拉瓦锡把这种新气体元素称之为“氧”。他还用实验证实,空气本身并不是单一元素而是混合物,主要成分是氧和氮。

1778年,拉瓦锡彻底地否定了燃素论,证实了任何燃烧过程都是可燃

物与氧化合的过程，可燃物在燃烧过程中吸收了氧，而所谓燃素是根本不存在的。从此，燃烧的氧化学说迅速取代了燃素论，它不仅统一地解释了许多重要的化学反应，而且更重要的是它拉开了化学革命的大幕，为现代化学发展奠定了坚实的基础。

拉瓦锡在进行人在静止状态下的呼吸试验。充当他助手的妻子（最右边）正在记录和绘图

4. 诺亚子孙建通天塔的教训

《圣经》中有一则很有意思的故事，那是关于建一座通天塔的故事。

据《旧约全书·创世记》第6至12章记载说，大洪水突然袭来时，诺亚和他的全家因事先建有方舟，得以生存下来。此后，诺亚的三个儿子的宗族各随他们的支派建立国家。那时天下人的口音都是一样的。他们往东迁移的时候，在示拿这个地方见到一片平原，他们便决定在这儿建一座通天塔："塔顶通天"，以此传名，免得他们分散到各地后彼此不相认。上帝知道后，心想如果通天塔建成，那他们就没有做不到的事了，这可万万不能。

于是上帝变乱了他们的口音，使他们彼此言语不通。结果，通天塔也因此无法建成。

在拉瓦锡之前，化学家们的语言正如诺亚后代一样，混乱至极，无法相通。通过批判燃素论，拉瓦锡深切认识到标准统一的科学语言，对科学的发展有至关重要的作用。长时期以来，化学界使用的都是一些极其神秘、浮华而不切实用的语言。例如，十分简短的名称“氢氧化钾”（钾碱），在以前被称为“terrafoliatatartariofmuller”！这种复杂和不科学的语言，简直令初学化学的人如堕五里云雾之中，望而生畏。结果，化学只能成为少数几个人的专属品，成为借以牟利和威吓大众的工具。这当然不利于化学知识的普及，更不利于化学的进一步发展。

当拉瓦锡决心改革这种不科学的语言时，他的朋友和同事贝托莱担心地说：“彻底改革这种语言，很可能会遭到人们的反对。”

但拉瓦锡没有退却，他首先把“元素”定义为“化学分析所能达到的终点”。他指出，有些物质“因为我们至今没有发现把它们分开的方法，我们才把它们看成简单的物质，我们永远不应该假定它们是复合的，除非实验与观察证明它们的确如此”。他还制出一个有 33 种元素的元素表。这个元素表尽管很不完善，但对此后化学的发展起了至关重要的作用，成为 19 世纪元素大发现的先导。

如果没有拉瓦锡的元素学说和科学的命名法，那化学仍然将是一堆零散的、片面的事实堆积，人们也就根本没有办法把化学建成系统的理论。正是拉瓦锡引发的“化学革命”，使化学上升到科学理论的阶段，因而化学立即脱掉了以往神秘的外衣，使化学知识变得通俗易懂，任使成千上万想学习它的人都可以顺利地学到。

但这一改革，正如贝托莱担心的那样，立即遭到保守派的人极力嘲弄和反对。有一位资深的化学家说：“对于任何一门科学，新的命名法就意味着对祖先的背叛，因为这实际上就是抛弃祖辈们深奥的著作，否定他们的发现。”

英国化学家托马斯·汤姆森（Thomas Thomson，1773—1850）谴责说：“这些不知天高地厚的法国化学家，自以为是，竟敢改变他们老师使用的语言！”

拉瓦锡的《化学基础论》中译本封面

对这种纷至沓来的反对，拉瓦锡给了针锋相对的回答。不久，反对的声音低下去了；最后，人们日益认识到新的命名法的优越性，它终于取得了辉煌的胜利。当今我们使用的化学术语，大部分都是根据拉瓦锡的命名法而来的。我们完全可以说，《化学基础论》是化学史上第一部近代化学的教科书。

所以，拉瓦锡的功绩不仅在于推翻了燃素理论，建立正确的燃烧氧化理论，而且还在于他建立起了真正的化学理论框架。正如20世纪最伟大的化学史家柏廷顿（James R. Partington，1886—1965）所说：“他本质上是一位理论家。”

理论家需要给出的是一个理论框架，指出一个正确的方向，后辈可以沿着这个方向继续前进、臻于至善。

由此可知，拉瓦锡在化学中的地位，犹如欧几里得在数学、牛顿在力学、麦克斯韦在电磁学中的地位一样。

5. 物质不灭原理

拉瓦锡在化学上还有一个绝对不可忽视的重要贡献，有一些学者没有给予足够的重视，那就是拉瓦锡非常强调“物质不灭原理”在化学反应中的重要性，并且用大量实验加以证实。当然，自古希腊以来有许多哲学家都先后提出过物质“不能无中生有和有中变无”的观念，然而这些观念都只停留在思想层面上，从来没有一位学者想到过用实验来证明这一原理的真实性和可靠性。直到拉瓦锡，他才用无可怀疑的实验事实，为这个自古以来的学说注入科学的灵魂与理性的光辉。他在前面所述的燃烧实验中，用大量事实充分证明，在任何化学变化中都只有物质间的相互转换，而绝对不存在物质的“创造或消灭”。这个永恒的真理由他得到实验的第一次绝对可靠的证实。

由于化学反应必须受这个原理的支配，加上他正确阐明物质的组成，以及根据组成确定合理的命名法，于是所有的化学变化就可以像数学方程式一样，用简单明了的化学方程式来表示。

由此观之，只把拉瓦锡称为“定量化学之父”，显然还不能完整、准确地表明他对化学的贡献。

6.“共和国不需要科学家”

正当拉瓦锡风华正茂，在化学领域里取得辉煌成就时，法国爆发了资产阶级的大革命。一百年前波义耳在英国的处境，此时似乎转到法国拉瓦锡的身上来了。情境非常相似，只是这两位科学家的命运不同。波义耳不闻窗外的风云，一心扑在实验室里静静地进行他的化学研究。但是拉瓦锡不论在什么地方，都是一棵招风的大树，雷雨一到他就很容易遭到危险。

对拉瓦锡最初的一击，来自法国大革命的头领之一的马拉(J. P. Marat)。马拉曾是一位科学家，也想在科学上取得成绩和荣誉。他写了一本《火焰论》，想把它作为一种燃烧学说提交给科学院。当时科学院负责人是拉瓦锡，他对马拉的书给予了尖刻评论，认为这本书没有任何科学价值。因为这个缘故，他们俩结下了私怨。革命席卷而来的时候，马拉首先喊出口号：“埋葬这个人民公敌的伪学者！”

拉瓦锡在实验室里，被革命党人逮捕

1789 年 7 月，革命的战火熊熊燃烧起来，整个法国迅速卷入到可怕的动乱之中。科学事业和科学家都开始遭殃。所有学会、科学院、度量衡调查委员会等科学机构，甚至于整个的法国学术界都面临着生死存亡的危机。“学者是人民的公敌，学会是反人民的集团”这样愚昧无知的口号，开始在民众中流传、散布。在这种极为反常的情况下，拉瓦锡仍然不顾及自己是科学院院士和度量衡调查委员会成员的危险，继续恪守自己的职责，到处设法维护科学家的利益，尽量避免科学事业的损失。

但是，人们绝对没有想到的是化学家佛克罗伊（Fourcroy，1755—1809）突然成为最凶狠的敌人。他本是科学院的院士，在危难之际多次受到过拉瓦锡的保护。但是在大革命汹涌而来的时候，他却施展诡计企图解散科学院。拉瓦锡勇敢地挺身而出，大声呼吁法国学术处于毁灭的边缘，法国科学的光荣传统被玷污了。如果学术遭到毁灭，就是再过半个世纪也难以恢复。他的努力没有任何效果，还让佛克罗伊对拉瓦锡有了刻骨的仇恨。最后佛克罗伊动用国会的暴力终于解散了科学院和许多科学协会。

1793 年 4 月，从笛卡儿、帕斯卡以来具有百余年光荣历史的法国科学院终于遭到了彻底的破坏，直到 20 多年后的 1816 年，巴黎的科学院才恢复学术活动。

拉瓦锡没有想到自己已经处于非常危险的境况。拉瓦锡在 1768 年成为法国科学院院士的同时，当上了一名包税官，在向包税局投资五十万法郎后，承包了食盐和烟草的征税大权，后来又担任主征税官。1771 年，28 岁的拉瓦锡与征税承包业主的女儿玛丽结了婚，这一联姻更加巩固了他包税官的地位。

包税商集团由于残酷地剥削平民百姓，必然成为革命者的众矢之的，于是拉瓦锡也成了革命政府的敌人。

实际上拉瓦锡本人很少参与政府的横征暴敛，所以他以为自己不会有什么事。他太天真了，他不懂得政治，也全然不知罪恶的敌人已经恶狠狠地盯上了他——危险已经逼近！在革命政府通令包税官“清算账目”、交代罪行之后，拉瓦锡和他的同僚们因为害怕而东躲西藏。这样一来更加激化了矛盾，也给佛克罗伊、马拉之流提供了更加恶毒的中伤机会。虽然拉瓦锡在大革命初期，为新政府做了大量有益的工作——设计城市照明、制订农业改革方案、贡献火药制造和矿物探寻资料，并参加了新政府主张的“改革旧度量衡制，创造新的国际通用单位”工作，担任改革委员会委员，还确定了重量单位“克”和长度单位“米”，但是革命熊熊之火一旦燃烧起来，就没有人能够控制，没有人能够预料它会燃向何方。

1793 年 11 月 24 日，拉瓦锡正在他家中的实验室做实验时，头戴自由帽的革命党人和革命法庭的战士冲进了实验室，逮捕了拉瓦锡。拉瓦锡思想上早有准备，在与妻子告别时，显得十分平静。他还将尚未完成的手稿托付给朋友瑟甘后，才离开了他最心爱的实验室。

在审判拉瓦锡时，陪审团中有拉瓦锡的朋友，他们为拉瓦锡做了辩护。他们指出拉瓦锡把自己的一生献给了法兰西，为法兰西争得了巨大的荣誉；而且作为包税人他所挣得的钱，大部分用来建设他那世界第一流的实验室。他们希望革命法庭能赦免他的罪过。

革命法庭副长官考费那尔(J. B. Coffinhal)说了一句历史至今不能忘却的话：“共和国不需要科学家！”他还补充了一句：“共和国只需要为国家而采取的正义行动！”

拉瓦锡和妻子玛丽，他们是非常幸福和美满的一对。玛丽是包税商的女儿。她美丽贤德，婚后成为丈夫的助手，拉瓦锡出版的许多书都是由她整理书写的

拉瓦锡被关进了监狱。在监狱里拉瓦锡写给妻子的最后一封信，信中没有表现出一点沮丧。在信里他写道：

亲爱的：

你正身陷于许多困厄之中，使自己身心俱疲，然而，唉，我却无法分担你的负荷。请千万要注意自己的身体，不然那将是最大的不幸。我曾有一段长久而成功的生涯，自从有记忆以来，总是享受着这愉快的经验。你要用你给我的情爱信息，将曾经日日沉浸的欢愉延续。我将会留给我自己尊重及体谅的回忆。就这样，我的任务算是完成了。反倒是你，眼前依旧有漫漫的人生，千万别辜负它。我想我昨天发觉了你的悲伤，自从我听天由命以后，你何须如此？……假如你有机会送几瓶酒过来，将会对你爸爸有极大的帮助，他到现在一直还在付买酒的钱。

1794年5月8日下午5点，28位征税官都被押上了竖立在革命广场上

的断头台，他的岳父第三个被行刑，拉瓦锡是第四个。

拉瓦锡这颗智慧超人的头，就这样被断头台锋利无比的铡刀砍了下来！

数学家拉格朗日悲哀地说："砍掉他的头只要一眨眼的工夫，可是生出一个像他那样的头大概一百年也不够。"

一位完成了化学上重大突破的巨人，就这样被永远埋葬在黑暗之中。

然而他的名字却会永放光芒，在化学的高空闪耀。有人说，罗伯特·波义耳的名字像一颗在晨曦中闪烁的明星，预告了化学黎明的到来，那么拉瓦锡就是一颗夜空中高悬的明星，永远照耀着化学世界。

化学原子论的缔造者

——道尔顿

道尔顿(John Dalton,1766—1844),英国化学家、核物理学家,英国皇家学会的会员。1792年在曼彻斯特长老会新教学院任数学和自然哲学教师。他最主要的成就在化学研究,设计了化学符号制,1803年提出相对原子量,并制订了最早的原子量表。他是原子理论的缔造者,是近代化学的奠基人。

测定原子量,这恐怕是自古以来人类要实现的一个最勇敢的创举。

山冈望:《化学史传》

1822年,英国化学家约翰·道尔顿被选为英国皇家学会的会员。不久,他就动身到当时世界的科学中心法国去做访问。巴黎科学界接待道尔顿的热情程度和规格之高,简直让道尔顿感到受宠若惊,也让整个英国感到意外。当他被引入法国科学院会议厅时,法国科学院院长和院士们全体起立向他鞠躬致敬。如果我们知道,当年伟大的拿破仑也没有享受过这种荣誉,我们就会充分了解,法国科学界给了道尔顿多么大的荣誉。

在巴黎,无论他走到什么地方,人们都把他看成是象征英国的雄狮。法国最有名的科学家都以能和道尔顿交谈为荣。73岁的拉普拉斯(P. S. M. Laplace,1749—1827)与他讨论星云假说;74岁的贝托莱(C. L. Berthollet,1748—1822)与他手挽手地边走边谈;法国动物学家、比较解剖学和古生物学的奠基者居维叶(Georges Cuvier,1769—1832)与道尔顿交谈时,两眼熠熠闪光,而且他的独生女儿克莱门汀小姐一直陪伴着道尔顿的巴黎之行;正在巴黎大学任教的化学家盖·吕萨克(J.L.Gay-Lussac,1778—1850)请道尔顿参观了他的实验室,还一起详细讨论了化学原子论。

道尔顿这位出身英国贫民阶层的科学家,为什么会受到法国科学界如此隆重而盛情的接待呢?原因很简单,因为道尔顿是现代化学原子论的缔造者。美国化学家鲍林(L.C.Pauling,1901—1994,1954年诺贝尔化学奖得主)说,道尔顿的原子理论是"所有化学理论中最重要的理论"。

1. 自学成才的道路

1766年9月6日,道尔顿出生在英格兰北部一个贫穷落后的村子伊格斯菲尔德。他的父亲和普利斯特列的父亲一样,是一个穷苦的织布工人。那时的英格兰正如诗人雪莱在他的诗中所说:

> 人民,
> 在废耕的田野忍受饥馑……

道尔顿的母亲生下的六个孩子中,竟有三个因生活贫困而夭折。

尽管家中一贫如洗,但他的父母仍然设法让孩子们受到教育,因为这是摆脱贫困唯一的办法。道尔顿六岁时开始在村里教会办的小学上学。他的老师弗莱彻(Fletcher)很快发现,小小的道尔顿有一股犟劲,不弄懂所学的内容就决不罢休,他常常对人夸奖道尔顿说:

"在所有孩子中,就思想成熟而论,谁也比不上道尔顿。"

到十一岁时,由于家庭实在无法支持他继续读书,他只得停学。1778年,十二岁的道尔顿由于聪慧过人,而且又读了几年书,因此被聘为一所小学的教师,这对于道尔顿来说真是十分理想。因为教书既可以赚一点薪水帮助困难的家庭，又可以满足道尔顿对自学的渴望。不过，这么小的年龄当老师，常常会受到个头和年龄比他大的学生的刁难，但是想不到的是这些刁难，反倒使道尔顿对科学产生了强烈兴趣。在这期间，当地有一位有学问的人伊莱休·鲁宾逊（Elihu Robinson），他是一个自然科学爱好者，很欣赏谦逊、勤奋的道尔顿，常常放弃休息时间给他讲解数学、物理学等方面的知识。

鲁宾逊爱好观测气象，还制造出各种观测气象的仪器。在鲁宾逊的热情指导下，道尔顿开始进行气象观测，而且兴趣盎然，这成了此后每天不可或缺的科学活动之一，一直到去世都从来没有停止过。少年道尔顿的心弦被大自然的美妙景象深深拨动了，他开始探索大气压力、温度等之间的微妙关系。这时的道尔顿还不可能想到气象观测工作是他整个科学生涯的开始，还没有预见到气象观测对他今后建立科学原子论有着多么深远的影响。

三年以后，道尔顿的学识已大有长进，狭小的农村已满足不了他不断高涨的好奇心。后来由人推荐，他到肯德尔（Kendal）镇一所寄宿中学当助理教师。在肯德尔，道尔顿在工作之余发奋读书，无论是自然科学的或者是哲学、文学的书，他都非常认真地阅读。他后来回忆说，在肯德尔12年中他所读的书，比此后50年读的书还要多。除了自学以外，他还虚心向镇上一位盲人学者约翰·豪夫学习外语和数学。豪夫两岁时因患天花而失明，但是他凭着坚强的毅力和出众的才智，通过自学先后掌握了拉丁文、希腊文和法文，还自学了数学、天文、医学、植物学等学科的内容，成为名闻遐迩的大学者。道尔顿从豪夫的身上找到了学习的榜样，看到了自己未来的道路，因此主动登门拜豪夫为师，虚心向他学习数学、哲学和语言等方面的内容。在盲学者豪夫的辅导与鼓励之下，道尔顿不仅学到了数学、哲学、自然科学以及语言文字等方面的许多知识，而且还学会了记气象日记，开始对自然界进行系统的科学观察。道尔顿对豪夫的才智做过生动的描述：

“豪夫大约在两岁时因患天花失明，或许可以说他是在被夺去最宝贵的感官以后，倒造了一个把天才与毅力结合起来的极其令人惊讶的实例。他掌握了拉丁文、希腊文和法文，通晓数学的各个部分，精通天文、化学、医学……特别令人惊奇的是他不仅仅能够不依赖视力解决困难而深奥的问题，而且还可以用触觉、味觉和嗅觉几乎能分辨出在他居住地周围二十英里范围内的每一种植物。……如果我对科学有什么新的或者是重要的贡献，那首先是由于我能得到他的指导和他在哲学研究方面的榜样。”

在曼彻斯特道尔顿工学院主楼前的道尔顿雕像

1793年，27岁的道尔顿在豪夫的推荐下，来到了曼彻斯特，在一所新开办的学院里担任数学和物理讲师。后来他还自学了化学，并讲授化学课程。一个来自穷乡僻壤的孩子，终于靠自己顽强的拼搏和虚心的求教，成了一位学者，走上了大学的讲台。

2. 从气象学开始艰难的科学攀登

曼彻斯特是英国产业革命时期新兴起的纺织工业中心之一，也是新兴的资产阶级的重要活动城市之一。一些对科学、哲学感兴趣的工程师、科学家、医生、文学家和哲学家，自发地组织起以科学和工艺为宗旨的民间科学团体——曼彻斯特文学与哲学学会。他们定期聚会讨论自然科学、哲学、文学等各方面的各种各样的问题，也不时宣读个人写的论文，思想非常活跃。这个学会非常关注工业中提出的技术问题，以及由此而出现的科学问题。道尔顿到曼彻斯特后不久，很快就参加了这个学会的活动。他后来的研究成果大都在这个学会的聚会上宣读，并且先后在这个学会的刊物上发表了多达百余篇的论文。1808 年，由于道尔顿研究硕果累累，加之他为人诚恳厚道，于是大家一致推选他为学会的副会长；1817 年又被选为会长，他一直担任这一职务直至他去世为止。

有意思的是，道尔顿在曼彻斯特发表的第一篇论文，不是气象观测发现的问题，也不是物理学的问题，而是一篇有关色盲的研究文章。说起来这事纯属偶然。圣诞节时，道尔顿为母亲买了一双“深蓝色”的袜子表示自己对老人的孝敬。当他送给母亲时，母亲却厉声责问他，为什么买一双“红色”的袜子给她。依照当地宗教习俗，妇女禁忌红色。道尔顿一时十分惊讶，不知道母亲何以不高兴。后来，道尔顿才知道自己眼睛的辨色能力与一般人不同。经过认真的调查以后，他发现他哥哥也和他一样，具有不正常的辨色能力。另外还有一些人也和他们兄弟一样。为此他撰写了一篇论文，指出这是一种眼睛的病——色盲症。道尔顿的这一发现引起了社会公众极大的兴趣和重视，所以在英国将色盲常称为“道尔顿症”。

在曼彻斯特，道尔顿没有放弃对气象观测的研究。他把鲁宾逊先生临别赠送的礼物——气压计——挂在自己屋里的墙上，在校园里还安装了一个雨量计。他室内桌子上摆满了各式各样的玻璃仪器，有的是买的，但大多是他自己吹制的。博览群书和气象观测使道尔顿深深感到：自然之谜何其多啊！但是从何入手呢，从物理学、医学、化学，还是从气象学？最后决定先从气象学研究开始，因为这方面他有一定的观测基础，因此也许比较容易入手。1787 年 3 月 24 日，道尔顿在气象日记的第一页上面，记载着他对极光所进行的观察和思考。他写道：

“由于我在前进过程中常因轻信别人的结果而被引入歧途，我决心尽量少写一些，除非我能够用我自己的实验加以证实。”

因此我们可以说，道尔顿的科学研究工作是从 1787 年对大气的观察和研究开始的。此后他一生坚持写气象日记长达 57 年，从未间断，全部观测记录超过 20 万条。1844 年 7 月 26 日，他去世的前一天晚上，他还用他那连笔都几乎握不住的手，记录下他一生最后一次气象观测记录："微雨"。

1793年，也就是道尔顿来到曼彻斯特的那一年，他出版了第一部学术专著《气象观测论文集》，初步总结了他的观测结果。当时气象学还是一门基础知识很薄弱的一门科学，道尔顿的研究对这门学科的发展起了重要的启蒙作用。在这部著作中，道尔顿分析了云的形成、蒸发过程和大气降水量的分布等问题，从中可以找到道尔顿后来许多发现的原始构思。从此，这位年仅27岁的年轻人就引起了曼彻斯特科学界的重视。很快，道尔顿就被聘为曼彻斯特文学哲学学会创办的新学院（New College）的讲师，讲授数学和自然科学。

曼彻斯特当时是英国的纺织业中心，交通便利，文化发达，道尔顿十分高兴能在这个时候生活在这儿。但是学院的教学负担十分繁重，实验室设备又十分缺乏，使他没有精力完成他喜爱的科学研究。不久，道尔顿意识到过重的教学工作已经严重妨碍他的科学探索。1799年，道尔顿毅然辞退了讲师职务，只花少量时间私人授课，把大部分时间用于做实验和参加讲演会、论文宣读会等学术活动。这样生活虽然清贫，但是能够做科学研究是他最大的愿望。此后的岁月，他一直坚持"午夜方眠，黎明即起"，从不懈怠。据他的房东介绍说：道尔顿的生活很有规律，每天都是早餐前先去实验室升火，吃完早餐后立即开始工作，一直到午餐时才出来。吃罢午餐又继续进实验室工作，一直忙到晚上9点，晚餐后稍作休息，就进住房读书至夜半。这种生活就像时钟运转一样有规律。

道尔顿纪念章

他用自己亲自动手设计制作的各种仪器认真地对大气的组成、混合气体的状态、气体的扩散、气体在水中的溶解等问题做了实验研究。从1801年起，他陆续地完成了关于极光、气压计、降雨、温度计、混合气体的组成、水蒸气的力、蒸发、气体受热膨胀等方面的论文。其中最突出的成果是，他在论气体受热膨胀的论文中清楚地提出了气体的热膨胀定律:任何气体每上升一定温度时发生的体积膨胀是相同的。

他正是以这种强烈的事业心在科学探索的道路上走了整整一辈子,最终成为恩格斯赞誉的“近代化学之父”。

3. 伟大的发现——近代原子论

正是由于气象观测,使他去研究空气的组成,打开了通向化学原子理论之门。他在回忆中曾经提到他的思考过程,他说:

“由于长期做气象记录,思考大气组成成分的性质,使我常常感到奇怪:为什么在复合的大气中,两种或更多种弹性流体(指气体或蒸气——作者注)的混合物,竟能在外观上构成一种均匀的气体,并在所有力学关系上都与简单的大气一样。”

于是,道尔顿开始从事气体和气体混合物的研究。空气的组成很自然成为他首先关注的对象。当时科学界一般认为,空气由 4 种气体(氧气、氮气、二氧化碳和水蒸气)组成,但是他们是怎样结合在一起的呢?它们是一种单一的化合物,还是仅仅像沙和泥土那样混合在一起呢?道尔顿倾向于相信空气是几种气体的混合物。那么,这种混合物是怎么混在一起的?有哪些特殊性质呢?

为了弄清这个问题,他设计了一个实验,想确定混合气体各个组成部分的气体压力。结果,他发现了著名的“道尔顿分压定律”。这个定律表明:“在一定的温度下,混合气体中每种组成部分的气体所产生的压力,同这种气体单独占有同一容器时所产生的压力相同。”

有了这一新发现的定律,道尔顿发现,如果把气体看成是由一些微小粒子组成的物质,那就很容易解释分压定律。因为一种气体的粒子均匀分布在另一种气体粒子之间,这将使这种气体粒子表现出来的行为,如同另一种气体粒子根本不存在于容器中一样。道尔顿由此得出了一个结论：

> 物质的微粒结构（即终极质点）的存在是不容怀疑的。这些微粒可能太小，即使用改进了的显微镜也未必能看见它。

这时，他很自然地想起了古希腊哲学家提出的原子假说，于是他选择了“原子”（atom，意即“不可再分开的物质”）这个词，来称呼他心目中的微粒。道尔顿把原子同元素（element）的概念联系起来，认为元素是由原子构成的，有多少种元素就有多少种原子，同种元素的原子其大小重量都相等。这样，道尔顿的原子论与古代原子论相比，有本质上的不同。古代原子论认为：所有的原子本质都相同，只不过大小、形状不同罢了；而道尔顿的原子论则相反，认为不同元素的原子在本质上是完全不同的；其中，道尔顿特别强调原子的重量，即不同的原子其重量彼此各不相同。他还大胆假定，每种元素的原子重量是恒定不变的。更令人钦佩和赞叹的是，道尔顿还果敢地着手于各种原子量的测定。这一勇敢无畏的行动，使日本的化学史家山冈望教授大为赞叹，说：

“测定原子量，这恐怕是自古以来人类要实现的一个勇敢的创举。”

利用道尔顿的原子论，不仅可以方便地解释气体分压定律，而且还可以圆满地解释化学反应中的物质守恒定律及定组成定律。而且，更加妙不可言的是，道尔顿根据他的原子论，得出了另一个著名的定律——倍比定律。

倍比定律：当两种元素化合组成几种化合物时，则与同一重量A元素化合的B元素，其重量成“简单的整数比”。例如，同一重量的碳（A元素）与氧（B元素）化合，可以生成一氧化碳（CO）和二氧化碳（CO_2），当碳含量一定的话，氧在这两种化合物中的重量比为1∶2。再例如乙烯（$CH_2=CH_2$，又称“成油气”）和甲烷（CH_4，又称“沼气”）都由碳氢两种元素组成，当碳的含量一定的时候，乙烯和甲烷的氢含量之比也是1∶2。

倍比定律的发现，可以说是道尔顿原子学说的一个伟大胜利，因为道尔顿首先从理论出发导出（或预言）这一定律，而后才由实验证实。这确实很了不起,因为当时化学界的潮流是忽视理论思维,片面强调“由实验决定一切”,这种唯经验论在当时严重地束缚着化学家的思想。道尔顿能打破这种有害的传统,大胆利用和发挥理论思维的威力,可以说是一大壮举!而且,有了倍比定律,道尔顿就可以比较顺利地进行他对原子量的测定工作。当然,这儿说的原子(重)量,是指原子的“相对重量”。

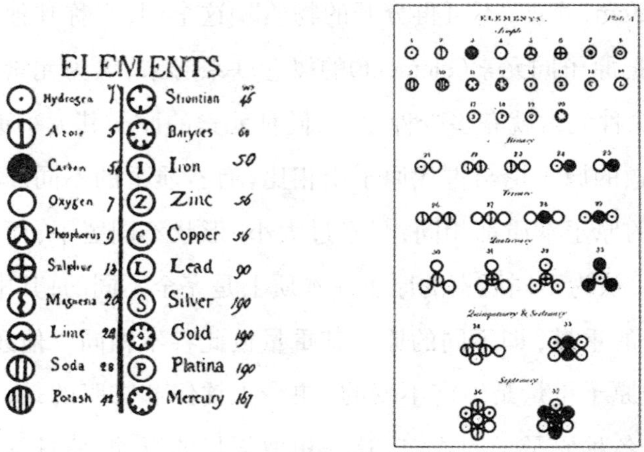

道尔顿订出的第一张原子相对重量表(左)。右边是元素按照倍比定理组成化合物

1803年9月6日,道尔顿制订出了第一张原子相对重量表。1803年10月21日,在曼彻斯特文学哲学学会上,道尔顿在报告中第一次详细地阐述了他的科学原子论,并宣读了他的第一张原子量表。

由于道尔顿的原子理论比以前任何理论都更深入地探讨了化学变化的本质,比较完满地说明了一些化学定律的内在联系,因此它成为说明化学现象的统一理论,并且使化学从此真正走上了定量发展的道路,因而开辟了化学发展的新时期。不仅如此,道尔顿的原子论还为整个自然科学的发展提供了一个重要的基础;此后,人们对物质结构的认识才有可能取得迅猛进展。英国皇家学会长戴维(H. Davy,1778—1829)当时就说过:

原子论是当代最伟大的科学成就,道尔顿在这方面的功绩可与开普勒在天文学方面的功绩媲美……可以预料，我们的后代一定会根据他的许多发现而肯定这一点，人们将把他作为榜样去追求有用的知识和真正的荣誉。

戴维的话，至当不易，可谓真知灼见矣！

4. 原子论引起的激烈争论和道尔顿的失误

道尔顿的原子理论提出以后，并没有立即得到科学界的一致支持；事实上，反对他的理论的人还多一些，还一度占了上风。例如上面提到的戴维就不同意道尔顿关于原子多样性的假定，而认为不同的元素应该有一个统一、单一的基石，这才符合自然统一性观念。戴维在逝世前不久写的一篇文章中还说：

"依我看来，道尔顿先生的确更像是一位原子哲学家，为了使原子本身按照他提出的假设进行排列，他常常使自己沉迷于徒然的推测之中，他……的理论中，本质上与任何关于物质或元素的本性的观点无关。"

还有些化学家则说得更直白。例如法国化学家杜马（J. Damas，1800—1884）说：

"如果由我做主的话，我会把原子一词从科学中删除。"

法国著名化学家贝托莱提出一个此后著名的反诘，以表达他的不信任原子论的态度，他反诘道：

"谁曾见到一个气体的原子？"

已经是后一辈的德国化学家凯库勒（A. Kekule，1829—1896）说：

"原子是否存在的问题，从化学观点来说是没有什么意义的，它的讨论倒像是形而上学……"

这种反对道尔顿原子论的声音，直到1860年以后才逐渐消失。道尔顿原子论在19世纪引起争议的原因颇多，但道尔顿的原子论本身就有许多缺陷。一个新的理论有缺陷这并不奇怪，甚至是必然的，但十分令人遗憾的是道尔顿本人的保守态度和固步自封，满足于自己的实验而不认真听取别人的批评、建议，这不仅严重阻碍了原子论的正常进展，也使原子论自身的缺陷在运用中造成的混乱，长期得不到解决。从这种失误中，我们可以汲取很多教训。

道尔顿正在观察化学反应

1803年前后，正当道尔顿锐意建构他的原子论时，巴黎一位名叫盖·吕萨克的化学家提出了一个假说，这个假说受到了道尔顿的极力反对，因为他认为盖·吕萨克的假说违背了他的原子理论。

道尔顿大概万万没有料到，由于他的反对，在化学界竟然引起了巨大的混乱，人们甚至因此而怀疑他的原子论到底有没有存在的价值。这场争论源于道尔顿固执的反对，竟延续了50年！

盖·吕萨克是法国著名的科学家，他著名的"盖·吕萨克（气体）定理"是每个中学生都十分熟悉的。这是他1802年提出来的，定理指出："当压力不变时，理想气体的体积和温度成正比。"

1804年以后，盖·吕萨克开始研究各种气体在化学反应过程中，其体积变化的规律。早在1784年，英国科学家卡文迪什（H. Cavendish，1731—1810）在研究氢和氧化合生成水时，他就发现氧和氢的体积比是209∶423，化简后约为100∶202。这一结果有点像1∶2这一个简单的整数比，因此引起了盖·吕萨克的注意。1805年，他和德国科学家洪堡（B. A. von Humboldt，1769—1859）又重复了卡文迪什的实验，还做了许多其他气体反应的实验。结果他惊奇地发现，气体在化学反应时，其体积都呈现出一种简单的整数比关系。例如：

氧与氢化合	体积比为 1 : 2
氨与氯化合	体积比为 1 : 1
亚硫酸气与氧化合	体积比为 2 : 1
氮与氢化合	体积比为 1 : 3

1808 年，盖·吕萨克综合了大量实验结果后，提出了“气体化合体积定理”，即“所有气体在参加化学反应时，反应前后气体体积成简单的比例关系”。

这是一个十分重要的化学定理，它不仅对道尔顿的原子理论是一个强有力的证据，而且利用这个定理可以更方便并且更准确地测定原子量。盖·吕萨克本人也由于这一成就，于 1806 年被推选为法国科学院院士。

这种气体体积简单的整数比关系，使盖·吕萨克联想起道尔顿的原子论，尤其是倍比定律。于是他认为自己的发现是对道尔顿原子论的又一支持，而且他还根据这两个定律合情合理地提出了一个新的假说：

“在同温同压下，相同体积的不同气体含有相同数目的原子。”

有了这一推论，就很容易用原子论来解释道尔顿的倍比定律和他自己发现的气体体积定律。他自以为他的假说一定会受到道尔顿的支持，事实上也的确受到许多化学家的赞赏，例如那位曾经坚定支持道尔顿原子论的英国化学家托马斯·汤姆森（T. Thomson）就曾写信给道尔顿说：

“盖·吕萨克（气体体积）定律与原子假说完全吻合。”

但出乎盖·吕萨克意料的是，第一个反对他的假说的竟然是道尔顿！道尔顿在知道了盖·吕萨克的假说后，立即在他的

法国化学家和物理学家盖·吕萨克

《化学哲学新体系》上卷第二册付印时，加上了一个附录表明了自己的反对意见，他在附录中写道：

“盖·吕萨克不会没有看到类似的假说我曾提出过，但又被我抛弃，因为它是不可靠的。但是既然他又将这个假说复活起来，我就不能不提几点意见……我认为，真理将表明：气体在任何情况下都不以等体积相化合。如果它表现得似乎是这样，那一定是由于测量不精确所致。”

道尔顿不仅一口否定了盖·吕萨克的假说，而且对他的气体体积定律也表示严重的怀疑。但是，盖·吕萨克的气体体积定律是由实验结果总结出来的，已经得到化学家的普遍认可；现在道尔顿却由乌及屋地连实验事实都想推翻，这显然是盖·吕萨克不能接受的。于是从1810年起，两人就此展开了一场争论。这场争论对道尔顿的原子论的进展十分不利，不仅阻碍了原子论的进一步深化完善，而且加深了化学家对原子论的不信任感。原来有几位深信原子论的科学家（包括盖·吕萨克本人），放弃了对原子论的支持，究其原因，主要是由于道尔顿用原子论来反对实验已经证明了的气体体积定律。连最先支持道尔顿的托马斯·汤姆森都对原子论表示怀疑了。

道尔顿失误的原因除了科学认识方面以外，还有思想方面。那就是他晚年的思想趋于保守和僵化，拒绝接受盖·吕萨克的气体体积定律，坚持采用自己的原子量数值而不接受已经被精确测量的数据。

1844年7月26日，他使用颤抖的手写下了他最后一篇气象观测记录。7月27日他从床上掉下来，服务员发现时他已经去世（道尔顿终生未婚）。

道尔顿希望在他死后对他的眼睛进行检验，以找出他色盲的原因。去世后的尸检发现眼睛正常，但是1990年对其保存在皇家学会的一只眼睛进行DNA检测，发现他缺少对绿色敏感的色素。为纪念道尔顿，很多化学家使用道尔顿作为原子量的单位。

人工合成尿素第一人

——维勒

维勒(Friedrich Wohler,1800—1882),德国化学家。1820年进马尔堡大学学习。1823年到瑞士斯德哥尔摩大学学习，1825年回国在柏林市立技术学校教化学。1828年维勒用人工合成法合成尿素,这一成就被认为是推翻生命力学说的最重要一步。1836年，维勒被任命为德国哥廷根大学教授,直至去世。

维勒终于从无机物中合成出了有机物!

谢弗勒尔

所谓生命力只不过是一种类似宗教的信条罢了。如果固守这一信条,化学的进步将受到严重阻碍。

维勒

在1828年以前,科学界的人普遍认为在动植物生命体内,燃烧着一种永恒的、无形的火焰,借助于这种火焰,在一种神奇而玄妙的“生命力”的作用下,有机物如糖、淀粉、蛋白质等才能得以产生。这种非常含糊但又极富创造性的“生命力”,只存在于动植物界中,无机物如矿石中是不存在这种神奇的生命力的。这种理论就是所谓的“生命力论”。

当时许多科学家都坚信,有机物的结构不同于无机物,因此有机物绝不可能在实验室中制出来。著名的瑞典化学家贝采里乌斯(Jons Jakob Berzelius,1779—1848)甚至认为由“生命力”形成的有机物,与无机物应该遵循不同的化学规律，例如他认为有机物就不遵循定比定律。他还断言：从无机物中分离出有机化合物是不可能的，其间横亘着一条不可逾越的鸿沟。德国海德堡大学的化学教授格梅林(J. G. Gmelin，1793—1860)也与贝采里乌斯一样，深信有机化合物是不可能人工合成的；他认为有机物和无机物是两种独立的、彼此无关的物质。按他的观点，简单的无机物只包含两个原子，而最简单的有机化合物至少含有三个原子；无机物可以由元素合成，有机物则只能从植物体、动物体上获得。对于有机化合物，化学家改变它们的能力非常有限，只能使它们发生一点点微不足道的小变化。

但到1828年，生命力论被彻底动摇了。不过在1828年以前，即使在化学界也不是铁板一块都信奉生命力论，也有持相反意见的人。例如，著名的法国化学家谢弗勒尔(M. E. Chevreul，1786—1887)，就怀疑在有机物和无机物之间存在一种什么绝对界限，他曾说：

“把自然看作是绝对的、不可改变的这种认识，有悖于科学精神。”

一位年轻的、富于幻想的德国化学家弗里德里奇·维勒，比较信服谢弗勒尔的观点，他认为“所谓生命力只不过是一种类似宗教的信条罢了。如果固守这一信条，化学的进步将受到严重阻碍。”

维勒还坚信：如果自然规律代表了神的意志，那么，神将把这些定律仅赐给那些专心致力于寻找它们的人。维勒正是一个这样专心致力的人，他也终于打破了有机物和无机物之间人为设置的界线，成为一代科学宗师。

1. 从小喜欢化学

1800年7月最后的一天，维勒诞生在埃斯欣姆村，这个村子离法兰克福很近。维勒呱呱坠地时，他母亲为了避暑正住在她妹妹家中。

维勒的父亲是法兰克福一位受尊敬的医生，性格比较内向，为人厚道稳重。他非常喜欢自己的儿子，看见儿子很聪明，不觉喜从心来，决心把他培养成才。因此从维勒开始学习的时候，他就用心指导儿子的学习，要求也十分严格。他希望儿子也能像他一样，将来当一名在社会上有地位又富裕的医生。为了这一“至高无上”的目的，维勒的父亲十分注意对儿子的早期教育。儿童时期的维勒对收集矿物标本，有浓厚的兴趣，后来这一兴趣伴随他度过漫长的一生。有一次，在法兰克福一个商人的矿物标本陈列室里，他竟认识了德国伟大的诗人歌德（Johann Wolfgang von Goethe，1749—1832）。歌德也是一位著名的矿物标本收藏家。

法兰克福是德国重要的工商业、金融和交通中心，黑森州最大的城市，位于莱茵河中部的支流美因河的下游

后来，维勒又有了一个新的爱好——做小型的化学实验。据说在他居住的屋子里，屋角里不仅仅堆满了五颜六色、大大小小的矿石，而且桌上椅子上到处放着玻璃瓶、量杯、烧杯、酒精灯等仪器，简直是一个乱七八糟的小小的化学实验室和矿物标本室。为此父亲不止一次批评过他。后来，维勒过分沉迷于化学实验，听课时又不专心，他的老师不得不向他的父亲投诉：维勒上数学课时根本不听讲，有时连作业都不能按时交给老师。父亲知道后大怒，严厉斥责了维勒，并且没收了他的实验仪器和一本旧的化学教材《实验化学》，并告诉他：只有把所有功课学好了，才准许他在业余时间学习化学和做化学实验。

维勒没有办法，只好服从父亲的决定。但不时还是抑制不住化学实验的诱惑，就暗地到他父亲好友布赫医生家去看化学书和做一些化学实验。布赫医生家有非常丰富的藏书，而且让维勒大喜过望的是布赫医生早年也对化学非常感兴趣，因此他还暗地里帮维勒搞到一些化学实验的器材，让维勒做一些化学实验，例如用电解法制取钾等。这一对年龄相差很大的忘年交，居然兴致盎然地相互学习，做起了各种各样的化学实验。当然，布赫毕竟是过来人，他常常注意在关键的时刻指导和启发维勒。他时常对维勒说："要想成为一个好的科学家，一定要具有广博的知识。"

这些早年的交往，对维勒今后的成功有重要的意义。1820年，维勒以优秀的成绩中学毕业。

2. 大学的偏科生

这年秋天，维勒进入马尔堡大学，学的是医学。他天性喜欢读书，所以学习十分刻苦，但一回到住处，他就以无法抑制的激情投身到化学实验中去。在马尔堡大学学习期间，他仔细观察了硫氰酸汞（$Hg(SCN)_2$）如何发生热分解。他被这个反应罕见的壮观情境完全吸引住了，并且给他留下了永远不会忘怀的记忆。

当他把硫氰酸铵（NH_4SCN）溶液与硝酸汞（$Hg(NO_3)_2$）溶液混合在一起后，得到了一种白色沉淀物——硫氰酸汞。他把过滤后的沉淀物放在器皿里，让它自然干燥。做完这些以后他就回到宿舍睡觉。但是他的大脑并没有停止思考，还是不断地想着实验的事，无论如何也不能入睡。于是干脆爬起来，又回到实验室继续实验。他将一部分硫氰酸汞放在瓦片上，让壁炉里的炭火加热瓦片。瓦片被烧热后不久，上面的白色粉末开始噼里啪啦，响声大作，并逐渐在瓦片上离散开来。他兴致勃勃地注视着所发生的一切现象……最后的结果是在瓦片上出现的是一块黄色物质。如此壮观与罕见的分解现象,使维勒非常兴奋。结果这一晚上他激动得无法入眠。

经过几个月的深入研究,在实验结束后维勒写出了他平生第一篇科学论文《关于硫氰酸汞的性质》,文中详细描述了上述反应。由布赫医生推荐,这篇论文发表在《吉尔伯特年鉴》上。这篇不长的文章,意想不到地引起了贝采里乌斯的重视。贝采里乌斯在《年度述评》上发表的文章中,以称赞的口气对维勒的研究做了肯定的评价。

海德堡大学是德国最古老的大学,也是德意志神圣罗马帝国继布拉格和维也纳之后开办的第三所大学

这件事大大鼓励了维勒,使他更有信心研究化学。1822年秋天,他转学到海德堡大学去,因为那儿有著名的化学家格梅林教授和生物系的蒂德曼(F. Tiedmann,1781—1861)教授。那里的实验条件也比较好,所需的实验仪器和化学用品应有尽有,维勒可以继续研究氰酸及其盐类。

到海德堡大学后,格梅林教授考查维勒以后,认为他用不着听他的课,可以直接到他的实验室去做研究。这让维勒又惊又喜。在格梅林教授的帮助下,维勒着手研究氰酸(HCNO)和氰酸的盐类。后来,维勒制出了氰酸汞。这本身也许没什么值得惊奇的,但在分析了氰酸汞以后,维勒发现它与李比希制得的雷酸汞的化学组成完全一样,但它们的化学性质却大相径庭:雷酸汞有猛烈的爆炸性,但氰酸汞根本不会爆炸。开始他们两人都怀疑实验过程出了什么差错,到后来才知道,这是化学史上第一次为人所知的"同分异构"现象。

维勒在化学方面取得的这一成果，表现出他卓越的研究才能，深得格梅林和蒂德曼的欣赏，他们由此结下了深厚的师生之情。除了化学研究以外，蒂德曼教授针对维勒之所长，建议他研究一个十分重要的生理学问题：动物在尿中排泄出的各种物质。经过仔细实验研究，维勒确定在尿中尿素占的比例最大，分离出的纯净尿素是一种无色、易溶于水的晶体。蒂德曼教授对维勒的实验结果十分满意。

3. 在瑞典一年的新发现

1823年9月2日，维勒以优秀的成绩获得了医学博士学位。这虽然是一件令人高兴的事，但也使维勒感到惆怅：毕了业，只好回法兰克福与父亲一起当医生。在回法兰克福以前，他准备到欧洲做一次考察，以便对医学做深入的研究。新的未来不能说一点也不使维勒激动，但是要离开化学实验室却使这种激动减少了诱人的色彩。

正在这时，格梅林提出了建议。他通过一年的观察，知道维勒是一个不可多得的科学研究人才，因此在这决定未来事业的关键时刻，他劝维勒放弃医学专攻化学，并主动推荐他到瑞典著名的化学家贝采里乌斯那儿去深造。

1824年8月1日，贝采里乌斯愉快地接受了维勒的要求，同意他到瑞典研究化学。这样，维勒最终还是违背了父亲的愿望，实现了他少年时的梦想。

在瑞典，维勒在贝采里乌斯的指导下工作了一年时间。到瑞典后不久，维勒就发现了一件奇怪的事。在一次实验中，维勒试图用氯化铵（NH_4Cl）水溶液同氰酸银（AgCNO）作用，以制取氰酸铵（NH_4CNO）。然而当他滤去氯化银的沉淀物，蒸发了溶液后，却意外地没有得到所期望的氰酸铵，得到的竟是一种他不熟悉的“奇特、色白的结晶物”。但由于实验条件的限制，无法确定它是什么物质。

4. 鸿沟从此填平

4年后的1828年，已经在德国柏林工艺学校任教的维勒，借助该校设备齐全的实验室，在再次分析那“奇特、色白的结晶物”时，他发现他从氯化铵与氰酸银的反应中，得到的竟是有机化合物尿素($CO(NH_2)_2$)！尿素是由哺乳动物排泄出来的含氮物质，是法国化学家鲁埃在半个世纪前，首先从动物尿液中发现，后来又由法国化学家福尔克拉(A. F. C. de Fourcroy, 1755—1809)研究，并命名为“尿素”。这种从来没有在动物体外得到的有机物质，如今竟在烧瓶中用无机物合成出来了！

由于维勒在蒂德曼教授手下研究过尿素，所以他可以肯定，烧瓶中结晶出来一定是尿素。维勒当时的思绪真正是难以平静：他已经拉开了化学新世纪的大幕。

他立即把自己的新发现写信告诉了贝采里乌斯。信中维勒写道：

“我应当告诉您，现在我已经可以制出尿素了，不需要任何的肾脏，无论是人的还是狗的。”

德国1982年发行的纪念维勒的邮票

贝采里乌斯开始并不相信维勒真的在不需要肾脏的情况下制出了尿素，这是因为贝采里乌斯本来就一直认为制成“有机物”时必须要有生命力的组织，化学家不可能在没有生命力组织的帮助下，从无机物合成有机物。但是贝采里乌斯仍然把这一消息透露出去了。这消息一经传播开来，立即使整个科学界沸腾起来。谢弗勒尔为这一成就高兴地欢呼：

“维勒终于从无机物中合成出了有机物！”

谢弗勒尔的欢呼是有道理的，因为人工合成尿素的成功，是有机化学发展史的重要里程碑，它打破了无机界和有机界的绝对界限，动摇了生命力的基础，开辟了有机合成的新领域。

德国为纪念维勒的贡献而建造的雕像

然而，这一事实还没有使持“生命力论”观点的人完全信服。不久，一股尽管比较微弱，但却仍有一定煽动性的观点逐渐在蔓延：既然尿素可以人工合成，那么为什么糖、蛋白质以及生命之基础的原生质和胶质不能人工合成出来呢？也许尿素是介于有机物和无机物之间的过渡性产物吧？有的反对者甚至认为，制出尿素首先要用到氨，而氨才是有机物之源。因此，蕴藏在有机物中的生命力根本不会消失，相反，正是通过它我们才能够制出其他有机物。

1828年，维勒以极谨慎、严格的态度写完了有关合成尿素的论文《论尿素的人工制成》，发表在1828年《物理学和化学年鉴》第12卷上。

一个多世纪以后，美国哈佛大学的罗伯特·伍德瓦德博士（Robert Woodward，1917—1979）完成了肾上腺皮质激素的合成，这是一种可以用来治病的、结构非常复杂的荷尔蒙（激素）。可以想象，从维勒的尿素到伍德瓦德的肾上腺皮质激素之间，化学家和人类经历了多么灿烂辉煌的一个世纪！现在，在合成化学领域里，人工合成的化合物已达60多万种，而且还在每年以1000个新品种的速度递增。所以，我们听到格梅林的话是不会感到奇怪的——当格梅林编纂化学手册时，曾开玩笑地要求化学家不要再合成出新的化合物，以便他能编完这本手册。

5. 一次失败的教训

每一位科学家不可能一直都成功，他一定会有失败的经历。维勒同样也有过重大失误，因为一时疏忽大意，痛失发现化学元素钒（V）的机会。

当维勒在斯德哥尔摩贝采里乌斯的实验室时，贝采里乌斯曾经让他分析墨西哥出产的黄铅矿石。在对这个矿石做化学分析的过程中，维勒发现一种以前没有见过的沉淀物。这一发现没有引起他的重视，他认为这种沉淀物很可能是铬的化合物，因此就没有对它做进一步的分析。不久，维勒的这一发现被他的同学瑟夫斯特姆（N.G.Sefström，1787—1845）再次发现。瑟夫斯特姆在研究瑞典斯马兰德（Smaland）出产的铁矿时，从这种铁矿中提取到一种以前没有见到过的物质。他将这种物质溶于酸以后得到一种不溶的黑色金属粉末，既不是铬，也不是铀。他抓住这个新发现不放，经过反复实验研究，终于认识到这种沉淀物含有一种新的元素。这种新元素瑟夫斯特姆用希腊神话中女神凡娜迪丝（Vanadis）的名字命名为钒（Vanadium）。

后来维勒发现，瑟夫斯特姆得到的新元素正是他没有重视的那一种黑色的金属粉末！维勒在感到震惊的同时，非常后悔。贝采里乌斯得知这一事件后，委婉地批评了维勒。1831 年 1 月 22 日，贝采里乌斯写了一封很有趣的信：

> 我要告诉你一段轶事：在古代遥远的北方，住着一位美丽而可爱的女神凡娜迪丝。一天，有一个人来敲她的门，女神仍然舒服地坐着不起来开门，并且想："让这个人再敲一回吧。"但是过一会儿她听不到敲门声了，敲门的人走下台阶离开了。女神好奇地打开了窗子看一看，想知道是谁对进不进屋来会如此满不在乎。她看到了离去的那个人。她自言自语地说："啊，原来是维勒这个

家伙。好吧，让他空跑一趟也是活该！如果他不那么冷淡，他会被允许请进来的。”

…………

几天以后，又有一个人来敲门，这个人很顽强，一直敲个不停。女神最后亲自起来去开门，请瑟夫斯特姆进屋。于是瑟夫斯特姆发现了钒。

维勒的这一经历和贝采里乌斯的批评，成为后辈科学工作者常引以为戒的例子。在科学研究时不能有半点疏忽和粗心大意，对任何新现象和新问题，都不能单凭经验去做主观的猜测，要善于进行全面客观的观察与实验。思维要敏捷，注意捕捉科学实践中的每一次机遇。否则，就会如恩格斯在《自然辩证法》一书里所说：“当真理碰到鼻尖上的时候，却没有得到真理。”

6. 维勒的其他贡献

在合成尿素的同时，维勒还研究出小规模制备金属铝的方法，这方法后来发展为工业规模的生产。1831 年维勒到卡塞尔技术学校任教，他与好友李比希在研究上进行合作，共同研究了苦杏仁油（苯醛）的化学成分。这一研究使他们得到“基团理论”——决定有机化合物化学性质的原子或原子团。他们还第一次尝试推断有机化合物的结构。基团理论在物质结构测定、化学活性、医药生理活性中有广泛的应用，有助于合成新的化学物质，新药研发和药物疗效检验等。

1836 年，德高望重的维勒被任命为德国哥廷根大学校长。在哥廷根大学，他继续研究无机和有机化学，分离出多种元素和新矿物质；与李比希继续合作，研究了生理学上很重要的化合物，如尿酸和可卡因。

维勒的实验室,当时是世界上第一流的实验室

1850 年之后,越来越多的学生慕名来到哥廷根,这不仅是由于他的实验室在德国乃至全世界有很高的声誉,也是维勒的个人高尚品德所致。他是一位非常出色的教师,编过许多有机化学、无机化学和分析化学的教科书。他是当时主要化学刊物《李比希化学年鉴》的编辑之一。他几乎被各国的科学协会聘为名誉会员,并获得过许多勋章和奖章。

农业化学之父
——李比希

尤斯图斯·冯·李比希(Justus von Liebig,1803—1873),德国化学家。1820年李比希进入玻恩大学学习,1822年到法国留学。1824年回德国在吉森大学任教,1852年到慕尼黑大学任化学教授。他对有机化学早期的系统分类、化学应用于生物学和农业化学的基本原理等方面都做出了重要的贡献。

现在我才明白,在矿物界、植物界和动物界里的两三个化学现象之间,不,不仅如此,即使是在所有的化学现象之间,也都一定有着必然的联系。这就是说,任何一种化学现象都不是孤立存在的,都必然同其他某些现象相联系,而其他某些现象又同另外一些现象联系着。它们是以一个统一的、有秩序的纽带互相连接着,正像一波连万波、波波相连一样。对此我是坚信无疑的。

尤斯图斯·冯·李比希

维勒有一个终生的好友,那就是对振兴德国化学工业做出过巨大贡献的李比希。1832年,结婚才两年的维勒失去了妻子。这一突如其来的打击,几乎使维勒无法正常的工作和生活下去,于是他决心到他的朋友李比希身边,以寻求安慰。在李比希的实验室里,维勒果然得到了安慰,心中的创伤逐渐被熨平。更令人兴奋的是,他们两人在这段“非常时期”的合作中,合作发表了有关苦杏仁油成分分析的论文。这篇论文受到贝采里乌斯的高度好评，甚至认为从这两位年轻人的工作中，窥见了化学新世纪的曙光。日后，当维勒回忆这一段时光时，他说：

"当我们在一起工作时是多么愉快啊！我们在一起相处的那段日子，是我一生最幸福的时刻。"

这一对朋友的深厚友谊，至今仍然是科学界的一段令人感动的佳话。而且更有意思的是，李比希小的时候，与维勒几乎一模一样，由于太热衷于业余化学实验，受到老师和父亲严厉的责备，李比希甚至还被学校开除了一次。

1. 爆炸不断，从小就闯祸

1803 年 5 月 12 日，李比希诞生于德国吉森的达姆斯塔德。他的妈妈前后生育了十个孩子，李比希排行第二。他的父亲是一个敦厚勤劳的小杂货店老板，既配制和出售各种药品，也出售配置的染料。小店里的那些奇形怪状的药瓶，从小就在他眼前展示出一个变幻莫测的化学世界。父亲常常用一些化学药品配制出一些神奇的、可以治病的丸药和浸膏，这使得他从童年起就熟悉并亲自动手去做那些令人兴奋的化学实验。逐渐长大以后，他就总是不用父亲叮嘱就自愿地当父亲的助手，帮忙配制各种药物。

读小学的时候他有了一个秘密梦想：长大了做一个化学家。不幸有一次他将自己的梦想泄漏出去，受到同班同学的哄笑。那是一天上拉丁语课时，李比希由于不喜欢上拉丁语课，没有专心听讲，老师发现后严厉地批评他：

"没有知识你今后能干什么？你今后到底准备成为什么样的人呢？"

李比希一时激动，未经思索就大声回答："我要当一个化学家！"

同学们听了，轰的一声大笑了起来。他实在不明白，这有什么可笑的呢？想当一个化学家难道不对吗？

他的父亲认识一个图书馆的管理员，常常帮儿子借来一些化学书籍。李比希也不管读不读得懂，就一本一本囫囵吞枣地往下读。在读书的过程中，凡是书上提到的一些简单可行的实验，李比希一定想尽千方百计把它做出来。

像许多喜欢化学实验的小孩子一样，李比希喜欢制造可以爆炸的炸药。他从街上一个卖仙丹妙药的人那儿学到的自制炸药的方子，就开始动手制造。据说他把自己做的小炸弹卖给同学们，赚得的钱交给父亲。

有一次上课时，他在偷偷玩弄自制的小炸弹时，突然"轰"的一声发生了爆炸。老师吓得不知所措。等到弄明白了是怎么一回事的时候，李比希被学校开除了。

父亲十分生气，但没有过分责备他。学校不能去了，父亲只好把李比希送到一家药房当学徒。由于李比希聪明勤快，药房老板十分看重李比希，也同情他想做化学家的梦想。于是他准许李比希在一间阁楼上做化学实验。但是不幸的事又发生了，一天晚上他不小心将新制的一种炸药引爆了，剧烈的爆炸声震撼了整个药房，阁楼的房顶也在爆炸中被掀掉。幸亏这位爱闯祸的小化学家没有受伤。药房老板被这一可怕的爆炸吓坏了，立即把李比希送回家。这是1818年发生的事，小化学家已经有十五岁了。

2. 大学求学，巧遇两个伯乐

回到家以后，父亲与李比希进行了严肃的谈话，讨论今后李比希到底干什么。李比希再次表示，他想研究化学的志愿没有改变。可是读书的钱从哪儿来？关怀儿子前途的父亲，最终还是设法满足了儿子的要求，于1820年秋天，把李比希送进了玻恩大学。李比希进校后第二学期，由于化学系的卡斯特纳教授（Kastner C.W.G.，1775—1854）受聘到艾尔兰根大学，李比希也转学到艾尔兰根大学。

但是艾尔兰根大学却使他大大失望。这里的老师讲授的化学内容，根本不是以自然现象的科学观察为基础，只不过是一些自相矛盾的、违反逻辑和空洞无用的理论，而且连验证理论的实验课都没有！经过仔细认真的思考，李比希认定在这里要想学习到自己所希望的化学，是绝对不可能的。在德国这个所谓一流大学的化学家都是如此，自己这辈子想当化学家的愿望，恐怕是难以实现了！于是李比希有了离开这所大学的意愿。正好这时由于李比希积极进行政治活动，赞成自由派的各种主张，政府当局搜查了他的住所，并对他提出了起诉。他不得不离开艾尔兰根大学。

回到家的李比希对自己的前途感到十分迷茫，为自己无法实现自己的理想而暗自着急。这时国外如法国、英国、瑞典的化学研究倒是正在蓬勃发展，化学家大有可为。但是到国外留学，自己家庭的经济又难以承担，根本没有可能实现。

正在这时好运气突然向他招手。原来，为找不到出路而苦恼的李比希，被达姆斯塔德大公路德维希一世知道了，他对下属说："对这样有志向的青年，我愿意帮助他，给他所需要的补助费，让他圆满地实现他自己的愿望。"

大喜过望的李比希在一番思考后，在 1922 年决定到法国留学。在法国留学期间，李比希在盖·吕萨克实验室里做研究。盖·吕萨克是一位声名显赫的化学大师，又是一位优秀的化学教师，他亲自指导学生做化学实验。盖·吕萨克很快发现李比希是一个不可多得的人才，因而对他给予了特别的关注。

李比希在实验室里工作

这里还有一个有趣的故事。有一天李比希在一次学术会议上发表了一篇自己过去完成的论文。德国著名学者亚历山大·冯·洪堡(Alexander von Humboldt，1769—1859)这时正在巴黎讲学，也参加了这一次学术会议。这位年轻同胞的才华，引起了他的关注。

会议结束后李比希正要离开会场时，洪堡走到李比希身边，亲切地询问了李比希的研究目的和志愿，然后说：

“对于你的想法，我想给予支持和帮助，明天到我家来一起吃午饭吧。”

说完这使李比希感激而又意料不到的话之后就走了。过于兴奋和惊喜的李比希，连这位先生姓名都忘记问了，而洪堡大概以为李比希认识他，也没有介绍自己。第二天，李比希不知道到哪儿找到这位好心的先生。正在后悔莫及的时候，一位朋友找到李比希，问：“你到底怎么啦？昨天洪堡先生让你今天去见他，你怎么没去呢？”

一听说是洪堡先生，李比希立即打听到地址，急忙找到洪堡住的地方。进了洪堡的书房后，如实说明了原委并向他赔礼道歉。洪堡微笑着说：“那么，等下周天再来吧！”

亚历山大·洪堡是德国著名的博物学家、地质地理学家和气象学家。此外，在其他自然科学领域也做出过重要的贡献，因此他被认为是19世纪上半世纪欧洲科学界的元勋级人物。在化学上，他曾和盖·吕萨克一起从事过气体化学作用的著名研究。

下一个星期天终于来到了。李比希到洪堡家的客厅以后，发现客厅里有不少他不认识的客人，后来才知道他们大多是巴黎科学界的著名学者，盖·吕萨克也在其中。洪堡介绍了李比希和他的志愿，并希望在法国能有学者关注和指导这位青年。李比希十分惊喜，对于并不熟悉自己的洪堡先生竟能给予如此亲切的接待，深表感激。由于洪堡的特意介绍，李比希给法国的化学家们留下了深刻的印象，盖·吕萨克也从此对李比希给予了格外的关注。在这样一位优秀导师的指导下，李比希迅速成长起来。1823年，艾尔兰根大学在他缺席的情况下，授予他博士称号。

3. 有机化学新纪元的开始

1824年，21岁的李比希完成学业，回到故乡达姆斯塔德。由于洪堡和盖·吕萨克的推荐，李比希被破格任命为吉森大学的编外化学教授。李比希到了吉森大学以后，克服重重困难建成了一个设备先进的化学实验室。当时德国科学界由于受到哲学家谢林的自然哲学的影响，只重视理论而轻视实验，德国大学的化学实验设备非常欠缺。李比希从小就深受父亲和隔壁左右的工匠们影响，喜欢动手做实验，再加之受到法国科学家们的影响，深知对一个真正的化学家来说，仅仅进行哲学思辨是不行的。因此，李比希决心彻底改变德国的大学化学的教学方式。在吉森大学他工作了27年，不仅创建了自己的设备精良的实验室，还对德国的化学课程进行大刀阔斧的改革。李比希的许多学生后来成为著名的化学家和物理学家，执掌着德国和英国名牌大学的化学和物理学讲席。还有许多学生成为德国化学工业高速发展的领导人物。

李比希不仅是一位优秀的教育工作者，而且他一直积极地活跃在化学研究的最前沿。当时，无机化学已经比较成熟，但有机化学则是一片混乱，因见解不同而引起争吵和相互攻讦，那是司空见惯的事情。维勒曾经生动地描述过这种状况，他说：

> 有机化学当前的情形足以使人发狂，它给我的印象好比是充满新奇东西的原始森林；它是一个狰狞的、无边无际的、使人没法子逃出来的丛莽，走进去使人感到恐惧。

生性活泼、喜欢冒险的李比希在选择研究方向时，正好就选择这令人“感到恐惧”的有机化学作为主攻方向。他清醒地认识到，要想在混乱中寻找秩序，唯一可行的办法是对大量有机化合物进行精确的分析，并由此建立一套新的化学分析方法。他决心和维勒携手合作。

有机化合物和无机化合物的不同在于：

(1)有机化合物普遍是以碳、氢和氧三种元素(有时还有氮)构成；而无机化合物则是由数十种元素构成各种化合物。

(2)有机化合物虽然从构成元素的种类来看很少，但是由这少数的几种元素结合所生成的有机化合物的种类，竟能达到几十万种；而且有机化合物分子中的原子的数目可以非常非常大，这与无机物分子大不相同。

(3)不仅如此，即有机化合物的构成一定，也还能生成不同种类的化合物——这在无机化学里是很罕见的。

正因为这些复杂的原因，当时化学家觉得面对有机化学这片无边无际的原始森林，真不知道从哪儿下手垦荒开路。在这种混沌一片的情况下，李比希和维勒认为从有机化合物分子中各个原子的排列不同来着手研究，也许可以开辟出一条进入这片原始森林的路径——有机化学的新纪元——也由此开始。

两人携手合作研究，从对苦杏仁油的研究开始。经过5年多的辛勤工作，到1830年，他们终于将碳氢化合物的分析，发展成精密的定量分析技术。然后，他和他的学生用这种方法分析了大量的有机化合物，并在精确结果的基础上，给出了这些有机化合物的分子式。这是研究有机化学最关键的一步。有机化合物的分子式不能统一，混乱就永远别想终止。有了可靠的分子式，就可以弄清楚有机化合物之间的关系，为有机化学理论的进一步发展打下基础。这也就是李比希带领他的学生，想在“丛莽”之中开辟出的一条直奔森林深处的大路。

从苦杏仁中可以得到油状芳香性的液态杏仁油，其化学名称是苯甲醛(Benzaldehyde)。在一定的条件下它可以生成苯甲酸(Benzoic acid)、苯甲酰氯(Benzoyl chloride)、苯甲酰胺(Benzamide)等化合物。这四种物质的组成如下：

苯甲醛　$C_7H_6O(C_6H_5COH)$

苯甲酸　$C_7H_6O_2(C_6H_5COOH)$

苯甲酰氯　$C_7H_5OCl(C_6H_5COCl)$

苯甲酰胺　$C_7H_7ON(C_6H_5CONH_2)$

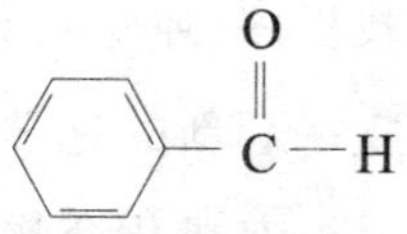

苯甲醛的分子结构图

他们注意到这些化合物里都含有C_7H_5O这一原子团，这些原子团加上H、OH、Cl和NH_2就能生成上述的各种物质。这种现象正像一个氢原子(H)，加上 H、OH、Cl 和 NH_2 就能生成氢分子(H_2)、水(H_2O)、氯化氢(HCl)和氨(NH_3)一样。这也就是说,在无机化合物里一个原子所起的作用,与有机化合物里"原子团"起的作用一样。这样,有机化合物看起来组成十分复杂,然而通过与简单的无机化合物的对比之后,就会发现研究工作变得简单明确多了。因此,他俩给 C_7H_5O 这个原子团命名为苯甲酰(Benzoyl),意思是"苯甲酰基"(又称为"安息香酸基")。

李比希的实验室

这项研究成果的可贵之处就在于,它不仅改变了对于复杂有机化合物的认识,而且大大简化了处理有机化合物的方法。特别是化学家们可以把许多具有相同原子团的有机化合物归纳成为一个一个的族。不同的原子团就分成各种不同的族。如果再进一步研究的话,在族和族之间还可以建立起相互联系。这样,所有的有机化合物就具有井然有序的关联。有机化学能够成为具有今天这样的科学体系,就是在有了李比希和维勒研究的成果以后才起步的。

贝采里乌斯看到他们发表的论文以后,立即表示了衷心的祝贺:

> 你们的发现,是植物化学新纪元的开始!它使有机化学发展中呈现出划时代的新曙光。今后苯甲酸应改名为"曙光酸"(Proic acid),它将为我们留下永久的纪念。

李比希后来一直继续沿着自己开辟的道路,一步一步地向森林挺进。他一生分析了多少有机化合物,给出了多少化合物的分子式,真是很难数清楚。

4. 农业化学之父

从童年时代开始，李比希就看到他的邻居们利用化学技术制造肥皂、染料、炸药和药物，这使他深深意识到，化学可以为新的生产技术打开大门，而这些新的生产技术则可以改善人类的生活。正因为这种原因，李比希在他一生做化学研究时，不仅重视理论方面的研究，而且始终以极大的热忱将化学理论应用到化工、农业等部门中。特别值得提出的，由于李比希重视农业化学研究，在他的积极和有成效的研究中，一场农业化学的革命由此开始。

当时对植物的营养和发育问题，一直没有一个统一的观点。用什么办法来恢复土壤的肥力？如何提高产量？这些至关紧要的问题都没有一致的看法。

李比希认为，单纯给土壤施粪肥还不能达到提高产量的目的，还应该研究各种无机盐对植物生长的影响。通过实验研究他发现，钾盐、磷酸盐等盐类对植物的生长具有重要的意义。土壤之所以失去肥力，他认为原因就在于土壤中储存的这类无机盐，被经久不息的种植所消耗了。合理的农业就应该对土中被夺走了的营养物质，进行合理的补偿。

李比希的这一研究受到了英国科学家的注意，英国科学促进协会邀请他访问英国。1837 年冬天，李比希到英国做了短期讲学和访问。这次访问给李比希带来两个收获，一个是从曼彻斯特到利物浦时，他第一次乘坐每小时行驶十英里的火车。他回到德国后高兴地对维勒说：

“你想想看，我乘坐的是火车！”

“亲爱的朋友，这就是文明！每小时十英里的速度，简直是像鸟一样飞驰！我当时激动得像一个小孩子，高兴得直想跳！德国也应该马上建铁路，而且越快越好！”

另一个收获是英国科学协会请他写一本书，专门介绍化学在农业中的应用。这件事更使李比希深信，对于每个文明国家，土壤肥力问题都具有特别重要的意义。结果，李比希大大扩充了原来题目的要求，于1840出版了一本391页的著作：《化学在农业和生理学中的应用》。

1978年德国发行的纪念李比希对农业化学贡献的邮票。邮票上的N、P、K代表土地所必不可少的三种元素氮、磷、钾

这本书一出版，立即引起人们广泛的注意，因为在科学史上，这本书第一次科学地论证了土壤的肥力问题。到1844年，该书就印行了六次；到1862年再出版时，李比希将这本书增补成两厚册，还为新版本写了一篇序言，论述了农业发展史和农学与经济学的关系。一直到今天，这篇序言仍然是农业发展史上一篇重要的文献。

在这本书中，李比希用实验证实，农作物除了需要碳、氢、氧和氮之外，还需要许多其他元素，如硫、钾、磷、钙、铁、锰、硅等。而农作物吸收上述元素唯一的源泉就是土壤。为了不使土地肥力丧失，并导致农作物产量下降，就必须施用人造肥料。

李比希还亲自研制人造肥料，他研制的钾肥还取得了专利权。后来，他把这个专利卖给了英国一位工厂主，利用这笔钱他又多次访问英国。

李比希关于农业化学的研究，是人类自觉用科学思想干预农业生产，这一光辉思想，使科学的光芒照到了这门最古老的生产领域。

5. 李比希学派

李比希是全欧洲最著名的化学家之一。1840年他获得了英国皇家学会颁发的科普利奖章，1845年被封为男爵。在拒绝了伦敦和海德堡等大学的聘任后，李比希于1852年来到了慕尼黑，成为巴伐利亚国王马克西米利安二世的科学顾问。1859年，他被任命为巴伐利亚科学院院长。

在化学领域里，他创建了一个世界闻名的学派——李比希学派。[①]

我们通常所说科学中的学派，指的是在学术上学派的学者能够集中研究一些具有开创性的研究问题，而且能够聚集一群十分优秀的人才，有一个特别优秀的、公认的领导人物；更加重要的是一个学派一定具有崭新而独特的视角，具有独创的研究风格；还要有预见、有前途的研究方向，并在一段时间里取举世瞩目的成就。学派的成员可以聚集在同一个研究机构中，也可以在若干研究机构中。

李比希学派包括有李比希的十几位优秀的学生，与他们经常有联系的化学家大约也有十几位。这些优秀的学者与李比希形成的"师生共同体"，是李比希学派的一大创造，一大特色。李比希把德国大学传统的"讨论班"（seminar）制度与他的实验室工作制度结合在一起，形成他独创的"师生共同体"。

李比希在建立了大学公共的化学实验室以后，让教授和他指导下的学生以实验室为中心，专心致志研究重要的研究课题，直到获得成功。李比希和他的学生就是最早形成的师生共同体。李比希曾经说过：

> 在实验室中实习助手所施行的教学，实际上是仅仅针对初学者的。我的专业学生的进步则主要靠他们自己，我规定选题，并监督他们完成。这样一来，大家就像圆的半径一样汇集到同一个中心来，并不存在什么狭义的指导。每天早晨，我要单独听取他们的汇报：前一天他们做了什么，以及对工作的见解。最后，我对他们的汇报表示赞成或反对，并让每个学生寻找自己的出路。由

---

① 这一节和下一节里的一些资料（如李比希的讲话等），大都引自李三虎先生的著作《"热带丛林"苦旅——李比希学派》（武汉出版社，2002），特此表示感谢！——本书作者注

于朝夕相处，交往甚密和一起工作，因而形成了一种人人教我、我教人人的关系。冬天，我每周都针对当时最重要的问题做两次简评，主要是总结我自己和我学生的工作，以及其他化学家的研究情况。

作为学派的领袖人物，李比希知道一个学派如果要发展壮大，取得赫赫的成就，就必须发挥每一个学派的成员的积极性，使学派里的每一个人都有独立的精神，有创造伟业的雄心壮志，并且一定要使他们不断地发表论文、获得成就感。他说：

现在奖励年轻人的任何办法都没有比让他们在出版物中看到自己的名字更好。法国人有一种与此完全颠倒的制度，凡是在巴黎或外省完成的实验成果一律以教授的名义公诸于世。这就挫伤了年轻人的锐气。在我这里工作的人都以自己的名字发表文章，即使他们得到了我的帮助。

至于研究方向，前面已经涉及，这儿就不再赘述。我们还要特别强调的是，李比希还是一位无畏的科学家和学派领袖，他不仅让他和他的学生用化学的观点研究农业，还用带领学派用化学的观点和方法研究生理学、家畜饲养学以及其他领域，不断把化学向其他学科渗透，并成为许多新兴学科的开拓者。

在这种不断的努力和奋进中，李比希也犯过许多错误，加上他那火爆的性格，也遭到过许多学者的不满和批评，多次卷入到争论中去，但他始终光明磊落、达观风趣。他讲过一句至今使许多人感奋的话，这句话是：

化学正在异常迅速地取得成就，而希望赶上它的化学家则处于不断脱毛的状态。不适于飞翔的旧羽毛从翅膀上脱落下来，而代之以新的羽毛，这样飞起来就更有力更轻快！

……如果有人揪掉几根羽毛，我是不在意的，因为那是我在下一个换毛季节里正好要抛弃的。

6. 斯人离去,后人评论

李比希一生战胜了几次严重的疾病,其中包括痢疾和耳膜炎。晚年的李比希因心脏肥大而身体变得十分虚弱。1873 年 4 月 18 日,李比希在慕尼黑死于肺炎。

德国科学界为李比希建造的雕像

李比希的得意门生、德国化学家霍夫曼(A. G. von Hofmann,1818—1892)在 1875 年纪念李比希去世两周年的演讲中说:

如同各个时代的所有伟人一样,李比希是其军队的精神和领袖。如果说有人如此狂热地追随他的话,那是因为他是一个令人钦佩和爱戴的伟人。如果说我算是向大家热情地为李比希致悼词的话,那是因为我和大家一样同是他的学生。我们虽已是成年,但并未忘记他对我们各自的技能和观点的支配,也未忘记我们作为李比希手下的智力同伴,是如何按照他的要求,着手并沿着他指引的方向前进的。对此,我们过去感觉到,现在仍然能够感觉到。而且,只要我们活着,我们就决不会忘记李比希对我们的影响。如果有什么东西比李比希亲手进行的工作数量更为惊奇的话,那可能就是他引导我们所进行的大量辛苦的化学研究工作。我确信,他反过来也喜爱我们。李比希教导我们时的音容笑貌和字字句句,时时表现出对我们的关心和帮助。他的赞成往往是我们的荣誉,以及其他方面引以为自豪的象征。而我们最值得骄傲的是，有李比希这样一位导师。

李比希去世后91年，即1964年，英国化学史家帕廷顿出版的《化学史》（*A History of Chemistry*）第四卷里，对李比希有一段评论，我们觉得比较中肯，因此把它作为本章的结尾。帕廷顿写道：

> 李比希有着一种火一般的多变性情，他曾经历过许多痛苦的争论。如果在争论中李比希并不带有恶意，就能在适当的时候同对方重归于好。否则，错误就往往归于别人。他自由地批评别人，但却（如同大多数批评者一样）讨厌别人反对自己。他喜欢说教，当他提出一种思想时，便会立即投入非常狂热的宣传、鼓噪工作中。如果他认为全餐面包有益于人类健康，那么，他的所有朋友和公众就必须将它作为主要食物接受下来。他常常毫不隐讳地承认自己的错误，并且总是从缺点的纠正中获益匪浅。他有一颗善良的心，毫无疑问是他那个时代的最伟大的化学家。虽然有时会出现欠妥的虚夸，但他的伟大形象并不因此而受到损坏。

有机结构理论的奠基人

——凯库勒

弗里德里希·奥古斯特·凯库勒(Friedrich August Kekulé von Stradonitz，1829—1896)，德国化学家。1847年进入及森大学学习。1851年留学法国、英国。1867年任玻恩大学教授。1858年提出化合价理论的基本原理。1865年用一个环状封闭结构表示苯的结构式。这一结构的诞生，是有机化学发展史的一个里程碑。

> 凯库勒开始时想学建筑，后又改学化学。用原子的组合建筑成分子，成功地代替了人类房舍的建筑。他是把自从古希腊哲学家以来的人类幻想变为现实的一位理论化学家，同时又是一位实验研究家、劳苦功高的导师和教育家。
>
> (日)山冈望

凯库勒是近代化学史上一位杰出的化学家，在有机结构理论方面，这位德国化学家是公认的奠基人。

有一次，凯库勒在演讲中对听众说：

“先生们！我们应该会做梦……那么我们就可能发现真理。但是，不要在被清醒的理智检验以前，就过早地宣布我们的梦。”

谈到科学家做梦，我们不免想到笛卡儿。据说笛卡儿在200多年前也是因为做了几个梦，才终于建立了他那庞大的力的哲学体系。200多年后，凯库勒又做了一个什么样的梦呢？

1. 矢志不移，梦想成真

1829 年 9 月 7 日，凯库勒诞生在德国的达姆施塔特。凯库勒的父亲是达姆施塔特公国的高级军事参议官。

凯库勒的语言天分从小就常常令大人们吃惊。在中学时代他就能够流利地讲四门外语：法语、拉丁语、意大利语和英语。年轻的凯库勒对制图、数学有不同寻常的才能，对于植物、蝴蝶这类属于生物学的知识也很感兴趣。那个时代，以科学家为终生的职业，并不是家长们所喜爱的选择。因为科学家多半贫窘，而要想当上一个教授又真比登天还困难，所以，父亲希望凯库勒选择能赚钱的建筑业作为自己终生职业。凯库勒父亲的世交鲍曼先生是一位建筑师，常常业余给凯库勒讲授制图和绘画。鲍曼对这个业余学生的才能大为吃惊。据说达姆施塔特有三幢房子，就是以凯库勒的设计为基础建造起来的。

1847 年，高中毕业前几周，凯库勒的父亲不幸因心脏病去世。家庭经济急转直下，陷入困境，凯库勒不得不选择收入多的建筑业为今后职业。这年秋天，凯库勒进入吉森大学（现名为吉森李比希大学——Justus-Liebig-Universitat Giessen）建筑系学习，学习几何、数学、制图和绘画。如果不是吉森大学有一个人人尊敬的李比希教授，凯库勒也许就顺顺当当地去做又赚钱又轻松的建筑师了。可是命运之神却偏偏让他碰上了这个李比希，使他走上了艰难的化学探索之路。

在大学里，他很快就听到人们以极尊敬的口气谈到伟大的化学家李比希。年轻的凯库勒听到后，不禁怦然心动。当凯库勒上过李比希的一堂化学课之后，他突然明白：研究化学才应该是他终生追求的事业。随着化学课程深入的学习，化学便日益强烈地吸引着他。终于，他决定放弃学习建筑，转而学习化学。

但他的叔叔和其他支持他读大学的亲人，坚持不同意他学化学。他们告诉他，化学家这种职业也许会给研究它的人带来尊敬，但绝不是一种令人愉快和舒适的职业。在亲人的坚持下，凯库勒只得回到达姆斯塔德进入高等工艺学校。亲人们以为转了校、离开了李比希，凯库勒会彻底回心转意，抛开学习化学的念头。但凯库勒的心已经交给了化学。在化学分析实验中，凯库勒感到一股激情在冲击着他，他简直没有办法抗拒化学显示出的魅力。

吉森大学成立于1607年，设置有众多院系。这是该大学的校园美景

后来亲人们不得不让步。凯库勒于1849年秋天，又重返吉森大学专攻化学。1851年，在叔叔的资助下，凯库勒自费到法国留学。由于经济资助很少，他在巴黎过着极清苦的生活，但凯库勒对这些全不在意，他精力充沛地利用一切机会，勤勉地吸取着法国化学家的各种新思想。由于他颇有成效的努力学习，1852年6月凯库勒在法国获得了化学博士学位。

回国呆了一段时间后，他又到英国伦敦化学家约翰·施登豪斯（John Stenhouse，1809—1880）的实验室作为助手工作了两年多时间。这期间，凯库勒对于许多化学理论上的重大问题，有了一些比较成熟的看法。例如

“化合价”的问题，他认为这是一个至关重要的概念，是化学理论的基础，但化学界对化合价的认识仍然是一片混乱。他极力想弄清这个至关紧要的理论问题，但在施登豪斯实验室里太忙，一天到晚都是忙于实验、分析，几乎没有时间思考。他多么希望回德国到一所大学教书，这样就可以有时间去思考了。

凯库勒和他的学生。前排中间坐者为凯库勒

1855年春天凯库勒回到德国，他非常希望找到一个大学教师的职位让自己安顿下来。但他失望了，德国这么多大学竟没有一个位置给他。看来，作为一种职业，化学家果然是一种不太好的职业。无奈，他只好在海德堡以副教授的身份私人开课，但租房子、改装实验室的经费，只能靠叔叔支持。26岁的凯库勒在经济上仍然不能独立，更不用说赚钱养家糊口了。

但很快他就时来运转了，他的私人开课居然大受欢迎。不久，他的教室里座无虚席。凯库勒赚了一大笔钱，这使他终于可以在讲课之余，思考那些重大的理论问题了。

一颗世界级的化学明星，就这样在德国海德堡冉冉上升。1858年，凯库勒接受比利时的聘请，到根特大学任教授。直到1867年，他才回到德国到玻恩大学任教。

2. 化学与建筑学

前面我们已经提到，凯库勒在伦敦施登豪斯实验室工作时，对至关紧要的“化合价”这一概念发生了兴趣，认为它是解决化学分子式一片混乱中的关键问题。

在19世纪50年代以前，化学家表达化学分子式的办法，是按一定次序列出分子中每一元素的原子数，以此表示分子中的原子组成。例如，食盐是NaCl，水是H_2O，氨气是NH_3，甲烷是CH_4，乙醇是C_2H_6O，醋酸是$C_2H_4O_2$……当时还几乎没有人认真考虑，分子中的原子是如何排列的。也就是说还很少有人考虑“分子的结构”，好像分子的性质只决定于其中原子的种类和原子的数量。至于原子如何组合，似乎无关宏旨。

这种“无结构”的分子观，很快被实验事实否定。例如盖·吕萨克和李比希早期的研究表明，雷酸和氰酸是两种性质极不相同的化合物，但化学分析表明，它们有相同的化学成分。用“无结构”的观点是无法解释这种现象的。于是，化学家不得不承认，化合物的性质不仅仅决定于其成分，而且

漫画中的凯库勒

也与组成分子的原子排列形式休戚相关,并将雷酸和氰酸这类成分相同而性质不同的化合物,称之为“同分异构体”。分子的结构,终于在化学研究中逐渐占据了举足轻重的地位。

但如何表示这种结构呢?这可就是一个极富魅力但又极困难的任务了。学过建筑学的凯库勒对结构耳熟能详,因此特别垂青于分子结构的研究。

1858年,他在海德堡大学发表了一篇重要的文章:《关于有机化合物的结构和变化,以及碳的化学性质》。在这篇文章中,他提出了关于化合价理论的基本原理。他指出:

> 一种元素究竟以几个原子同另一种元素的一个原子相结合呢?这个数目取决于化合价,也就是取决于各组成部分之间亲合力的大小。从这个意义上说,可以把元素分成三类。
>
> 一价的元素:氢、氯、溴、钾和钠;
>
> 二价的元素:氧和硫;
>
> 三价的元素:氮、磷和砷。

在这篇文章中,最有价值的是他还提出碳的化合价是四价,这就是说一个碳原子有可能和另外4个原子相连接。更有趣的是,凯库勒还认为碳的四个化合价中,可以有1个、2个或3个价与另一个碳原子相连,形成所谓的“碳链”;而且以碳原子作为骨架,在骨架上可以连接氢、氧、氮等原子,形成多种多样的复杂化合物。

凯库勒的文章发表后不久,英国化学家库珀(Archibald Scoot Cou Per,1831—1892)建议用一条短线表示原子间亲合力的单位和原子间的化合价,现在将这一短线称为“原子键”。

有了原子键这一形象描述,化合物的结构式就很容易简洁地表示出来。例如:

水 (H_2O)

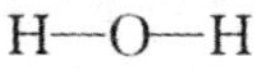

氨 (NH_3)

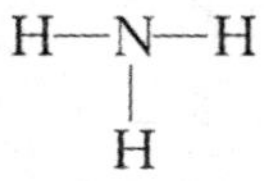

甲烷 (CH_4)

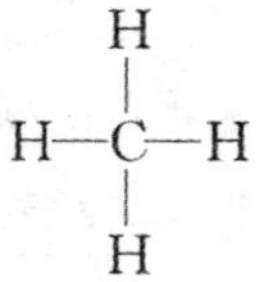

硫化氢 (H_2S)

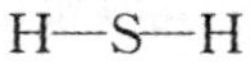

乙醇 (CH_3CH_2OH)

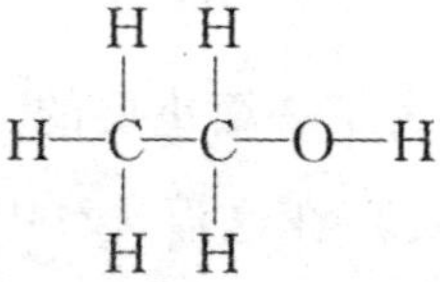

醋酸 (CH_3COOH)

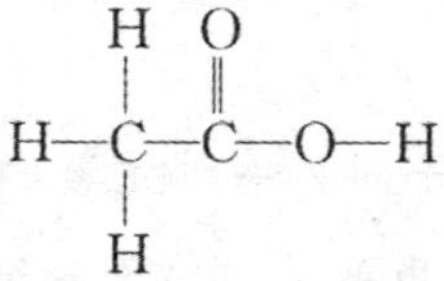

有了化学结构式，特别是凯库勒提出的可以使用双键和三键，有机化合物的结构就更加有价值了：它使每一种有机化合物具有一个特殊而准确的表达式；同时，“同分异构体”也以非常形象而准确的构成，向人们显示了它们的特色。例如：乙醇和二甲醚的分子式都是 C_2H_6O，但它们性质迥异，其原因实乃它们的结构不同。（乙醇结构图见上面）二甲醚结构图为：

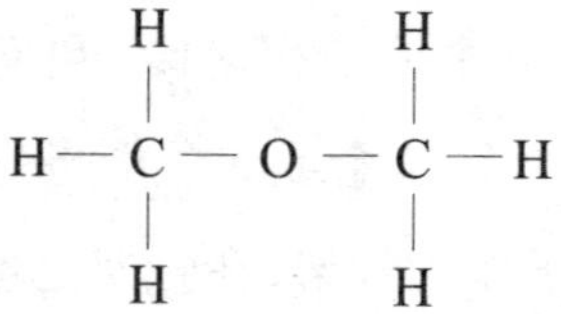

化学结构式的确立，不仅对化学理论提供了坚实、可靠的基础，而且对合成新化合物有兴趣的化学家指明了方向。看来，凯库勒早年学习的建筑学，喜爱制图，到化学研究中还是起了不可忽视的作用。

3. 国际大合作

1859 年秋，凯库勒与卡尔斯鲁厄高等工业学校的魏尔岑教授一起，组织召开第一次世界化学家会议。1860 年 7 月初发出邀请书，9 月 3 日大会正式开幕。这次会议由于意大利化学家康尼查罗（Stanislao Cannizzaro，1826—1910）的努力，有机分子结构原来存在的混乱，逐步得到了克服，化学结构理论逐渐得到广泛的承认。

1861 年，凯库勒编写的《有机化学教程》一书，凯库勒将有机化学定义为“碳化合物的化学”，有机物的生命力学说从此泯灭。

也正是 1861 年的 9 月，在德国施别依市举行的科学家和医生代表大会上，俄国化学家布特列洛夫（A.M. Butlerov，1828—1886）宣读了论文《论物质的化学结构》。在这篇论文中，他系统阐明了化学结构理论的基本原理，他明确声称：

“复杂物质中各原子相互结合的方式，称为化学结构。复杂物质的化学性质，决定于组成这种物质的原子的数量和化学结构。”

他还指出：“当人们懂得了物质的化学性质依赖于化学结构的一般原理以后，就可以从化学结构推测化学性质。”

1979 年德国发行的纪念凯库勒的邮票

布特列洛夫还制定了确定化学结构的方法，确定化学结构的基本原则。他坚信，化学结构理论必将成为化学理论的普遍法则。

正是在凯库勒和布特列洛夫等许多人共同的努力下，化学结构理论成了化学中最重要的理论之一。

4. 一个闻名于世的梦

1862年，这是凯库勒一生最幸福的一年。在学术上，他的成就已为世人共睹，《有机化学教程》也已经问世。更令凯库勒感到幸福的是，这年他与斯特凡妮亚小姐结成百年之好。春风得意的凯库勒，在30而立之年里，真的成家立业了！

可是，万万没有料到的是斯特凡妮亚在分娩时，竟因难产而去世。一个新生命的诞生竟以母亲的生命为代价，这是何等令人悲痛啊！在无法解脱的悲痛中，凯库勒只有沉溺于紧张的研究，以求忘却不幸的打击。正是在这痛苦的时期，他开始集中精力研究苯。

当时，在有机结构化学的领域里，有一个令人难解的疑问，那就是芳香族里的苯的结构问题。苯是英国物理学家法拉第在1814年发现的，当时他把这个化合物取名为“氢的重碳化合物”，而后由德国化学家米切利希(Eilhardt Mitscherlich，1794—1863)于1834年命名为苯。1833年，米切利希通过蒸馏苯甲酸和石灰的混合物，得到了与法拉第的“氢的重碳化合物”相同的一种液体。他将这种液体命名为苯，这个名称显然比法拉第取的好多了。后来法国化学家日拉尔(Chales Frederic Gerhardt，1815—1856)等人又确定了苯的分子量是78，分子式为C_6H_6。

苯对人工合成新染料是至关紧要的一种化合物，如果对它结构式弄不清楚，不仅会阻碍人工合成新染料工业的发展，而且也势必影响到化学结构理论的本身。

但苯的结构实在是一个难题，这6个碳原子和6个氢原子无论怎么排列，都不能满足已经建立起来的化合价法则。凯库勒日夜思考这个问题，做过几十种可能排列，最后都被抛弃。他简直被这个困难弄得疲惫不堪、焦头烂额。

1864年的一个冬天，他那早先学过建筑学的潜意识，终于在他惬意而朦胧的打盹时，再次为他提供了关键性的灵感，使他解决了缠绕多时的疑难。他曾记载了这一段令人神往的发现故事：

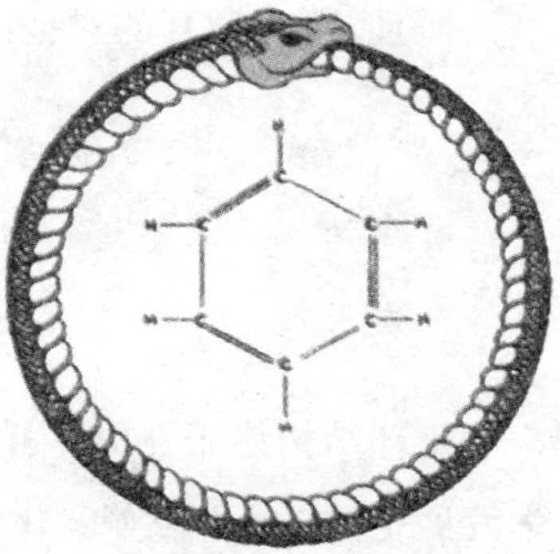
梦中的蛇咬住自己的尾巴，结果得到苯的结构图

一天夜晚，我坐下来写我的教科书，但工作没有进展，我的思想无法集中。我把椅子移向炉火，开始打起盹来。在朦胧中，原子又在眼前跳跃起来，这时较小的基团隐退到后面。我的思想不知怎的，在这些幻觉中变得敏锐了，我能分辨出多种形状的复杂结构，也能分辨紧靠在一起的一长串分子。它们盘绕、旋转，像蛇一样扭动着。看！那是什么？有一条蛇似乎突然被什么东西激怒了，狠狠地咬住自己的尾巴。这个虚幻的形状在我的眼前旋转着；后来，像电光一闪，我醒了。这一夜剩余的时间，在一张纸上琢磨画下的碳链的环状、封闭式的结构……

这个梦有人说是真的，有人考证是假的，我们这儿不必花费时间去做考证。但不论怎样，凯库勒在1865年发表的《关于芳香族化合物的研究》一文中，破天荒地用一个环状封闭结构表示了苯的结构式：

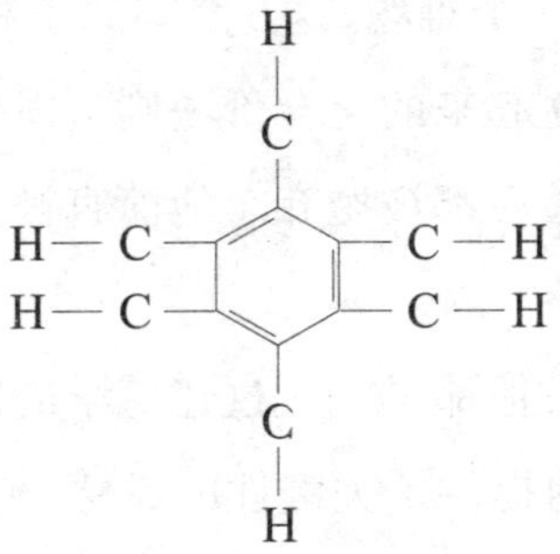

苯的环状结构式

而且，凯库勒真的对他的学生说过：

> 需要做梦，梦中也能得到重大的发现。尤其是在梦醒之后应当用清醒的头脑进行分析和判断。不经过这样的步骤是不能对外发表的。

苯环结构终于在谜一样的思考中诞生了。这一结构的诞生，是有机化学发展史的一个里程碑。化学史上，又有了一个新的卓有成效的理论——芳香族化合物的结构理论，它对于实验和理论研究，无疑是一种巨大的推动。苯的结构理论即使真的来自梦的启示，也绝对不是一个随意猜想的假说，而是有着坚实的理论根据。

凯库勒的结构理论，不久由荷兰化学家范托夫和法国化学家勒贝尔发展成三维的结构理论；1916年，美国化学家刘易斯又用这一结构发展了自己的电子理论；20世纪30年代，美国化学家鲍林借助量子力学对化合键做出了更深刻的解释。但是，在现代化学发展中，凯库勒结构的基本思想并没有变化。他那闻名于世的六边形封闭结构，一直像一盏神灯一样，指引着合成化学家冲出了长达一个世纪的迷途。

元素周期律创始人

——门捷列夫

门捷列夫(Dmitri Mendeleev,1834—1907),俄国化学家。1850年进入圣彼得堡大学附属师范学院学习。1856年，开始任教于彼得堡大学化学系。1869年,他根据原子量的顺序提出了划时代的元素周期表。他的这一发现惊动全世界科学家,从此他成为科学史上一位最伟大的科学家之一。

> 永远受到赞美并以崇敬之情来充实、丰富精神的东西,到现在为止还只有两个:一是布满繁星的天,二是载有道义的地。这是哲学家康德所说的。现在看来还应当再加上一条,这就是贯穿于包罗万象物质世界中的这种统一。
>
> 门捷列夫

1869年从俄国传来了令欧洲科学界极为震惊的消息:出生于西伯利亚的俄国化学家门捷列夫宣称,他制定的周期表可以预言还没有发现的化学元素和它们的性质。他说:

"有一种元素还没有发现,我给它取名为'类铝',这是因为它的性质与金属铝很相似。人们可以去证实它、寻找它,它一定会被找到的。"

这位西伯利亚的预言家还预言了两个元素:一个他称之为"类硼",是一个性质类似于硼的元素,门捷列夫还大胆地预言了它的原子量;另一个他称之为"类硅",他也详细地描述了它的物理、化学性质。人们感到奇怪的是,这个名不见经传的门捷列夫,怎么能够预言这些从没有看见过、也没有制出过的元素呢？

化学史上也有人预言过新的元素，如英国天文学家洛克耶(N. Lockyer，1836—1920)和英国化学家弗兰克兰(E. Frankland，1825—1899)，曾预言“氦”(helium，即太阳之意)元素的存在。但他们是通过实验的结果做出预言的，而门捷列夫则完全靠自己的大脑做出这些预言，因此这在一些化学家看来是无法想象的。

门捷列夫可真是一位令人不可思议的人啊！

1. 西伯利亚拓荒者后代艰难的生活

门捷列夫出身于一个勇敢的拓荒者家庭。在他出生前100多年，俄罗斯伟大的君主彼得大帝(Peter the Great，1672—1725)决心使俄罗斯强盛起来，于是在靠近西方边界的一块沼泽地上，建立了一个现代化大城市，那就是今日的圣彼得堡，它成了通往西方的窗口。除了向西欧学习以外，彼得大帝还努力将俄罗斯文化向它的东部传播。到了1787年，门捷列夫的祖父在西伯利亚的图波尔斯克创办了第一份报纸。

1834年2月7日，门捷列夫诞生了，他是家中十四个小孩中最小的一个。他的父亲毕业于圣彼得堡大学附属师范学院，因为具有自由思想和同情十二月革命党人，政府把他贬回西伯利亚，在图波尔斯克一所中学当校长。不幸的是门捷列夫出生后不久，父亲因眼疾而双目失明，不得不辞去校长的职务。一个原本十分幸福的家庭，由此遭到一次严酷的打击。

由于父亲微薄的退休金无论如何也养不活这个大家庭，于是母亲玛丽娅·柯尼洛夫只好把家迁到她的娘家所住的城镇，经营起一座她的祖辈遗留下来的已经逐渐衰败的玻璃厂。这是西伯利亚第一家玻璃厂。靠着母亲的坚韧和勤劳，玻璃厂经营得十分顺利。

当时西伯利亚的一些城镇，多是政治犯的流放地。门捷列夫的姐姐与一个十二月革命党人相爱，门捷列夫正是从这位未来的姐夫那儿，培养出对自然科学的兴趣，学到了最初的基础科学知识。

1849 年，门捷列夫刚从高中毕业，更大的不幸向他们家庭袭来：一是他父亲因传染病去世，二是他母亲的玻璃厂被一场大火烧毁了。生活的艰难考验着他们一家，尤其是日趋年迈的母亲。

门捷列夫从小聪明过人，母亲不忍让他因此辍学，决心不惜一切也要让他受到完整和良好的教育。她常常对孩子们说：

"只为了担心自己的身体而白活一辈子，那真是毫无意义。一天里哪怕有一点点自由支配的时间用在学习上，那就十分幸福。"

现在玻璃厂也毁了，丈夫也去世了，门捷列夫的母亲决心变卖家产，毅然到遥远的莫斯科，期望最小的儿子能在那里上大学。

2. 莫斯科和圣彼得堡的奔波

经过冰天雪地的极艰难的长途跋涉，他们终于来到莫斯科。然而，由于考试成绩不理想，门捷列夫没有考上大学。望着极度失望的母亲，门捷列夫追悔莫及，这是对他在中学不努力学习的惩罚。他此后从没有忘记母亲失望的眼神，每当他稍有懈怠，这眼神就向他逼来，使他奋起。

坚强的母亲没有放弃希望，她又带领孩子再次长途跋涉来到圣彼得堡。她决心已定：圣彼得堡不行，就去柏林，再不行，去巴黎。无论如何，一定要让小儿子上大学！

幸运的是，他们在圣彼得堡大学附属师范学院遇见了门捷列夫父亲的好友，他现在是院长。在他的帮助之下，门捷列夫以官费生的待遇进了该院理学部。坚强、温柔的母亲宽慰地笑了：她完成了她的夙愿。

艰难的生活和长途跋涉，使她的精力枯竭了，1850 年 9 月，门捷列夫成了大学生，他敬爱的母亲却撒手西归！

门捷列夫的心碎了,他几乎失去活下去的勇气。但一想到母亲在莫斯科那失望的眼神,他又振作精神、奋起拼搏,决心以最优秀的成绩以慰母亲!后来他在一篇纪念母亲的短文中写道:

> 我的这项研究是为了怀念母亲和为母亲而做的。我的母亲作为一位妇女来经营工厂,用她的汗水抚育幼子,以身示范熏陶我,以真诚之爱鼓励我。为了能让儿子献身于科学事业,从遥远的西伯利亚长途跋涉来到这里,耗尽了她的全部物力和精力。临终之前还告诫我:"不要依靠幻想,不能依靠空谈,应该依靠实际行动,应该追求自然之神的智慧、真理的智慧,并要经久不倦地追求它。"……母亲的这些遗训将永志不忘,铭刻在心。

1855年,门捷列夫以全班第五名的成绩大学毕业。由于在大学学习期间用心过度,加之丧母之哀痛不时袭上心头,所以在毕业时他的身体十分糟糕,被诊断出患上肺结核,医生建议他毕业后到气候温暖的地方工作。这样,门捷列夫就选择到俄罗斯南方克里米亚的一所中学任教。

3. 一次国际化学会议的启示

1856年,门捷列夫回到圣彼得堡,成为圣彼得堡大学的编外讲师,不久被聘为副教授。这样,在1857年初,他就正式登上了彼得堡大学的讲台。1859年到1862年,门捷列夫获准留学法国和德国。在留学期间他有幸参加了1860年在德国卡尔斯鲁厄召开的第一次国际化学会议。

这次会议是由德国著名化学家凯库勒建议召开的。当时,由于分子论还没有建立,化学界正处于一种混乱状态之中,化合物的化学式五花八门、纷繁多样,严重阻碍了国际化学界的交流和推进。HO既可以代表水,又可以代表过氧化氢;CH_2可以代表甲烷,又可以代表乙烯;连一个简单的有机

物醋酸 CH_3COOH 竟有 19 种不同的化学式！化学界普遍希望能在这次国际化学会议上解决这种混乱局面。

会议上争论十分激烈，各国化学家各执一说，相互不肯让步，达成一致的希望似乎十分渺茫。幸而，到快散会时，一位默默无闻的意大利化学家康尼查罗向参加会议的各国化学家散发了一本名叫《化学哲学教程提要》的小册子，这本小册子使一团混乱的局面豁然明朗，很快统一了大家混乱不堪的认识。化学家们终于明白：承认阿伏伽德罗（A. Avogadro，1776—1856）的分子假说，是扭转这一混乱局面的唯一钥匙。[①]这本小册子的作者就是意大利化学家康尼查罗，他在书里指出：

“只要我们把分子和原子区别开来，那么，阿伏伽德罗的分子论就和已知事实毫无矛盾。”

由于康尼查罗热情和有力地宣传意大利化学家阿伏伽德罗的“分子论”，澄清了错误，统一了原来有分歧的意见。康尼查罗的工作和他的小册子一样受到了同行们很高的评价，一致同意新时代的化学由此有了坚实的基础。德国化学家迈尔在结束卡尔斯鲁厄会议的回家途中就阅读了这本小册子，他感慨地说：

“这本篇幅不大的论文对于大家争执中最重要的各点阐述得如此清楚，使我感到惊奇。眼前的屏障好像剥落下来，许多疑团烟消云散……这应归功于康尼查罗的小册子。”

这次大会还促使一位名不见经传的新手，为化学的发展做出了卓越贡献。这位新手就是当时正在德国留学的门捷列夫。门捷列夫后来曾经说过：

周期律的思想出现的决定时刻在 1860 年，那年我参加了卡

① 阿伏伽德罗指出：“单质或化合物在游离状态下能独立存在的最小质点称作分子，单质分子由多个原子组成。”他还修正了盖·吕萨克的定理，提出：“在同温同压下，相同体积的不同气体具有相同数目的分子。”把盖·吕萨克的定理中的“原子”改为“分子”，这一字之改，正是阿伏伽德罗假说的深奥和奇妙之处。

尔斯鲁厄会议。在会上我聆听了意大利化学家康尼查罗的演讲，他强调的原子量给我很大的启示。当时，一种元素的性质随原子量递增而呈现周期性变化的基本思想，冲击了我。

我们似乎可以说，正是出席了这次会议，门捷列夫才有了明确的研究方向，正式走进了巍峨的科学殿堂。

4. 走到化学的一座迷宫前面

1862年，门捷列夫回到了彼得堡大学，在教学之余他开始科学写作。在60天时间里，他编写出500页的有机化学教科书，为此他获得托米多夫奖金。1863年，他当选为技术学院的教授，完成题为《论酒精与水的化合作用》的博士论文。彼得堡大学这时发现，门捷列夫不仅是一位多才多艺的天才教师，而且还是一位化学哲学家和技术精湛的实验学者。彼得堡大学在1866年聘他为该大学化学系教授，1867年又提升他为化学教研室主任。

接着，划时代的1869年来到了。门捷列夫在此之前，尽力从各种可能的渠道搜集有关元素的资料，并利用这些资料，用表格形式反复排列这些元素，希望揭开其中隐藏的规律。

门捷列夫把已搜集到的63种元素的全部资料，包括已经知道但还没有分离出来的氟，做成卡片。在进行了仔细分析后，把它们按元素的原子量从1（氢）到238（铀）排列起来。它们的性质各不相同，有些是气体、液体，有些是固体；有的是金属，有的是非金属；金属中，有的很硬，有的又很软；有的金属很重，例如锇比水重22.5倍，有的又很轻，如锂可以浮在水面；金属在一般情形下大都是固体，但汞却是液体……这真是一个变化万千的迷宫！多少优秀化学家进入了这座迷宫后，都被弄得晕头转向，只好望洋兴叹。

门捷列夫现在也走到了这座迷宫面前，他也思考着很多先行者思考过的问题：在这几十种元素中，能够找到某种秩序、某种规律吗？门捷列夫是一位科学家，也是一位哲学家，他不相信这些元素真会杂乱无章、毫无秩序，他坚信其中必然存在某种内在的规律。

也许，按原子量的大小把元素排列起来，会有什么规律呈现出来。

门捷列夫知道，英国化学家纽兰兹（J. A. R. Newlands，1837—1898）在3年前，曾在英国皇家学院的会议上宣读过关于元素按原子量大小排列的论文。纽兰兹把元素排列与钢琴上的八音键相比较，结果他发现：按排列顺序往下数，每到第八个元素，其性质就与第一个元素的性质十分近似，这使他大吃一惊。因此，他把他的这种元素排列表称为“八音律”。

英国化学家们看了纽兰兹的论文后，许多人都嘲笑他。英国著名化学家福斯特（Sir Michael Foster，1836—1907）教授毫不留情面地质问纽兰兹：

“您为什么不按元素的第一个字母的排列顺序去研究元素呢？真是异想天开，竟然想到把化学元素与钢琴的键相比较！”

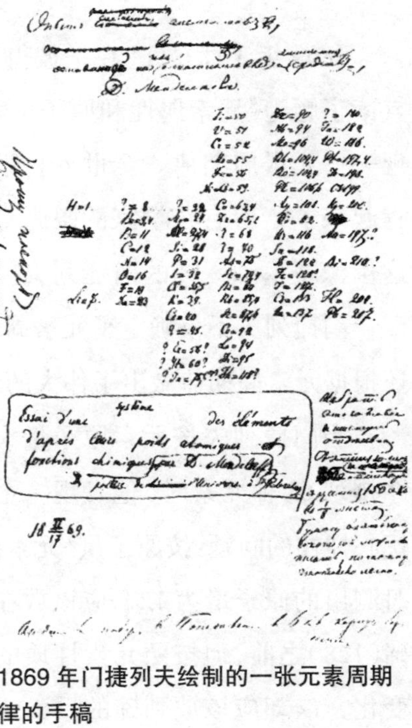
1869 年门捷列夫绘制的一张元素周期律的手稿

人们也都觉得纽兰兹的“八音律”纯属无稽之谈。经过这次打击，纽兰兹放弃了化学研究，从事制糖工业。他的八音律也逐渐被人们遗忘。

门捷列夫没有陷进同样的泥潭。他用63张卡片写下所有已知元素的名称和最重要的性质，把它们钉在实验室的墙上。然后，他小心地反复核对这些卡片，找出性质类似的元素，再把它们归到一排钉到墙上……久而久之，一种引人注目的规律逐渐清晰地呈现在门捷列夫眼前。

门捷列夫把63种元素排成七组，用锂（原子量为7）开头，接着是铍（9）、硼(11)、碳(12)、氮(14)、氧(16)和氟(19);下一组开头是钠(23),这个元素的物理和化学性质都非常接近于锂,所以他把钠排在锂下面。接着他又依序排下了5个元素,在这一组最后排下的是氯,在氟的下面,而氯的性质又正好与氟很相似。按照类似的方法,他把其他元素按照顺序一一排列下去时,他注意到有一种奇妙的秩序出现了:每个元素在这张表上似乎都有它们自己"恰当"的位置。例如:非常活泼金属锂、钠、钾、铷、铯都归到第一组里;而极其活泼的非金属氟、氯、溴、碘又都出现在第七组里。看来,元素的性质"是它们原子量的周期性函数",即按原子量大小顺序排列所知道的元素,元素的化学性质呈周期性变化,每七个元素重复一次。

啊,这是一个多么美妙而又简单的规律!

5. 周期律的伟大预言

1869年3月6日,在圣彼得堡大学召开的俄国化学会议上,门捷列夫宣读了题为《元素属性和原子量之间的关系》的论文,阐述了他划时代的发现——元素周期律。全世界科学界沸腾起来了,所有科学家的眼光都转向这位像魔术师一样的门捷列夫。

门捷列夫在办公室里

门捷列夫不仅确定了元素周期律,还根据元素周期律做出了伟大的预言。

当门捷列夫按元素原子量大小顺序排列63种元素时,他发现一个令他忧心忡忡的问题:按原子量,元素碘(当时测出的原子量为127)应该放在元素碲(128)之前,但按照元素性质的周期变化,碘却应该放到碲的后面。为什么会这样呢？难道元素周期律纯属子虚乌有？难道他的发现又是竹篮打水一场空？

门捷列夫思考再三，确信他发现的周期律不会错。于是，他大胆预言碲的原子量被它的发现者弄错了，碲的原子量绝不可能是128，应该是在123~126之间。这一预言一经公布，立即遭到许多著名化学家的嘲笑和反驳，但门捷列夫没有胆怯，更没有退缩。他果断地把碲放到碘之前，虽然他暂时只能用错误的碲原子量。数年以后，他的预言被证实了，碲的原子量的确小于碘的原子量。同样的事件还发生在金与铂身上。

另外还有一类预言，不仅令人叹服门捷列夫周期律的正确，而且让人惊讶理论思维之伟大！当时化学家们（包括门捷列夫本人）只知道63种元素，并不知道元素多达92种。因此在排列元素时，他肯定会碰到“空位”，即有一些还没有找到的元素，它们的位置在元素周期表上只能暂时空缺。现在我们当然可以轻松地说：

“啊，他碰上了……‘空位’嘛！”

可是当时，这些“空位”几乎可置门捷列夫周期律于死地！如果不假定周期表上有些暂时空缺的位置，死板地把63种元素一个接一个地排下去，那就根本显示不出什么“周期”的规律了，伟大的“和谐”也根本不存在，一切又将显得毫无秩序。门捷列夫预见到了这一巨大的危险问题，他以无比的勇气和智慧大胆预言：周期表上还有不少的空位。例如，在第3组的钙和钛之间，门捷列夫预言有一个空位。他说：

“这里应该有一缺位的元素，在以后发现它时，它的原子量比钛小，排在钛之前。”

因为空位出现在硼的下面，所以这个暂时没有发现的元素，其性质一定类似于硼。门捷列夫据此把预言中的元素取名为“类硼”。与此类似，门捷列夫还预言了“类铝”和“类硅”。他一共预言了3个尚未发现的元素，留给他同时代的化学家去寻找和证实。

门捷列夫在宣读他的周期律时，没有忘记前人的功劳，他特别强调：

我综合了1860年到1870年许多同时代化学家所得到的知识，这个规律正是这种综合的直接结果。

事实上，法国的赞科托伊斯，德国的斯特瑞切尔，英国的纽兰兹，还有美国的库克等学者，都曾注意到元素性质有某种规律性。更令人注意的是，德国化学家迈耶（L. Meyer，1830—1895），他几乎与门捷列夫同时得到周期律。这说明发现这个伟大的定律的时机已经成熟了：发现了足够多的元素，原子量的精确的测定，原子性质的深入研究……正是有了这些众多的研究成果，才有可能使得元素性质周期规律显示出来。如果门捷列夫早出生10年，尽管他异常聪慧，是不可能发现周期律的；如果他迟出生10年，那么发现这个规律的荣誉恐怕就归属迈耶了。

6. 预言得到完美的证实

1875年，元素周期律发现后的第六年，法国化学家布瓦博德朗（P. E. L. de Boisbaudran，1838—1912）在分析比利牛斯山的闪锌矿时，发现了“类铝”（学名为镓）。更有意思的是，当门捷列夫看了布瓦博德朗的文章以后，立即写信给布瓦博德朗，指出他的测定一定有误。根据门捷列夫周期表的推算，镓的比重应该在5.9～6.0之间，而不会是布瓦博德朗测定的4.7。布瓦博德朗大为惊奇，因为他本人是唯一拥有镓的人，但门捷列夫似乎比他更清楚镓的性质。开始布瓦博德朗不相信门捷列夫的指正，但重新提纯了镓之后，测得它的比重果然如门捷列夫所预料的那样，是5.94。他感慨万分地说：

“我认为没必要再来说明门捷列夫这一理论的巨大意义了。”

但是仍然有许多人不相信门捷列夫的预言，他们争辩说：“这纯粹是学识浅薄的人的一种异想天开式的幻想，只有笨蛋才相信人们竟然能够如此精确地预言一种新元素！”

苏联政府在 1969 年为门捷列夫元素周期表发行一百周年的纪念邮票

怀疑者还不厌其烦地引用“近代化学之父”拉瓦锡说过的话，来显示自己的怀疑和反对是有道理的。拉瓦锡曾说过：

“对元素的性质和数目的认识，我们只能被限制在形而上学的范围内，而它能给我们提供的只是一些不确定的问题。”

然而，到 1886 年又爆出了新消息：德国的温克勒（C. Winkler, 1838—1904）发现了一种新元素，它与门捷列夫预言的“类硅”相吻合。寻找一种新元素一直是化学家最热衷的研究课题，因为一旦发现了一种新元素，这位化学家就会由此名垂化学史册。但是如何寻找新元素呢？以前由于没有正确的科学理论指导，因此，在寻找时带有极大的盲目性，许许多多科学家耗费终生精力而一无所获。温克勒这次却十分幸运，因为他知道并相信门捷列夫的周期律。门捷列夫预言，有一个空位元素“类硅”，它的原子量大约是 72，密度为 5.5，它可以与酸作用……温克勒正是沿着这条线索开始寻找“类硅”。他从银矿中分离出一种原子量为 72.2，密度为 5.5 的银白色物质，它在空气中加热后形成的氧化物与周期表预计的一样，它的沸点也正好与门捷列夫预言的一致。毫无疑问，门捷列夫的第二个预言又实现了。

两年以后，瑞典化学家尼尔逊（L. Nilson，1840—1899）分离出了门捷列夫预言的“类硼”。

美国科学家玻尔顿赞叹说：“元素周期律使化学有了预见功能，而以前人们一直认为只有天文学才有这种特殊的荣誉！”玻尔顿道出了人们心中对门捷列夫周期律的赞美之情。

7. 门捷列夫晚年的失误

爱因斯坦曾经说过：“科学史只写取得成功，……这不公平。”在中国，似乎特别喜欢为某些人（如上级、名人……）设立一些忌讳，对这些人只歌功颂德，而不愿触及他的错误和失败。这的确“不公平”，而且也无益于读者。

正当门捷列夫经受了种种嘲弄和反对的考验之后，赞美的言辞以及他科学思想的局限性，又使他犯下了错误，甚至在某种程度上还成为科学进步的障碍。这段历史想必对读者会大有裨益。

门捷列夫根据归纳法和大胆的想象，总结出优美和谐的元素周期律，这的确赋予化学以崭新的面貌，成为化学史上继道尔顿原子论之后的又一个光辉的里程碑。但门捷列夫并不清楚，为什么元素的性质会随原子量的递增而呈现周期性变化。归纳法不可能告诉他更深层的本质原因。在这种情形下，门捷列夫过分看重和强调原子量变化对元素性质的影响，而且错误地把原子量的变化视为元素周期律的不可动摇的、唯一的基础。前面提到的几次辉煌胜利，更使门捷列夫的思想停留在这个地方了。于是，错误发生了……

我们在现代的元素周期表上可以看出，氩的原子量为39.94，而在它后面的钾的原子量是39.10；钴为58.93，而它后面的镍是58.70；碲是127.6，它后面的碘是126.9。为什么这三对元素在周期表中的排列不按原子量递增的顺序？这个问题难不住现在的高中学生，因为我们知道同一周期内，从左到右，最外层电子数依次递增。但当时门捷列夫和他同时代的化学家们还不知道原子还有结构，他们的信仰是原子是不可分的。所以在遇到上述与周期律有出入的三对元素以后，他立即以不可置疑的口吻说：

“氩和钾，钴和镍，碲和碘这三对元素的原子量测定有错误。”

门捷列夫雕像，寓意他在思考周期表的情形

事实上，门捷列夫直到去世一直认为这三对元素的原子量测量有误。后来稀土元素再次出现类似情形，他仍然不惜改变一些元素的原子量以满足他的元素周期律。

元素周期律是伟大的，这是人所公认的。然而，如果因此就认为元素周期表是尽善尽美，那就有些过于自负了。事实上门捷列夫就因此犯下了另一个错误。那是1894年，英国科学家拉姆赛（Sir W. Ramsay，1852—1916）和瑞利（Lord Rayleigh，1842—1919）发现了惰性气体氩。氩的发现似乎对门捷列夫的元素周期表构成了威胁，因为周期表上没有给这种元素留下空位，如果硬塞进去，又会引起巨大的混乱。所以氩的发现引起了化学界巨大的恐慌，人们觉得已经建立起的化学宫殿将可能倒塌。但拉姆塞却看出，这正是扩建这座宫殿的大好时机。1894年5月24日，拉姆塞给瑞利的信中写道：

“您可曾想到，在周期表第一行最末的地方，还有空位留给气体元素这一事实吗？”

这年8月，英国科学协会在牛津开会，拉姆塞和瑞利向科学界宣布了第一种惰性气体的发现；会议主席马丹（H. G. Madan）建议，把这第一个惰性气体取名为argon（氩），意即“懒惰”。

世界科学界知道了瑞利和拉姆赛的重大发现之后，都十分震惊。门捷列夫这时似乎不够冷静，唯恐新发现会破坏了他的周期律，因而在1895年俄国化学会议上宣称：氩的原子量是40，这显然不适合周期律，因为后面的钾是39，所以氩只能排在钾后。但这样排列又造成周期表更大的混乱。据此，门捷列夫说氩不是一种新元素，而是“密集的氮”N_3。但后来光谱实验证实氩的的确确是一种新元素。拉姆赛和瑞利并将氩列入“零族”。以后，零族元素氦、氖、氪、氙和氡先后被发现了，周期律不但没有被破坏，反而更加完善和美妙。可惜门捷列夫固步自封，阻塞了自己的思路，丧失了继续探索的勇气，在惰性气体的发现历程中，不但没有起促进作用，反而阻碍了它的前进。

除了上述心理上的误区以外，门捷列夫科学思想上的局限性也曾阻碍他接受新发现。他的周期律是对道尔顿原子论的一个绝佳证实，这是明显的事实。门捷列夫本人也的确是一位原子论的捍卫者，但他也同时接受了“原子是不可分”的这样一个有局限性的科学思想，并把它奉为圭臬和不能改变的金科玉律。因此，当汤姆逊声称他发现了比原子更小的粒子——电子的时候，门捷列夫立即表示反对。他说：

“承认原子可以分解成电子……只会使事情复杂化，丝毫也不能把事情变得更清楚。”

他还声称：“元素不能转化的观念特别重要，它是整个世界观的基础。”

门捷列夫不仅自己不相信原子还有结构，而且还极力鼓励他的学生反对电子理论。

我们也许会记得，当年汤姆逊在公布电子的发现时，他似乎有一些无奈地说：“有不少人认为我声称发现了电子，纯粹是在糊弄人。”看来，门捷列夫正是这“不少人”中的一个，而且恐怕是其中很重要的“一个”呢！

8. 因病去世，隆重葬礼

1890年，门捷列夫56岁时，因为在一些问题上与教育大臣发生矛盾，愤而辞去大学教授的职务。1893年，他被任命为计量局局长。

他在70岁时仍然很健壮，只不过视力有一些减退，但是他不愿意佩戴眼镜，常用放大镜来看书。1907年1月，在他73岁时因患感冒而发展成肺炎，最终医治无效，于1月20日的凌晨长眠。

门捷列夫去世的消息一经传开，举国上下极为震惊，给全俄国人民带来巨大的悲痛。

门捷列夫的雕像

尼古拉二世皇帝亲赐悼辞：“安息吧！门捷列夫。伟大的俄国公民，永垂不朽。”

前总理大臣威特伯爵悲叹地说：“俄国失掉了一位值得夸耀的、博学多才的学者。一位忠诚的爱国者。”

在逝世后五天，俄罗斯政府为门捷列夫举办了隆重的葬礼。追悼会在高等工业学校礼堂举行，因为他曾在此校任过教。追悼会后送葬队伍排成长长的队伍，两个大学生抬着元素周期表走在送葬队伍的最前面，后面是各校的代表用肩抬着灵柩缓步前进，再后面是一群僧侣和政府官员。

还有数千群众，像长蛇阵一样缓慢地护送着灵柩，走向首都南郊的沃尔柯夫斯基墓地。

第一个获得诺贝尔化学奖的人
——范托夫

雅各布斯·范托夫(Jacobus Henricus Van't Hoff,1852—1911),荷兰物理化学家。1874 年获得荷兰乌特勒支大学博士学位。1878—1911 年先后在德国莱比锡大学、柏林大学任教授。1901 年“因为发现化学运动力学定律和溶液渗透压定律所做出的贡献”,获得诺贝尔化学奖,是该奖第一位获得者。

> 像居维叶所说的那样,不了解梦的作用的科学家,只不过是在抄录科学书籍上一节一节的名称;而善于利用梦的作用的科学家,却能一下子就写出了全篇的标题。当前者还在拨亮灯光探究条理的细节时,后者则已经点燃起火把像鹫鹰般地飞向天空,成了普照科学大地的英雄。
>
> 范托夫

《不列颠百科全书》第八卷上范托夫条目上写道:“范托夫由于在反应速度、化学平衡和渗透压方面的研究而成为第一个诺贝尔化学奖(1901)获得者……1874 年,他和勒贝尔各自独立地提出了一个后经证明是研究有机化合物三维空间结构(立体化学)基础的重要概念:碳原子能形成的四个化学键是指向四面体顶角的。这一概念成功地解释了物质的旋光性。”下面我们就介绍他的这一发现。

1. 少时大自然对他的陶冶

下边是一幅什么风景画？它与范托夫有什么关系吗？

霍贝玛的风景画作“米德尔哈尔尼斯树间小道”

有的，这是荷兰著名风景画家霍贝玛(Meindert Hobbema，1638—1709)画的一幅“米德尔哈尔尼斯树间小道”。米德尔哈尔尼斯是莱茵河注入北海口三角洲小岛上的一个美丽如画的小村子。范托夫就在这个小村子度过他梦幻般的儿童时期。

范托夫是荷兰物理化学家，1852年8月30日出生于荷兰鹿特丹，是家里七个孩子中的第三个。由于家里孩子太多，父亲是医生工作很忙，母亲除了家务事还有几个孩子要照料，因此就把这个老三从小寄养在祖父家里。而祖父正好住在霍贝玛画中的米德尔哈尔尼斯。

由于生活在农村，范托夫儿童时期就有机会时常流连在美丽的田野上。他喜欢仔细观察花草的形状和色彩，对昆虫的活动更是入迷。他常常陶醉于大自然美丽壮观的景色中，流连忘返。这一段少儿时期的经历，永远留在他的记忆里，一生都没有忘怀。以后在学习和工作的时候，他总会到山间河边流连，在大自然的怀抱里回忆那美丽的儿童时期无法忘怀的感受。

2. 对化学实验有特别的兴趣

范托夫天资聪明，在幼儿园和小学里的表现就时常使老师和大人们感到惊讶。他的各门功课学习成绩都好，其中尤以数学成绩更为突出，这给他以后的化学研究带来巨大的优势。由于父母的影响，他从小对音乐也有爱好，他的歌声与弹奏还受到过不少人的赞扬。

自从学校开设了物理和化学实验以后，他对化学实验就有浓厚的兴趣，经常在放学以后或假日里，偷偷地溜进学校，从地下室的窗户钻进实验室里去做化学实验，而且还专门喜欢做那些易燃易爆一类危险的实验。有一天，化学老师霍克维尔夫发现了他的秘密，严厉责备他的这一违纪行为，还同他回家把这件事告诉了他的父亲。父亲了解事情的真相以后，对自己儿子大胆的违纪行为感到十分尴尬和恼怒。但转而一想，儿子这种积极肯钻研的精神是不可多得的好品质，因此没有过分责备，而是把自己的一间多余的空房间让给了儿子，让他去做自己感兴趣的化学实验。范托夫将这个空房间布置成一个简陋的化学实验室。这以后，他的化学实验做得更加欢快。

读中学的时候，中学校长是学习化学的，他时常向学生讲述一些化学发展的历史，这使范托夫感到十分有趣，使他对化学有了更加深入的理解。这时他的校长大约没有想到，他的这个学生将成为化学历史中的重要人物，并且参与锻造化学的历史。

3. 莱顿、波恩和巴黎

范托夫的父亲本打算让范托夫学习法律，将来进入政界，但是没有想到他却坚持要学习化学。在荷兰，当时人们对理科专业普遍都有偏见，因为这种专业在大学毕业以后很难找到好的工作。因此父亲反对儿子想当化学家的愿望。

1869 年，范托夫中学毕业后父子采取了折中办法，父亲允许他去读工科，这样在大学毕业后还可以当工程师。这年秋天，他进入德尔夫特的高等工业专门学校。后来范托夫感到应用化学专业实在单调无趣，有了厌烦情绪，于是暗自决定还是学习理论化学。他认为要想学好化学，没有必要的物理和高等数学做基础难以达到目的，因此他选学了物理学和高等数学。他这一卓识远见，是他日后取得重大成就的重要因素。而这期间自学取得的成绩，增强了范托夫从事化学研究的信心。2 年时间里他学完了 3 年学习的内容，而且优异的成绩得到学校里的化学教授和物理教授的赞赏。

莱顿的学习结束后，范托夫来到德国的波恩大学继续深造。当时凯库勒正好在波恩大学任教，而且刚刚发表了有机化合物的结构理论和苯的结构学说，一时间在有机化学领域声名鹊起。慕名而来的范托夫感到非常振奋。他来后不久就给家里写信：

“敬爱的父亲，从上周三开始学校开放了实验室。说它是实验室还不如说是座庙宇更为恰当。周围排列着许多伟大化学家的半身雕像，仰望这些雕像不由使人产生了敬佩之情。凯库勒老师是健在的伟大化学家，他的崇高声誉已经风靡半个世界。跟随这位老师学习的有上百名学生，他们来自十多个国家，夜以继日地聚集一起讨论着学术问题……”

在凯库勒的指导下，范托夫勤恳地钻研有机化学结构理论的最新进展。在这里吸引他的还不只是凯库勒，波恩这个城市本身也吸引着他。他说:“莱顿到处都是散文——城镇是,郊外是,人也是;而波恩到处都是诗篇。”

波恩的环境之美孕育了他的诗意。过去他在父亲的影响下就爱读海涅、拜伦等人的作品。他的日记、书信和随笔中,常常会引用拜伦的诗句。他还曾经模仿拜伦的作品,写过一些英文诗。

他的阅读范围极广,除了化学书,他还经常阅读其他书籍,例如法国哲学家孔德、泰纳和英国哲学家和科学史家惠威尔等人的书,因此他常常能从哲学的高度,来看待生活中的一切以及大自然的奥秘。他的奋斗目标是追求真善美,而不愿像他周围某些人只专注于专业知识,最后成为一个学究式的青年人。他曾经说:

“如果没有拜伦和其他一些诗人和哲学家们的启发和影响的话,我也就只能成为一块干巴巴的知识的堆积物了。”

1874 年初,凯库勒推荐范托夫去巴黎医学院的伍兹实验室工作。伍兹(Adolphe Wurtz,1817—1884)是当时法国的结构化学权威。当范托夫来到这里时,正好室内有一位出生在阿尔萨斯的研究生勒贝尔(Joseph Achille Le Bel,1847—1930)。勒贝尔和范托夫一样,具有同样风度和远大理想。他也喜欢音乐,特别崇拜德国作曲家瓦格纳;文艺方面他爱读巴尔扎克的作品,也像范托夫那样常用德语写诗。他俩由于偶然的机缘建立了终生的友谊,并且伍兹的指导下,共同成为“立体化学”的创建者。

范托夫只在巴黎停留了半年,就遵照父母的意愿回到荷兰。向乌特勒支大学提出了学术论文后,他获得了博士学位。

4. 酒石酸之谜

他虽然好不容易在乌特勒支大学得到了博士学位,但是却正像他父亲以前所说的那样,找不到工作!这时他已经 24 岁,仍然不能经济独立。在这种无奈的情况下,他只好在报纸上发一个寻找工作的广告。

1876年春，他好歹总算在乌特勒支的兽医学校谋到了一个助教的职务。有了工作，他的研究立即在有机化学结构理论方面取得了重大的进展。

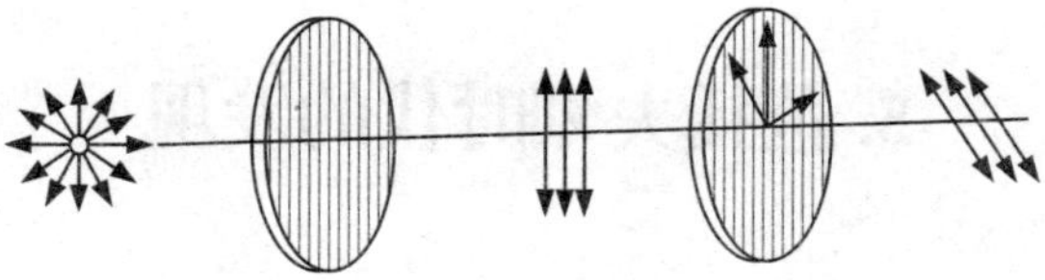

偏振光示意图

19世纪中叶，有机化合物的经典结构理论，已经由凯库勒和俄国化学家布特列洛夫等人基本上建立起来了。但同时，人们越来越多地发现了某些有机化合物具有旋光现象。法国人巴斯德（Louis Pasteur，1822—1895）首先发现酒石酸、葡萄酸等具有左旋和右旋两种不同结构。这儿需要简单地解释一下什么是"左旋、右旋"。

光是一种电磁波，电磁波是横波。横波的振动方向和光波前进方向构成的平面叫作振动面。光的振动面如果只限于某一固定方向的（如上下，或者左右），叫作平面偏振光（或线偏振光）。偏振光是由法国物理学家马吕斯（Etienne Louis Malus，1775—1812）在1808年发现的。1848年，巴斯德发现当电磁波通过酒石酸时，有的偏振光向右旋，有的向左旋。但是这两种酒石酸的分子结构式却又完全一样！当年巴斯德发现这一现象的时候，高兴地大呼："伟大的发现！伟大的发现！"边喊边跑出实验室，并且揪住第一个遇到的人，一口气讲完自己发现的整个过程。这不由使人想起阿基米德当年发现浮体定理时，赤身裸体跑到大街上像疯子一样喊叫"尤里卡！尤里卡！"（"发现了！发现了！"）

但是，巴斯德却一直没有解开这种奇怪现象之谜。他曾经想过，也许这种现象可以解开分子结构之谜？可是由于种种原因，他没有继续研究下去。

后来，德国有机化学家威利森努斯（Johannes Wislicenus，1835—1902）也发现了乳酸的旋光现象。

范托夫在巴黎由伍兹指导，同勒贝尔分别对某些有机化合物为什么会有旋光异构现象的问题，进行了广泛的实验和探索。

5. 范托夫划时代的发现

有一天范托夫在乌德勒支大学的图书馆里，认真地阅读着威利森努斯研究乳酸的一篇论文，他随手在纸上画出了乳酸（分子式$C_3H_6O_3$）的结构式。

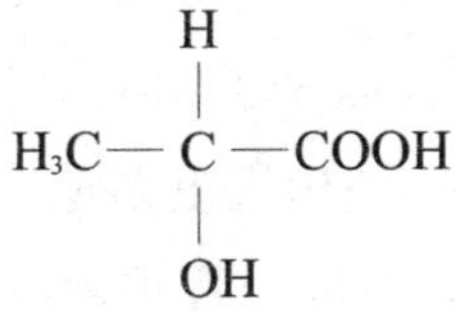

当他把视线集中到分子中心的一个碳原子上时，他立即联想到，如果将这个碳原子上的不同取代基都换成氢原子的话，那么这个乳酸分子就变成了一个甲烷分子（CH_4）。

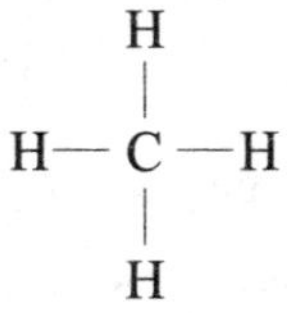

由此他想象，让甲烷分子中的四个氢原子都与碳原子排列在一个平面上是否可能呢？由于范托夫有深厚的数学、物理学基础知识，他根据物理学知识知道，自然界中一切物体处于稳定状态时都有趋向于最小能量的本能。因而 CH_4 中只有当四个氢原子均匀地分布在一个碳原子周围的空间时，才可能处于最小能量状态。那么，甲烷分子在空间到底又应该是一个什么样子呢？像当年开普勒思考行星运动轨道一样，范托夫猛然领悟：甲烷应该是正四面体！只有正四面体才能够使甲烷处于最小能量的状态——甲烷分子最恰当的空间排列方式。他由此进一步设想，假如用四个不同的

“取代基”（如下图中的 R_1、R_2、R_3、R_4），取代碳原子周围的氢原子，显然，它们可能在空间有两种不同的排列方式。想到这里，范托夫在乳酸的化学式旁画出了两个正四面体，并且一个是另一个的镜像。这时他惊讶地发现，物质的旋光特性的差异，正和它们的分子空间结构密切相关的。这就是物质产生旋光异构的秘密所在！

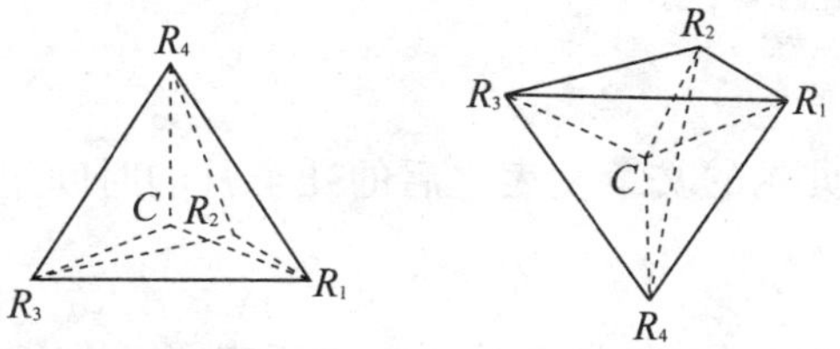

乳酸在空间有两种不同的排列方式，而且一个是另一个的镜像

巴斯德的酒石酸之谜就此解开！

现在回过头来看，此前经典有机结构理论中，由于人们还不了解原子所处的立体空间位置，所以原有的化学结构式不可能得有机化合物的“同分异构现象”（即有机化合物具有相同的分子式，但具有不同结构的现象）。在1875年发表的《空间化学》一文中，范托夫首次提出了一个“不对称碳原子”的新概念。不对称碳原子的存在，使酒石酸分子产生两个变体——右旋酒石酸和左旋酒石酸；二者混合后，可得到光学上不活泼的不具旋光现象的酒石酸。

1874年9月，范托夫把自己的这一研究结果，写成只有11页的文章发表了，题目是：“把现在惯用的化学结构式发展到空间的化学结构式（副标题：关于有机化合物的旋光作用和化学结构的关系）”。虽然这是一篇只有11页的论文，但却是一篇划时代论文——立体化学由此建立。但开始时，这个新理论的命运却让人极为担心，因为文章发表以后石沉大海。范托夫觉得这很可能是由于论文是用荷兰语写的关系，所以他翌年就用法语把文章重写了一遍，并把文章题目改为简明扼要的“空间化学”。然而，仍然毫无反响。

两个月以后，巴黎的《化学会志》的11月号刊载了勒贝尔的论文——《有机化合物的结构和旋光性的关系》。要点与范托夫的论文相同，内容的简明程度上也十分相似——只有10页半的篇幅。

6. 科学界的反响

范托夫和勒贝尔的文章发表之后的几个月的时间里，没有引起科学界的任何反响。

直到第二年的春天，盼望中的反响终于来了。范托夫的论文在德国被译出，并由维尔茨堡大学的威利森努斯教授写了热情洋溢的译序。在序言中他说：

“这是开辟了一个无限广阔化学新天地的创举。”

他还写信给范托夫说：“您在理论方面的研究成果使我感到非常高兴。我在您的文章中，不仅看到了说明迄今未弄清楚的事实的极其机智的尝试，而且我也相信，这种尝试在我们这门科学中……将具有划时代的意义。”

荷兰乌德勒支大学的物理学教授毕易·巴洛说：“这是一个出色的假说！我认为它将在有机化学方面引起变革。”

他们都积极支持和鼓励范托夫把自己的论文译成多种文字予以广泛传播。然而在当时，许多人还不了解新学说的真正含义，激烈反对范托夫观点的声音来势也不小。

德国化学家、莱比锡大学的柯尔贝（Adolph Wilhelm Hermann Kolbe，1818—1884）教授，冷嘲热讽地说：

“以前一直为妄想所欺骗和玩弄空间论而使化学陷入歧途的人，近50年来已经消失得无影无踪了，这才使得以实验为基础、在正确道路上前进着的化学有了今天。然而没有料到的是，近年来又有人宣传做梦，企图骚扰神圣的学术界。那个所谓的‘空间化学’不就是这样的东西吗？”

他还进一步地挖苦地说：

“据说作者是某兽医学校的教师。在兽医学校里可能有优良种马，应该从中挑选出一匹能够腾空的飞马，骑上它飞向帕那萨斯山去吧，在那里就可以自由自在地研究‘空间化学’了……这样梦想的理论本来是不屑一顾的，只是因为那位名叫威利森努斯的教授却倍加赞赏，这样我就不能不发表一点意见了。”

威利森努斯是德国一位有名的教授，因为在有机化学方面的许多贡献，很早就受到学术界的尊敬。在他的贡献中特别应该提到的是有机物化学结构式。在范托夫之前，他就曾经对化学里的平面结构理论提出了疑问。实际上范托夫正是受到了这篇论文的启发才产生了立体结构的观念。范托夫后来曾对学生们提到这个问题：

> 我向你们介绍一个发现的途径和方法。有一天，我在乌特勒支的大学图书馆里，读到了威利森努斯关于乳酸的论文，这时我突然停下来走到门外，在凉爽的微风里散步，突然在脑海中想起了不对称的碳原子。这样的途径和方法，在科学发现常常可以见到。

柯尔贝没有想到的是，由于他的强烈的批评，范托夫的文章反而引起了学术界的兴趣。这样一来范托夫倒是格外出名了，读他的论文的人也随着多了起来。初读这篇文章时会使人感到有些离奇，但是其中的奥妙在仔细思索后就会让人感到惊讶不已，最终不由以手扶额，叹为观止！

后来人们又发现了许多新的实验事实，都可以用范托夫理论加以妥善地解释。因此范托夫的文章最终被确认为是化学领域里划时代的发现。

范托夫的以立体结构学说为基础创建的立体化学新分支，已不只局限于纯化学，还广泛涉及了物理化学、光学、医药化学、生理学和发酵化学等领域，而且还在向着原子结构的理论方面发展着。

7. 学术上其他的贡献

在大学任教时的范托夫

1877年，范托夫被聘为阿姆斯特丹大学的讲师，第二年就晋升为教授。在就任教授时，他曾以“科学和幻想”为题发表过就任演说。在演说中他通过科学史上许多事例说明，幻想在促进科学发展所起过的重要作用：“人的智慧里有着奇异的要素，有时偶尔听到一首绝妙的诗歌，可能使人不可思议的恍然大悟而获得真理。”

在演讲的结束时他还指出：

“像居维叶所说的那样，不了解梦的作用的科学家，只不过是在抄录科学书籍的一节一节的名称，而善于利用梦的作用的科学家，却能一下子就写出了全篇的标题。当前者还在拨亮灯光探究条理的细节时，后者则已经点燃起火把像鹫鹰般地飞向天空，成了普照科学大地的英雄。”

这所大学的化学实验室虽然还不尽如人意，设备也很简陋，教学负担也颇为繁重，他还是克服了许多困难，在这所大学坚持工作达18年之久，给这所大学带来巨大的声誉。

从1877年之后，范托夫开始注意研究化学动力学和化学亲和力问题。在化学里有一个十分古老而又困难的问题，那就是物质之间能否发生化学反应以及它们反应能力的大小，到底由什么因素决定？化学家们一直含糊不清地使用着“化学亲和力”、“化学力”以及“作用力”等概念，希望用它们来表述和解释这些困难。但是直到19世纪初，化学家还是稀里糊涂，没有弄清楚这里面的基本问题。

1884 年，范托夫出版了学术巨著《化学动力学的研究》。这本书首先讨论了化学反应速度及其变化规律。他把反应速度分为单分子、双分子和多分子反应三种不同类型进行研究。其次对两个方向相反的反应即可逆反应，首倡用双箭头符号(↔)来表明化学平衡的动态特性。最后，他还给化学亲和力下了明确的定义。他的功绩在于他首先把化学动力学、热力学和物理测定结合起来，奠定了物理化学的基础。在范托夫以前虽然也曾有人把热力学应用到化学上讨论过化学平衡，或者运用数学研究过反应速度，但是从未有过像他这样系统地结合许多理论以及实验事例来进行讨论和研究。因此可以说，这部著作的完成在理论化学上是空前的，因而一直作为一部经典著作而受到科学界的高度重视。

范托夫重点研究的另一个课题，是稀薄溶液的渗透压及有关规律。他做了许多关于稀薄溶液渗透压的实验，从渗透压的实测值中他发现，渗透压原理是同气体压力原理完全一致的，从而提出了一个能普遍适用的渗透压公式。

$$PV=iRT \quad i\geqslant 1$$

式中 P 是稀薄溶液的渗透压，V 是其体积；R 是理想气体常数，T 是溶液的绝对温度。

范托夫证明对许多物质来说 i 值均为 1，即渗透压关系式为 $PV=RT$。同时，他还把这一公式应用于 $i>1$ 的体系（如电解质溶液），但一直没有得到合适的解释。正好在这时，阿列纽斯提出了稀薄溶液的电离假说。但这一新理论遭到国内不少学者强烈的反对。为了寻求支持，阿列纽斯把自己的论文寄给范托夫。范托夫读了阿列纽斯的论文后，立即领会了阿列纽斯全部的基本观点，并由此理解电解质溶液 $i>1$ 的原因。溶液中的电解质分解为离子以后，溶液中的粒子数目就会增多，渗透压力自然会增大。这就很容易理解实际测量的压力为什么会高于理论计算的压力值。他把自己的想法写成论文并写信告诉了阿列纽斯，并且表示完全赞同电离学说。

范托夫的这篇论文解释了物质溶解于液体，正如气体扩散于空间一样,因此多数气体定律也完全适用于溶液。把最为一般的化学反应的两种形式——气态反应和液态反应——联系起来,这本身就是理论化学上的一大进步。

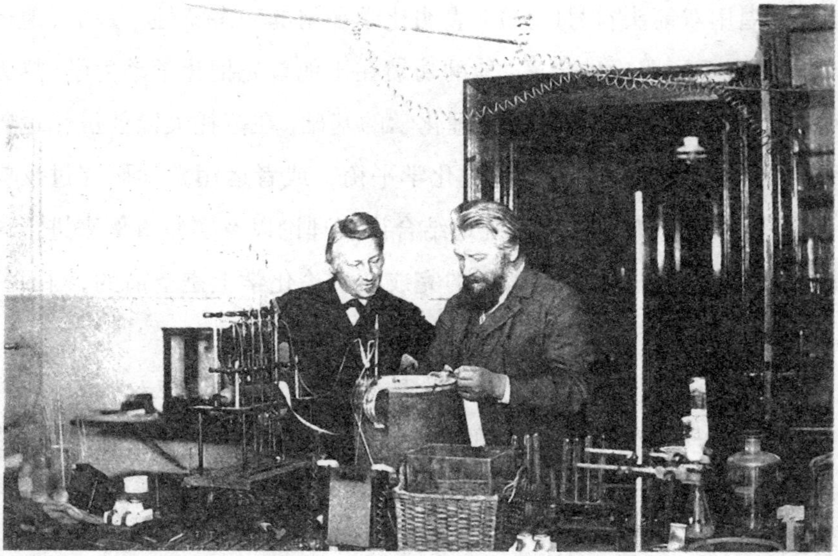

范托夫和奥斯特瓦尔德在实验室里

范托夫关于电解质溶液的渗透压的文章在斯德哥尔摩发表后,引起了德国化学家、莱比锡大学奥斯特瓦尔德(Friedrich Wilhelm Ostwald,1853—1932)教授的极大兴趣。几个月后,他专程来到阿姆斯特丹,同范托夫进行了长时间的交谈。他们两人一致认为阿列纽斯的电离学说是一种了不起的创造。奥斯特瓦尔德对范托夫说:

“我认为,这是一个新理论的开端,它将会成为研究溶液特性的基础。而您本人的研究,将会证实和发展这个理论。”他还倡议:“这一伟大的事业需要我们更紧密地进行合作,把一切力量都联合起来。”

关于他们三人之间的倾力合作,在下一节讲到阿列纽斯时还会专门写到,这儿就不多提了。

8. 荣获第一个诺贝尔化学奖

范托夫在化学上的这些开创性贡献，理所当然地使他获得崇高的荣誉。1885 年他被选为荷兰皇家科学院成员，还先后当选为哥根廷皇家科学院、伦敦化学会、美国化学会以及德国研究院的外籍成员，获得了许多荣誉奖章。1901 年，他因为“发现化学运动力学定律和溶液渗透压定律所做出的突出贡献”而获得第一个诺贝尔化学奖。

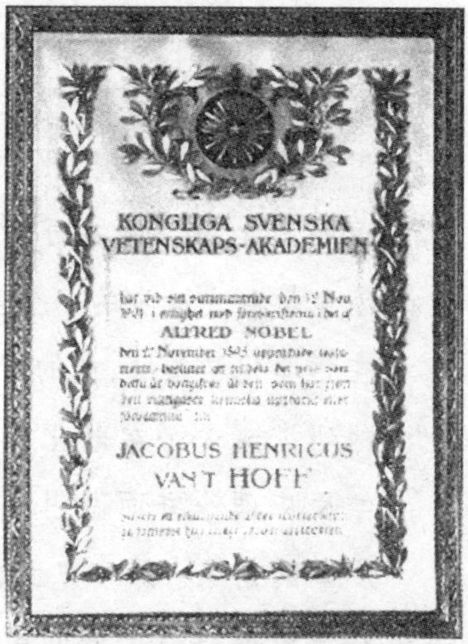

范托夫的诺贝尔奖证书

1901 年 12 月 10 日，瑞典国家档案馆前馆长、瑞典皇家科学院院长奥德纳在颁奖时致辞说：

> 皇家科学院将诺贝尔化学奖授予柏林大学的雅各布斯·亨里库斯·范托夫教授，表彰他在化学动力学和溶液渗透压方面的先驱性工作。
>
> 作为他在原子和分子理论领域的研究成果，范托夫做出了自道尔顿时代以来理论化学方面最重要的发现。
>
> 范托夫在原子理论方面遵从巴斯德的观点，提出了基本原子在空间有几何方向性的结合点这一假说。这一假说，就碳化合物而言，导致了碳原子不对称理论和立体化学的创立。
>
> 更具革命性的是范托夫在分子理论领域方面的发现……化学中分子这一概念的确定性和普遍有效性，也因此被证明达到了迄今为止令人意想不到的程度。他还发现了如何表达反应中的

化学平衡态和反应中所能产生的电动力;他解释了含水量不同的水合物之间的各种元素的变更是如何转移的，以及复盐是如何形成的,等等。

范托夫的墓地。上面安放的是范托夫的骨灰

由于应用这些简单原理——它们最初是从力学和热力学中借用来的,范托夫成为化学动力学的奠基人之一。他的研究是引起物理化学巨大进步的一个重要因素。在物理化学领域,他的发现可与其他研究者……在电化学领域和化学反应理论方面做出的伟大贡献相媲美。这为科学研究开拓了广阔的前景。另一方面,对于溶液中物质状态的研究已经而且还将继续取得最大的实用性结果。如果我们考虑到化学反应主要是在溶液中进行的,以及生物机体的生命功能是由在溶液中发生的新陈代谢过程维持的,那么我们就会极其高度地评价这种实用性结果对于人类的贡献。

现代物理化学的创始人
——阿列纽斯

阿列纽斯(Svante August Arrhenius,1859—1927),瑞典物理化学家。1884年获瑞典乌普萨拉大学哲学博士学位。1905—1927年任斯德哥尔摩物理化学研究所所长(后来这个研究所改名为阿列纽斯研究所)。1903年“因为电离理论对推动化学进步所做出的杰出贡献”获得诺贝尔化学奖。

> 由于水的作用,电解质在溶液中具有两种不同的形态:非活性的分子形态,以及活性的离子形态。溶液稀释时,活性形态的数量增加,所以溶液导电性增大。
>
> 阿列纽斯

1903年11月,瑞典斯德哥尔摩大学校长阿列纽斯由于在“化学发展中的特殊功勋”和“创立了电离理论”获得了该年度诺贝尔化学奖。阿列纽斯还提出了酸、碱的定义,解释了反应速率与温度的关系,提出活化能的概念及与反应热的关系等。由于阿列纽斯在化学领域的卓越成就,他成为瑞典最伟大的科学家之一。

阿列纽斯是学物理出身的,而且担任诺贝尔奖金物理学评奖委员会成员,但他获得的却是诺贝尔奖中的化学奖,这当然会引起人们的惊诧。然而,这也正好说明阿列纽斯这位现代物理化学的拓荒者,在开创物理化学这门新学科所做出的卓越贡献。

阿列纽斯的“电离理论”不仅奠定了现代化学基础,而且现代物理学和现代生物学等学科的发展，也得益于这一理论的建立。所以曾经有人指出：阿列纽斯的科学成就，堪称19世纪自然科学的综合和总结。

1. 偏向虎山行

在乌普萨拉大学物理系学习的阿列纽斯在大学学习期间，就热衷于研究电是怎样通过溶液的。这个问题在当时是化学中的一个难题。一个世纪以前，当第一个实验者把伽伐尼电池的两极放进溶液中时，发现电流可以通过溶液。但这一现象表现出来的结果极为复杂，例如电流不能通过蒸馏水，不能通过固体盐，但却很容易通过溶解有盐类的水溶液；而且，当电流通过盐的水溶液时，溶液还必然发生分解。如何解释这些奇怪的现象呢？英国化学家戴维（Humphry Davy，1778—1829）和德国的格罗图斯（Theodor von Grothuss，1785—1822）曾试图解释这现象；英国物理学家法拉第（Michael Faraday，1791—1867）也从事过这方面的研究，并猜测有一种带电的微粒存在，并称这种微粒为“离子”，正是这些“离子”携带着电通过溶液。但离子究竟是什么呢，法拉第却说不清也道不明。英国化学家威廉森（A. W. Williamson，1824—1904）和德国物理学家克劳修斯（R. J. E. Clausius，1822—1888）甚至提出，离子可能是原子或原子团，但他们也未能最终解释这一现象。阿列纽斯想研究的正是当时这一世界性的难题。

阿列纽斯把自己的打算告诉导师，但他的导师塔伦（T.R.Thalen，1827—1905）是一位光谱分析专家，他不喜欢学生选其他课题，所以冷淡地打断阿列纽斯的话说：

“在我的实验室里只研究光谱分析。您也清楚，光谱分析这一领域里，到目前为止还只有我研究过，还有许多工作可做，请您选一个与光谱分析有关的课题吧。”

阿列纽斯不想改变初衷，他决定到斯德哥尔摩大学去找研究电学的艾伦德教授(E.Edlund,1819—1888)。艾伦德反倒非常喜欢这个思想活跃、兴趣广泛的青年人,并请阿列纽斯当他的第一助手。于是,阿列纽斯在这儿开始了艰难的、开创性的研究。

有些物质放进溶液后能使溶液导电,阿列纽斯把这些物质(如食盐氯化钠NaCl)称为“电解质”,而那些放进溶液后不能使溶液导电的物质(如蔗糖),就称为“非电解质”。

电解质和非电解质的重要不同还表现在水的凝固点上。人们当时已经知道,某种物质溶解于水以后,水的凝固点将要降低,而且凝固点的降低的数值同溶液中的粒子数目成正比。但是电解质却有一突出的特性,例如人们根据一定量的氯化钠,可以事先从理论上推出当它溶于水后水的凝固点降低的数值,但是从实验得出的数值却是理论值的两倍。其他电解质如溴化钾、硝酸钠也都有这种“反常”表现。

还有,物理学家告诉我们,渗透压与溶液中的粒子数成正比,但电解质的渗透压却总是预计值的整数倍。这些实验的反常现象让化学家们百思不得其解。

阿列纽斯在仔细观察、测定了许多电解质溶液的实验,思考了上述种种“反常”实验结果以后,提出了一个具有革命性的假说。他认为,要对上述反常现象做出解释,只能假定当氯化钠(或其他电解质)溶于水以后,氯化钠分解成了两个粒子,一个是钠粒子,另一个是氯粒子:

$$NaCl \rightarrow Na^{+} + Cl^{-}$$

钠粒子和氯粒子都带电,钠带正电,氯带负电。这种带电的粒子被称为“离子”。正因为离子带电,所以它们和原来的钠原子和氯原子有完全不同的性质。离子的性质不同于原子的性质,这是阿列纽斯理论中一个关键的思想,但是这一假说在很长一段时间里不为众多化学家所理解和承认,因此带来巨大的分歧和激烈的争论。

有了阿列纽斯的电解理论,不仅电解质溶液能导电可以得到解释,而且溶液凝固点降低、渗透压的增高等“反常”现象,都可以轻而易举地得到解释。阿列纽斯还得出一个结论：

“在各种溶液中，溶液越稀，导电性越好，而使稀溶液导电性增加的原因就是水。”

2. 迎头一击

阿列纽斯的结论得到艾伦德教授的支持后，就兴冲冲地回到了乌普萨拉大学，把自己的研究结果告诉化学家克莱夫教授。本来他以为会得到教授的惊讶和赞赏，哪知得到的却是一阵冷嘲：“蛮好的理论嘛！”那言下之意是这个年轻人太狂，明明是学物理的人，却把手伸进自己不懂的化学中去。

后来幸亏有另外一位教授的帮助和推荐，阿列纽斯的两篇论文《电解质的导电性研究》和《电解质的化学理论》，总算于 1884 年初在瑞典《皇家科学院论著》杂志的第 11 期上刊登了。瑞典科学院当时如何知道，正是这两篇文章后来成了电解理论的奠基之作，并给瑞典科学界带来了巨大的荣誉。

瑞典乌普萨拉大学校园一角。这所大学建于 1477 年，是瑞典及整个斯堪的纳维亚半岛最早的大学

1884 年 5 月，乌普萨拉大学同意阿列纽斯的申请，进行论文公开答辩。不幸的是，这场答辩对阿列纽斯来说简直是一场灾难。

物理教授塔伦比较满意论文的实验叙述，但对于化学上的一些内容他不清楚，于是请化学教授克莱夫发言。克莱夫立即倾泻出自己心中的不满：

“纯粹是空想！我不能想象氯化钠怎么会在水中分解成离子。钠在溶液中单独存在是可能的吗？任何一个学生都知道，钠遇到水会产生非常强烈的反应，同时生成氢氧化钠和氢气（即 $2Na+2H_2O \rightarrow 2NaOH+H_2\uparrow$）。再说氯气吧，氯的水溶液是淡绿色的，又有剧毒，但氯化钠溶液却是无色的，而且完全没有毒性！”

“对于实验部分我也有意见。万分之五……还有万分之一克分子，这样难以置信的稀释程度！这几乎纯粹是水了，在这样的浓度下误差更大！”

克莱夫是化学教授，他的评语具有权威性，不论阿列纽斯如何解释、辩解，最后给论文的评语只是一个刚刚及格的分数。

乌普萨拉大学拒绝承认阿列纽斯的成就。虽然室外隆隆的礼炮声标志着又一位哲学博士诞生了，但实际上给他的评语等于否定了他的假说。

初战失利乃兵家之大忌，阿列纽斯恰好碰上这一大忌。

3. 英雄所见略同

著名美国传记作家欧文·斯通（Irving Stone，1903—1989）说得好：“人生的命运是多么难以捉摸啊！它可以被几小时内发生的事而毁灭，也可以由几小时内发生的事而得到拯救。”

我们的确可以从历史上找到许多被“毁灭”或被“拯救”的例子。有时候，这种毁灭和拯救完全取决于命运，人几乎没有可能去改变它；但在更多的情形下，命运却取决于经事人本身。

法国文艺复兴时期著名作家蒙田（Michel de Montaigne，1533—1592）说得好：“命运对于我们并无所谓利害，它只供给我们有利害的原料和种子，任那比它更强的灵魂随意变转和利用，因为灵魂才是自己的幸与不幸的唯一主宰。”

阿列纽斯的经历，可以充分显示蒙田的话是何等正确！克莱夫教授的迎头一击，如果换了别人也许会结束作为一个化学家的生涯。但是阿列纽斯相信自己的理论会给科学带来福音，他有“更强的灵魂”，他不会就此屈服，他要用不懈的努力来证实他的理论。

阿列纽斯也知道，要想改变人们对传统知识的看法，是一件很艰难的任务。100多年来，人们已经习惯道尔顿的概念，这个概念指出："原子是不可分的"，它不可能由别的东西组成。而且，电荷又是从哪里来的？一个像氯化钠这样稳定的物质，为什么会在水这样温和柔顺的物质中立即分解呢？要想打破这些传统观念，那可真是不容易。阿列纽斯知道自己毕竟只是一个无名小卒，他必须寻找化学界有威望的人，联合起来共同进行这场离子论的大辩论。

德国著名化学家奥斯特瓦尔德

乌普萨拉对他不会友好，斯德哥尔摩也不会对他热情，他的论文在瑞典科学院不是已经遭到过冷遇吗？于是，阿列纽斯决定到国外科学界寻求帮助。他将论文的副本分别寄给克劳修斯、迈耶和奥斯特瓦尔德（Wilhelm Ostwald，1853—1932）。前两位功劳卓著的科学家也许是年岁大了，没有精力参战，因而保持沉默。但比阿列纽斯只大7岁的奥斯特瓦尔德，在接到阿列纽斯的论文后，立即做出了异乎寻常的积极响应。

1884年8月，当时已经颇有名声的奥斯特瓦尔德放下手头上所有的工作，不顾牙疼和旅途之遥，立即从德国的里加来到乌普萨拉。他们两人的观点完全一致，尤其是阿列纽斯的理论可以说明酸的"催化作用原理"，更使奥斯特瓦尔德受益匪浅——他以后可以用阿列纽斯的理论进行实验了。他们在那个暑假的日子里，一起制订了今后工作的计划，还讨论了今后整个化学发展的趋势。

奥斯特瓦尔德的来访，惊动了乌普萨拉大学当局。尤其是当奥斯特瓦尔德这位著名化学家，公开肯定了阿列纽斯的理论，并再三邀请他到里加去合作研究，这更使瑞典的科学家们对阿列纽斯侧目相视。在一些教授的支持和社会舆论的压力下，大学当局决定对阿列纽斯的论文进行第二次答辩。1884年底，阿列纽斯被乌普萨拉大学任命为物理化学副教授。

但考虑到乌普萨拉大学的气氛仍然对自己不利，于是阿列纽斯决定到斯德哥尔摩的艾伦德教授那儿去。1885年底，在艾伦德教授推荐和奥斯特瓦尔德的帮助下，阿列纽斯得到了一笔奖学金，使他有机会到欧洲各国最好的实验室做访问学者。

4. 物理化学中的"三剑客"

在与奥斯特瓦尔德一起工作了几乎一整年后，阿列纽斯又到德国符兹堡大学的柯尔劳希（Friedrich Kohlrausch，1840—1910）的实验室工作了一段时间。柯尔劳希一直在研究溶液的导电性，他发现相同元素原子的离子，不论它们组成什么样的化合物，表现出的性质都完全一样。这是一个惊人的结论，对阿列纽斯的电解理论有重要价值。在与柯尔劳希共同工作期间，他学到了许多有用的东西，并坚定了自己的方向。

正在这个期间，一次偶然的机会阿列纽斯读到了范托夫的文章。这位荷兰的物理化学家有很强的直觉，并且敢于提出了一种新的溶液理论。他认为，溶液中溶解的物质遵守气体中的一些定律。阿列纽斯非常认真地阅读了这篇论文，从中他发现了完善自己理论的实验数据。阿列纽斯立即赶到阿姆斯特丹，与范托夫一起工作了几个月。

他们一起讨论溶液、离子、气体定律和渗透压，共同为完善电解质理论努力研究。他们这种无私的友谊，在科学史上是罕见的。以前，当范托夫提出立体化学概念时，曾受到几乎整个化学界的强烈反对，那时也是奥斯特瓦尔德支持了范托夫。如今在为离子理论而战斗时，这三个人又紧紧团结在一起。他们的友谊和获得的成就，使科学界不得不重视他们的意见。

人们有时称这三个人为“离子学的奇军”“物理化学中的三剑客”。

5. 创办刊物，主动出击

奥斯特瓦尔德有过人的睿智，看得远、看得准。他准备发动一场大规模的攻势，以最终确立阿列纽斯的理论。他采取的第一个步骤就是创办了《物理化学杂志》，用它详尽报道电离新理论和大量新的实验进展。

阿列纽斯的经典论文《关于物质在水溶液中的溶解》发表在《物理化学杂志》的第一期。同期还发表了范托夫关于气态和溶解状态相比较的论文。不出所料，这两篇论文立即引起了强烈的反响。离子的论战迅即进入了高潮。反对离子理论的科学家多得惊人，连门捷列夫也加入了反对派的行列，他认为离子理论不是以事实为根据的。

奥斯特瓦尔德不仅重视在理论上驳倒对手，而且非常重视用实验证实离子理论。奥斯特瓦尔德建立了科学史上第一个理化实验室。他招收了来自世界各国的优秀学生，共同为建立离子理论而战。这些学生中有英国的拉姆赛，美国的琼斯、班克罗夫、库利奇、里查兹。这些学生后来都成了物理化学中的权威学者。

1890 年，“三剑客”在英国见面了。英国皇家学会邀请他们来共同讨论离子理论，目的是要弄清楚这个新理论的是非曲直。很多人坦率地承认，他们没有能力做出判断，但又想对这些“放荡不羁”的离子提出许多让人不解的地方。英国化学家拉姆赛(William Ramsay，1852—1916)，曾受教于奥斯特瓦尔德，试图为英国科学家接受离子理论扫清道路。英国著名科学家洛奇(Oliver Joseph Lodge，1851—1940)表示，他对新理论不抱敌视态度。但格拉斯哥大学的开尔文勋爵(Lord Kelvin，1824—1907)还没有被他们三人说服。此外，还有一些教授则坚持认为：“对大多数化学家来说，电离理论是愚蠢的。”

会议结束后，三剑客在分手时再次坚定信念："胜利必定属于我们。"

6. 路见不平，拔刀相助

阿列纽斯在瑞典科学界仍然受到排斥。在探索大气电、闪电的原因时，他又与他的导师艾伦德发生了冲突。

艾伦德认为，地球是个做旋转运动的大型磁体，当它旋转时，围绕着地球的磁力线就产生了电流。这与法拉第的电磁感应定律似乎很协调，因而人们对艾伦德的观点十分赞赏。但阿列纽斯却又用他心爱的离子理论反对艾伦德的解释。阿列纽斯认为，太阳辐射到地球上的紫外线使大气离子化，于是出现了电荷。艾伦德生气地拒绝了阿列纽斯的理论，认为这是对自己——一位功勋科学家——的否定。阿列纽斯只好把论文寄到国外杂志发表。事实证明，阿列纽斯的理论是正确的。

斯德哥尔摩大学美丽的校园。这所大学是瑞典规模最大的大学，也是瑞典高等教育研究的中心机构，2004 年在世界大学中排名第三十八位

1888 年，艾伦德教授病逝，阿列纽斯没有被提名接替艾伦德教授的职

位，这使阿列纽斯十分伤心。不仅如此，当他到乌普萨拉大学希望在克莱夫教授手下工作时，这位一贯反对他的教授仍然拒绝了他。无奈，他只好同意在一位同情他的生理学教授名下担任生理学助教。

这时在莱比锡大学任教的奥斯特瓦尔德听到这个消息后，大为不平。为了阿列纽斯本人，也为了给离子理论正名，奥斯特瓦尔德决心帮助朋友。在他极力推荐下，1891 年德国吉森大学聘请阿列纽斯担任物理化学教授。瑞典科学界有人对此表示不能坐视不理了，纷纷向当局提出责难，于是斯德哥尔摩大学终于聘请阿列纽斯担任物理化学副教授。

阿列纽斯接受了斯德哥尔摩大学的聘请。他十分感激地写信给奥斯特瓦尔德：

> 我从来也没有比这更幸福过。对于你为了使我获得一生中的成功而做的一切，我应该感谢你……由于你，我被聘请到吉森大学，这就使我能够在斯德哥尔摩大学得到一个真正的、尽管并不显赫的职务。

7. 大获全胜

19 世纪 90 年代以后，由于英国物理学家 J. J. 汤姆逊发现电子，法国物理学家贝克勒尔(A. H. Becquerel，1852—1908)发现放射性，阿列纽斯的电离理论的命运突然发生了转折。原来，原子并不像道尔顿认识的那样原子是最小的基本结构单元，原子还有结构，原子是由带电粒子，特别是由带负电荷的电子所组成。有了电子的概念，阿列纽斯的离子理论很容易理解，也完全可以讲得通了。

以氯化钠来说，它在水中分解为氯离子和钠离子，这时氯离子多了一个电子，成为带负电的离子 Cl^-，而钠离子由于少了一个电子，成为带正电

的离子 Na^+。一切显得多么简单，多么易于理解！氯化钠分子是由 Na^+和 Cl^-之间电荷吸引力而结合在一起的。

在这种大好形势下，电离理论迅速得到广泛的承认。与此同时阿列纽斯也获得了极大的荣誉，1896 年他被任命为斯德哥尔摩大学的校长，同行们也彻底改变了原先对他冷淡的态度。原来一直反对他的克莱夫教授在 1898 年的一次演讲中，称阿列纽斯为“瑞典卓越的科学家”，并在此后不久推举阿列纽斯为瑞典科学院院士。1900 年，阿列纽斯被选入诺贝尔奖金物理学评奖委员会。1903 年获诺贝尔化学奖以后，他又被任命为斯德哥尔摩物理化学研究所所长。后来这个研究所改名为阿列纽斯研究所。

斯德哥尔摩的阿列纽斯研究所

这场“离子”论战结束后，奥斯特瓦尔德在一所格罗斯柏登的小村子里，建了一幢取名为“能”的别墅，继续从事化学和其他问题的研究。范托夫于 1911 年去世。

阿列纽斯仍然精力充沛、思想敏锐，他又从原来获胜的领域转向了其他领域。他那富于想象的头脑，在天文学领域里也十分活跃。他思考过太阳系的形成、彗星、北极光、天体温度以及冰河时代是怎样产生的等许多难题，还写出了《宇宙物理学教程》，这是奠定这门新科学基础的第一本著作。

他的《世界起源》一书，不仅引起了专家们的注意，而且成了当时非常流行的一本科学普及性著作。

阿列纽斯是一位真正的科学先锋，即使在非化学的新领域里，他提出的观点也总是大大地超前于时代，使大多数人一时难以接受。

1927 年 9 月 1 日，阿列纽斯旧病复发，同年 10 月 2 日，伟大的科学家离开了人间。

首位获得诺贝尔奖的女性
——居里夫人

玛丽·居里(Marie Curie,1867—1934),波兰裔法国物理学家和化学家。1903年“因为观察到贝克勒尔发现的放射性现象”与贝克勒尔、皮埃尔·居里一起获得诺贝尔物理学奖;1911年“因为发现镭和钋,并通过镭的分离以及对这种不同寻常的元素的特性和化合物的研究,推动了化学的发展”,获得诺贝尔化学奖。居里夫人是第一位获得诺贝尔奖的女性,也是第一位两次获得诺贝尔奖的科学家。

在像居里夫人这样一位崇高人物结束她的一生的时候,我们不仅仅满足于回忆她的工作成果对人类已经做出的贡献。第一流人物对于时代和历史进程的意义,在道德品质方面,也许比单纯的才智成就方面还要大。即使是后者,它们取决于品格的程度,也远超过通常所认为的那样。

…………

她一生中最伟大的科学功绩——证明放射性元素的存在并把它们分离出来——之所以能取得,不仅仅是靠着大胆的直觉,而且也靠着在难以想象的极端困难情况下工作的热忱和顽强。这样的困难,在实验科学的历史中是罕见的。

居里夫人的品德力量和热忱,哪怕只要有一小部分存在于欧洲的知识分子中间,欧洲就会面临一个比较光明的未来。

A.爱因斯坦

1. 苦难的岁月

在波兰华沙离维斯杜拉河不远弗雷德街16号，有一幢房子的大门旁挂着一块牌匾，上面写着"玛丽·居里出生于1867年11月7日"。玛丽出生时名字是玛丽亚·斯可多罗夫斯卡(Maria Sklodowska)，她有三个姐姐和一个哥哥：大姐索菲娅、二姐布罗妮娅、三姐海娜和哥哥约瑟夫。

居里夫人

父亲乌拉狄斯拉夫·斯可多罗夫斯卡从小就喜欢读书，青年时到俄国圣彼得堡大学学习自然科学，回国后在华沙中学教数学和物理学；母亲布罗尼斯洛娃在女子中学毕业后留校任教，后来任这所中学的校长。

一家七口人，仅靠父母的一点薪金过日子，经常会有捉襟见肘、入不敷出之时。但这个家庭充满了爱和欢乐。母亲性情慈爱、知识广博、热爱音乐。她的钢琴弹得非常好，她的歌声清脆迷人，常常会激起孩子们幼小心灵对美好的憧憬；父亲头脑清晰、知识丰富、待人谦和，不但懂俄语，也会说法语、德语、希腊语和拉丁语，常常把这些国家的诗翻译成波兰语，供孩子们阅读和欣赏。玛丽在自传中写道：

"我们非常喜欢他以家中的琐事为题材写成的短诗。每逢星期六的夜晚，父亲常常为我们朗诵著名的波兰诗歌，我们都非常喜欢听；与此同时，我们强烈的爱国热情也被激起。"

玛丽一家在乡下有不少亲戚，每到假期父母就让孩子们到乡下去享受大自然的美。作为教育家，父母深知一个不热爱大自然的人是不能发展成完善的人的；不能陶醉在大自然美中的人，注定不会成为伟大的学者。

玛丽童年的欢乐不仅在农村，而且还在父亲的书房里。在她看来很大的书房里，洁净的书架上除了整齐地摆放着好多书籍外，还放着许多奇形怪状的仪器，这些仪器神秘莫测，就像阿拉伯的神灯一样。当父亲告诉她这些是"物理仪器"时，玛丽别提有多高兴，一个劲地反复念着这个神圣的名字。这类仪器日后成为她从事伟大发现的工具。

然而，一场噩梦开始笼罩着这个幸福的家庭。玛丽出生后不久，母亲患上了肺结核病，不得不舍弃她无限热爱的教育事业。正在这时又祸不单行，1873 年秋俄国当局罢免了父亲担任的副督学职位，减少他的工资，收回了分给他的住房。这真是"屋漏偏逢连阴雨，船破偏碰顶船风"！

斯可多罗夫斯卡开始租房，而且还在家里招收寄宿学生，他供给他们食宿和学习辅导。先是两三个，后来增加到五个、八个、十个。1876 年 1 月，斑疹伤寒流行华沙，一位寄宿生将病传染给了大姐索菲娅和二姐布罗妮娅。索菲娅和布罗妮娅几个星期高烧不退，后来布罗妮娅的病情慢慢地有了好转，但大姐却再没能恢复，在一个寒冷的天离开了人世。九岁的玛丽和哥哥、姐姐被父亲带到大姐的遗体前，向年仅十三岁的大姐做最后的告别。一个含苞待放的美丽生命就这样过早地凋谢了。

一次残酷而又沉重的打击刚刚过去，又一次更加残酷而又沉重的打击接踵而至。1878 年 5 月，42 岁的母亲去世，11 岁的玛丽又一次穿上孝服，又一次将她的亲人——她最敬爱的母亲——送到墓地。

这么小小的年纪竟然要承受这么多沉重的磨难和严酷的打击。玛丽在几乎没有间断的磨难和痛苦中成长，也因此逐渐学会清醒、沉着、冷静地面对生活，从悲哀中勇敢地站立起来。

6 岁时玛丽开始上学，是班上年龄最小的学生，但她的智力和记忆力超群，使她各门功课成绩总是居全班第一。不论哪一门功课，只要老师教一遍她就全都了然于心。特别是那些数学和物理，她学起来更是特别地轻松。

1883年6月，未满16岁的玛丽高中毕业，像哥哥和二姐一样成绩优秀，为家庭获得了第三枚优秀中学毕业生金质奖章。

波兰女孩子在中学毕业以后，一般就没有机会接受高等教育，因为她们没有学习进入大学必需的课程，大学也拒绝接收她们。如果她们想继续进大学学习的话，只能到国外的大学去深造。然而，家庭拮据的经济状况，无法使玛丽和姐姐们做到这一点，她们首先必须想方设法谋生。因为从小受父母的影响，她们都选择了教书作为职业。

2. 家庭女教师

后来，玛丽和二姐布罗妮娅一起做出了重大决定：她们俩决定都要到法国巴黎留学，那里思想自由，知识氛围浓厚。她们的计划是她们俩凑足了钱先让布罗妮娅去巴黎，等布罗妮娅完成学业后玛丽再去。

1885年，姐妹俩终于实现了她们的第一个目标：布罗妮娅去了巴黎。接着，玛丽又做了第二个重要决定，她选择到乡间去做一名家庭教师。虽然这意味着要离开华沙，尤其是要离开父亲和家人，但当家庭教师比在华沙给人补课的收入要多一些，能够更早实现她们留学的梦想。

布罗妮娅去巴黎前家人合影。左起：二姐、父亲、玛丽和海娜

1886年1月1日，一个阴冷的冬天，18岁的玛丽启程到乡下任教。在她前面是一个陌生家庭，也不知道要干多久。

她对未来有一些不知所措，但她仍然勇敢地来到人生地不熟的农村。

工作地点在华沙北边100千米处的什切青，雇主是一个甜菜园主，工作任务是教他的两个女儿——布朗卡(18岁)和安奇亚(10岁)，每天上7小时的课。晚上空闲的时间，玛丽都用来学习，为将来去巴黎学习做准备。她发现，在波兰中学接受的教育与法国中学相比差距很大。为了弥补差距，她坚持自学，她读过丹尼尔的《物理学》、斯宾塞的《社会学》和保罗·伯特的《解剖学和生理学》。在阅读中她发现自己真正的爱好是数学和物理学，于是她有了未来学习的方向。

工作半年后，雇主的儿子卡西米尔从华沙大学回家度暑假。当他发现家中有一位楚楚动人、谈吐不俗的女教师时，一下子就拜倒在她的石榴裙下。接着，像《简·爱》中的故事一样，玛丽和卡西米尔迅速坠入情网。然而，这两个年轻人把世界的一切都理想化了，那个年代的家庭教师是绝对不可能和老爷的儿子结婚的。在雇主的反对下，卡西米尔屈服了，玛丽的心灵受到了一次极大的伤害。

玛丽不愧是一个坚强的姑娘，当痛楚过去后一切又迅速恢复了平静，好像什么都没有发生一样。她很快又找回自我，找回往日的抱负和梦想。

1889年4月，漫长的3年终于过去，玛丽回到了华沙，另一份相同的工作正等着她。

3. 珠联璧合

1890年春天，那封盼望已久的信终于从巴黎抵达华沙。从医学院毕业已是医生的姐姐布罗妮娅，已和一位名叫德卢斯基的医生结了婚，并在巴黎北郊有了一套房子。现在她可以在巴黎为玛丽提供一个安身之处，并来信催促她做最后的准备工作。

1891年9月的一天，已经快24岁的玛丽坐上了开往巴黎的火车。根据布罗妮娅的建议，她带上一切可以带的东西：被褥、毯子、床单、毛巾、衣服、鞋子、帽子……这样，到了巴黎就可以把需要的花费减到最低。

她父亲在站台上送她，这时父亲显得那么难舍难分，这是他的“小姑娘”要走呀。

“我不会待很久的。”玛丽安慰父亲说。她确信这一点，因为她的目标很简单——大学毕业后就回到波兰从事教育工作，陪伴父亲。

11月，她考上了梦想中的科学殿堂——巴黎大学，成了巴黎大学理学院物理系的一名学生。当第一次来到大学时，她在校门伫立良久，她曾多少次想象过这个时刻。

大学第一年恐怕是最辛苦的一年。她不仅对法语的掌握明显不足，而且对数学也颇感吃力。她一心一意想学好这些课程，尽快弥补由波兰教育水平低所造成的缺陷和不足。尽管姐姐和姐夫热烈欢迎玛丽成为家庭一员，坚持要求她和他们一起住，但每天两个小时的马车劳顿使她疲劳，还失去了许多宝贵的学习时间。在玛丽的再三坚持下，姐姐和姐夫不得不做出让步，让她在离大学近一点的拉丁区租了一间六楼的阁楼。1892年3月，玛丽搬进家具简陋、租金便宜的阁楼里。在随后的3年里，她先后租住过几处简朴的房子，仅靠自己的一点积蓄和父亲每月寄给她的100法郎艰难度日。但每当她回想起这段艰辛岁月时，却总有一种甜美的感觉：

> 巴黎的冬天特别冷，我取暖的炉子又小，屋里根本暖和不起来，有时常缺煤，屋里盆中的水在晚上结冰是常有的事。为了使被子里暖和点，我常常把所有的衣服都压在上面。我做饭用的是一盏酒精灯，而其他炊具则寥寥无几。为了节省时间和钱，我的饮食常常是一点面包加巧克力茶，几个鸡蛋或一点水果……这种生活在某些人看来也许过于艰苦，但我却仍然自得其乐，整日欢悦地沉浸于学习之中，这一经历也使我充分体会到自由和独立精神的宝贵。

1893 年 7 月，她来巴黎已经一年半，迎来了物理学士学位考试。这么多年的努力，成败就在此一举了。成绩公布后她是全班的第一名，全班最出色的一个。

玛丽以优异的成绩荣获了波兰为优秀留学生提供的“亚历山大奖学金”，这使她困难的经济状况得到了缓解，足够维持 15 个月的生活。于是她没有立即返回波兰，这时她又有了新的目标：决心在第二年再得到第二个学士学位，这一次她选择了数学。

1894 年初，玛丽接受了法国工业促进委员会有关研究钢铁磁性的研究课题。这个研究课题有报酬，可以补充学习费用的不足。但到什么地方去找实验室呢？又有谁能助她一臂之力呢？上天保佑，正在这时她认识了法国物理学家皮埃尔·居里（Pierre Curie，1859—1906）。

皮埃尔·居里

皮埃尔·居里 1859 年出生于巴黎，父母都是接受过教育的知识分子。父亲不仅是一个医生，也是一个科学爱好者，这使得皮埃尔和哥哥雅克·居里从小就养成了对实验研究的爱好。1877 年，18 岁的皮埃尔获得物理学学士学位，同年，居里兄弟发现了一种“压电现象”，即一些晶体在受到外部给予的压力时晶体表面会产生电荷。4 年后，居里兄弟发明了压电石英静电计，这个仪器后来对居里夫妇所从事的放射性研究起了关键性的作用。1878—1882 年，皮埃尔在巴黎大学物理实验室担任实验助理，1882 年他当上了新成立的巴黎市理化学校实验室主任。在认识玛丽的前后，他正从事磁性学研究，1894 年发表了有重要意义的“居里定律”，这个定理对磁学是一个重大的贡献。

皮埃尔经人介绍认识玛丽以后，去找理化学校的校长舒琴柏克先生，请求让她在皮埃尔实验室里做些实验工作。这个请求被允许了，于是玛丽和皮埃尔天天在实验室里相见，他们之间的情谊也逐渐由“浅蓝”变为“深蓝”。

1895年是皮埃尔双丰收之年：他的博士论文在3月获得了通过，后被任命为理化学校的教授；7月26日，玛丽经过一年多的迟疑和考虑，终于和皮埃尔结了婚。

居里夫妇和他们的大女儿伊伦娜

1896年8月，玛丽通过了“教师资格”考试，还取得了第一名的好成绩。皮埃尔很为她骄傲。后来玛丽在理化学校谋得一个职位，与皮埃尔一起在实验室里工作。

1897年玛丽面临两个重大任务：第一，她做妈妈了，9月12日，她的大女儿伊伦娜·居里（Irene Curie）出生；第二，她需要寻找一个合适的博士论文研究课题，好在这时正是19世纪和20世纪之交，正处于激动人心的科学革命时代，有才干的人找一个好的研究方向并不太困难。

4. 伟大的发现

19世纪末，一系列物理学新发现突然迅速地涌现，激起了一场激动人心的物理学革命。玛丽和皮埃尔生逢其时，成为推动这场革命的先驱者。1895年11月，德国物理学家伦琴（W. Röntgen，1845—1923）发现了一种新射线——X射线，它可以穿透人体，显示骨骼。伦琴的发现，引起了法国物理学家贝克勒尔（A. H. Becquerel，1852—1908）的关注，他在1896年3月又发现，铀盐能发出另一种从未观测到的新射线——铀射线。

一年后，玛丽正面临着选择博士论文论题的时候，她注意到了铀射线，觉得这是一个很值得研究的课题，因为它是全新的，且还没有被彻底弄清楚。在与皮埃尔商量了以后，她确定了这个选题。

1896年底，在皮埃尔帮助下，玛丽在理化学校找到了以前用来存放杂物的一间木棚子作为实验室，开始了实验。为了更精确地观测铀射线强度，她放弃了贝克勒尔使用的底片感光的老方法，采用了居里兄弟发明的“压电石英静电计”，用它来测量铀射线因为电离作用而引起的电流，由测量到的电流可以得到铀射线的强度。这种新的测量方法比贝克勒尔的老方法要精确得多。通过细致和耐心的测量，她证实铀射线的强度仅与铀化合物中铀的含量成正比，与化合物的组成无关，也不受光照、加热、通电等诸因素的影响。这样，她就进一步证实了贝克勒尔的发现。接着，玛丽在贝克勒尔止步的地方向前迈出了一大步，即开始寻找发射这类射线的其他元素——而不像贝克勒尔那样认为“只有铀才能发射这种射线”。她开始检查当时已经知道的所有元素。

法国物理学家贝克勒尔，他发现了“铀射线”

1898年初，她得出了一个突破性的新结论：钍也可以发射这种射线。

玛丽的思想这时发生了一次飞跃。她提出“放射性”（radioactivity）这一专业术语，用以描述这一类现象。她还有一个大胆设想：更强的放射性应该预示着新元素存在。下一步的任务就是要通过观测更强的放射性，去寻找新的放射性元素。

皮埃尔这时已经认识到玛丽研究的重要性，于是决定中断自己的研究，与她合作共同寻找隐藏的未知元素。从此，在那简直是破败不堪的“实验室”里，这对科学伉俪为人类的科学事业共同拼搏；而且，从此他们的研究不可能再分辨出“你的”和“我的”了。他们珠联璧合，相得益彰。

几个月过去了，让他们又惊又喜的是：他们发现了两种放射性更强的化合物！其中一种是含钡的化合物，另一种是含铋的化合物。这就是说，如果以前的推断合理的话，则一种新元素隐藏在含钡的化合物里，另一种隐藏在含铋的化合物里。新的发现正向他们热情地招手，他们怀着激动而急迫的心情，加快了工作的进程。到1898年7月的一天，他们终于在铋的化合物里找到了一种新元素，并着手联名撰写他们的第一篇文章《沥青铀矿中的一种新的放射性物质》。

那天晚上皮埃尔发现玛丽陷入了沉思，久久不说一句话。他没有打扰她。突然，玛丽激动地抓住皮埃尔的手说：

> 我侨居在远离祖国的土地上，可怜的祖国已从地图上消失，但是我要让祖国的名字波兰永远铭刻在人们的记忆中。我想把我们刚刚发现的、在某种意义上来说是被解放了的元素叫作钋(Polonium)。

玛丽虽然那时已加入法国国籍，但她时刻没有忘记波兰。

7月18日，他们把论文提交到科学院，但科学院不予承认。科学院坚持认为，把放射性方法作为一种识别元素的依据，是没有根据的。而且他们还认为从化学角度来看，钋的化学性质和铋的十分相近，钋未必是一种新的元素。然而这没有动摇居里夫妇的信心。

居里夫妇以新的热情继续寻找新元素。与此同时，玛丽还得细心地照料刚出生的大女儿伊伦娜。

1898年12月，他们终于又寻找到了第二个新放射性元素！他们发表了第二篇文章《论沥青铀矿中含有一种放射性很强的新物质》。在文中他们写道：

“在研究过程中，我们又发现第二种放射性非常强的物质，其化学性质与第一种（即钋）完全不同……种种理由使我们相信，新的放射性物质中有一种新的元素，我们建议将它命名为radium。”

后来，我国将 radium 翻译为镭，国际通用元素符号为 Ra。radium 是从拉丁文“射线”（*radius*）一词衍生而来。

对于新元素的发现，化学家素来是十分谨慎的。一种新元素只有在看见了它、触摸到它、称量过它并确定了其原子量时，化学家才会相信它存在。那时还没有一个人见过纯净的镭和钋，也不知道它们的原子量，因此抱怀疑态度的化学家的确不少。为了排除怀疑的意见，居里夫妇下一步的任务就是设法提炼出纯净的钋和镭，并精确地测出其原子量。

此后的 4 年中，他们进行了科学史上最艰难、最悲壮的拼搏。

从什么原料中提取镭，这是首先要解决的问题。沥青铀矿的价格十分昂贵，而需要的量以吨计，他们根本买不起。只好想穷办法了。他们想办法从圣约阿希姆斯塔矿免费弄到了 1 吨沥青矿渣，只要支付运费就行了。接着还有一个问题得立即解决，即找到合适的实验室。最后，舒琴柏克校长提出一个解决办法：学校里有一个暂时废弃不用的仓库，原先曾用它当过解剖教研室，可以供他们使用。

这是一个什么样的“实验室”啊！恐怕现在的人很难想象出那简陋的情形。我们且看一位著名科学家的描述吧：

> 这个实验室就跟一间漏雨的棚房一样，冬天潮湿，而在温和的天气里就会感到非常之热了。它没有具备任何一种现在认为不可缺少的化学实验室的条件，比如化学实验室用的各种防护罩，从健康的角度出发，这里完全不适合做这种（放射性化学实验的）事情。但是，在当时既没有人知道放射性的危险性，而他们也没有更好的条件。

居里夫妇根本就没有条件考虑这种种困难，他们完全被为科学献身的精神所激励。他们两人做了分工：皮埃尔身体不好，就负责研究镭的物理特性；玛丽则负责从矿渣中提取纯镭盐。玛丽干的是连男人也嫌累的重体力活，每次她要把 20 公斤的矿渣放进一个锅里，用水加热直到沸腾，然后把这些沸腾着的溶液从一个罐子倒进另一个。那灼热的、有毒的、刺鼻的气体呛得她剧咳不止，眼泪也不停地流向两颊……

居里夫妇研究铀射线的简陋的木棚实验室

玛丽实在太累了。她曾在自传中写道："有时，我整天整天地用一根与我等重的铁棒，搅动着一堆沸腾着的东西，到了晚上，我已经是筋疲力尽，连动也不想动一下了……"

她还写道：

> 我们没有钱，没有实验室，而且没有人帮助我们把这件既重要而又困难的工作做好。真像是要从无中创出有来。假如我过学生生活的几年是德卢斯基从前说的"我的姨妹一生中的英勇岁月"，那么我可以毫不夸大地说，现在这个时期是我丈夫和我的共同生活中的英勇时期。

皮埃尔也感到全身疼痛，有时连起床和行动都很困难。他们两人真是将自己的付出用到了生命力的极限。有一天，在筋疲力尽的一天过去后，皮埃尔沉重地对玛丽说："我们选择的生活是多么艰难啊……"

居里夫妇在实验里

1900年初夏，有一个诱人的机会忽然来到了他们面前。瑞士的日内瓦大学邀请皮埃尔到那里去担任物理学教授，年薪一万法郎，他将领导一个实验室，玛丽也可在这个实验室里有一个正式职位。天啊，这简直是天上掉下来的馅饼！这在法兰西共和国恐怕是做梦也想不到的。但到了8月，他们又改变了想法，居里夫人在自传中提了一笔："皮埃尔·居里很想接受(瑞士的邀请)，然而，我们更关心镭的研究功亏一篑，因此，他终于做出了相反的决定。"

为了挽留住居里夫妇，法国著名科学家彭加勒(J. H. Poincaré，1854—1912)做了许多工作。彭加勒是世界数学界领袖人物之一，在法国很有影响。结果皮埃尔顶替了巴黎大学附属的理化自然科学研究所的一个教学空缺位置，而玛丽则被接纳到凡尔赛附近赛福尔女子高等师范学校执教。

1902年初，他们终于提炼出1/10克的纯净镭盐。3月28日，玛丽在记录本上兴奋地写下："Ra=225.93，镭的相对原子质量。"

他们已经筋疲力尽，玛丽体重减少了7公斤，但兴奋之情却难于言表！

一个夜晚，居里夫妇来到实验室。玛丽轻声说："千万不要开灯……你瞧！"

"宝贝"就在他们面前桌子上，一缕略呈蓝色的荧光在那儿愉快地闪耀着，宛若神话中的小仙女在黑暗中向她挥手致意。

"我的梦应验了……我曾在多少次梦中看见它熠熠发光，现在它果然发光了……"

玛丽无声地抽泣起来，皮埃尔用手轻轻地抚摸她的头发。他们俩就这样静静地坐着，看着那小仙女翩翩起舞……

科学界再没有人怀疑镭的存在。

正在他们取得辉煌成就的时候，1902年5月从华沙传来噩耗，玛丽的父亲因胆囊开刀出了意外而去世。斯可罗多夫斯基先生如果再多活一年零五个月，他就会知道玛丽和皮埃尔将获得1903年诺贝尔物理学奖。到那时他该会多么自豪，多么欣慰啊！

玛丽遭此沉重打击，身体很快垮下去。她茶饭不思，夜不成眠，还常常因梦游症在室内走来走去。这时皮埃尔也正陷于沮丧之中，他参加法国科学院院士竞选，结果落选了。残酷的事实使他们心中忐忑不安，但又无可奈何。

有一天，玛丽突然地对皮埃尔说："皮埃尔……如果我们两人中死了一个，那么剩下的一个也不可能继续活下去，是吗？我们两人是不能分开的……"

皮埃尔开始不知她说的是什么意思，等明白后他十分坚定地对玛丽说：

> 你错了，玛丽。如果我们两人之中有一个不在了，那研究也不能中止。你要明白，你要记住，我们的研究不仅仅是属于我们两个人，科学家没有权利背弃科学的终极目标。无论发生什么事，一个人即使成了没有灵魂的身体，还是应该照常工作。

5. 走向辉煌

镭的发现使居里夫妇成为全世界的焦点人物。

1903 年 5 月，英国皇家学会邀请他们去做关于镭的演讲，在那里他们受到了热烈的欢迎。

6 月 25 日，居里夫人做了博士论文答辩。来法国求学、工作已经 12 年了，她现在已是 36 岁、有一个女儿的中年妇女，要为自己争取最高的一个学位。评审委员席上坐着李普曼(G. Lippman，1845—1921，1908 年诺贝尔物理奖获得者)和穆瓦桑(F. Moissan，1852—1907，1906 年诺贝尔化学奖获得者)等三位教授。索尔本大学还从来没有为一位妇女举行过这种答辩。

居里夫人的论文全面介绍了放射性现象和新的放射性元素。评审委员们提出问题，居里夫人一一做了回答。其实，她比评委们知道得更多，因为这个领域是她和皮埃尔一起开创的。最后，委员会主席李普曼教授站起身来，庄严地宣布："夫人，巴黎大学授予您物理学博士学位，并给予'极优'的评语。"全场响起了热烈的掌声和欢呼声。皮埃尔热烈地拥抱着玛丽。

不久，在一个星期天上午，皮埃尔告诉玛丽，说美国有一家公司来信谈到他们将建造一个生产镭的工厂。以下是他们之间的对话：

皮埃尔：我们得在两种决定中采取一种：要么毫无保留地把镭生产的专利技术公之于众，谁愿意生产就尽管去生产；要么我们就申请它的生产专利，这种方法毕竟是我们发明的。

玛丽：皮埃尔，我想你一定不会采取后一种决定。我们不能申请专利，那是违反科学精神的。

皮埃尔：我们要慎重。有了专利，我们可以生活得舒适一些，不必去干那太辛苦、损害我们身体健康的活，而且关键的是，我们将会有一个好的实验室……

玛丽：科学家无权把他们的发现当作摇钱树，镭属于世界上所有的人。而且，它可以用来治疗癌症，在这种情况下，我们更不能以此牟利。是吧？

皮埃尔：是的。在答复美国要求之前，我想知道你的想法是否与我一致。好啦，今晚我给美国写回信……现在，我们去呼吸一下新鲜空气吧！

这一年巨大的荣誉降临：他们和贝克勒尔一道分享该年度的诺贝尔物理学奖。按照惯例，居里夫妇在授奖那一天，须到瑞典斯德哥尔摩去接受奖状、奖章和奖金，并做“诺贝尔演讲”。但因为工作太忙和居里夫人一直生病，他们把到斯德哥尔摩的时间推迟到1905年6月。

居里夫妇获得的诺贝尔奖章

居里夫妇和贝克勒尔获奖消息立即轰动了巴黎和全世界。这一次在获奖者中竟有一位女性，这是第一位获奖的女性，而且还是夫妻双双获奖！这一切真是太吸引人的眼球了。

法国政府终于对居里夫妇表示了关注。1904 年 10 月，皮埃尔被任命为索尔本大学理学院物理学讲座正教授；过了一个月，居里夫人也被任命为理学院物理实验室主任。

同年 12 月 6 日，居里夫人生下第二个女孩，取名为艾芙。

1905 年 6 月 6 日，他们一同来到斯德哥尔摩，皮埃尔代表他和妻子在瑞典科学院做了演讲。他以下面十分著名的一段话结束了演讲：

> 我们可以想象到，如果镭落到了坏人手中，它就会成为非常危险的东西。由此可能会产生这样一个问题：知道了大自然的奥秘对人类是否有益？人类从新发现中得到的是益处，还是害处？诺贝尔的发现就是一个典型的事例。烈性炸药可以使人类创造奇迹，然而在那些把人民推向战争的罪魁祸手里，烈性炸药就成了可怕的破坏武器。我是信仰诺贝尔信念中的一员，我相信，人类从新的发现中获得的更美好的东西，将多于它带来的危害。

这年还有一件喜事，1905 年 7 月 3 日，皮埃尔终于当选为法国科学院院士。

6. 悲剧突然降临

1906 年 4 月 19 日，巴黎下着雨。皮埃尔去参加理学院教授联会的午间聚餐，然后到一位出版商那里看一篇论文的清样，最后到科学院……结果，一场悲剧出现了：这位天才的头颅瞬间被行驶在街上的马车的后轮碾碎了。一直在思考自然最深邃问题的大脑组织竟突然与泥浆混在一起，成为一摊红色的渣滓……

居里夫人得知这一可怕的消息后，完全不能接受这个事实。她转身进房，把自己锁在里面，不搭理任何人，让自己一个人默默地去理解什么叫死亡，什么叫残酷的不幸。

葬礼后的那天晚上，居里夫人又把自己一个人关在书房里，默默而又痛心地想着与她一同合作和奋斗的朋友、丈夫。她后悔，后悔自己以前对丈夫的关心太少，一心只专注于工作。

失去亲人的居里夫人和她的两个女儿

法国政府为突然袭来的悲剧所感伤，主动提出为皮埃尔的遗孀和遗孤发放一笔国家抚恤金，但玛丽断然拒绝了。接着，法国终于决定打破传统，采取了开明的行动：1906 年 5 月 13 日，理学院决定保留为皮埃尔开设的教席，让居里夫人以“代课”的名义授课。这是法国，恐怕也是欧洲，第一次把最高教职委任一位女性。

1906 年 11 月 5 日下午，居里夫人开始了这具有历史意义的讲课。她平静地走上讲台，从皮埃尔上次讲到的地方接着往下讲。结束时教室里响起了经久不息的掌声。法国《新闻报》的评论员在报上写道：

> 这是女权主义的辉煌的胜利，因为，假如同意女性在高等院校里给男女学生上课，所谓的男人至上还有什么意义呢？老实说，女人也是人类一部分的时代就在眼前了。

7. 最终的辉煌

学术界守旧的人仍然不相信居里夫人的能力，她对这些质疑的声音，一律不予理睬，她没有时间去理会这些无聊的事情，事实将是最好的裁判。

她要又一次攀登科学高峰了，这次是她一个人。一位富有而又具有同情心的美国"钢铁大王"安德鲁·卡内基(Andrew Carnegie,1835—1919)结识了她,并决心大力资助她。此后她的实验室在设备、引进人员等方面得到了很大的改善。1907年她又提炼出400毫克的氯化镭,并精确地确定了镭的原子量为226。

1910年她取得了更辉煌的成就——提炼出了纯金属镭。那些怀疑镭不是一种元素的人和怀疑她的能力的人,从此偃旗息鼓,无话可说了。

这年9月,居里夫人参加了在比利时布鲁塞尔举行的国际放射性学术会议。这次会议的任务之一是要为放射性强度确定一个国际通用的标准单位。与会者推举由居里夫人确定这一单位,并建议将这个单位定为"居里",以纪念皮埃尔·居里。居里夫人拿出她提炼的21毫克纯金属镭封存在一支玻璃试管,送往在巴黎附近的赛福尔国际度量衡标准局,这就是后来放射性通用的标准单位。

1911年对于居里夫人来说,是大起大落的一年。在此之前,居里夫人一直对申请当选法国科学院院士持谨慎态度。到了1910年底,在彭加勒等著名科学家的鼓励下,她决定提出竞选院士的申请。她没有料到,选举中还有许多非科学因素在起作用。一群老朽的院士站出来颤颤巍巍地反对说:"无论是哪一位女人,哪怕是居里夫人,都绝不能进入科学的圣殿——科学院!"

居里夫人落选了,从此她再也无意申请,直到她去世,她仍然不是法国科学院的院士!但是具有极大讽刺意义的是,这年10月,她被告知获得了1911年诺贝尔化学奖!

居里夫人

1911年12月上旬,居里夫人由姐姐布罗妮娅陪同,带上大女儿伊伦娜再次来到瑞典首府斯德哥尔摩。她成为第一个两次获得诺贝尔奖的人!

在演讲中,居里夫人驳斥科学界某些别

有用心者的歪曲，说她把皮埃尔的功劳据为已有。她的演讲有理有据，既驳斥了一些无耻之徒的恶意中伤，又表示了对已去世丈夫的尊敬和怀念。

法国巴斯德研究院早就希望能够和居里夫人合作，但索尔本大学岂肯轻易放走居里夫人？最后两个机构同意双方共同投资建立一所“镭研究所”。该所包括两个部门：一个部门由居里夫人领导，致力于物理和化学的研究；另一个部门致力于医学和生物学的研究。该所在 1914 年 7 月落成。

1914 年 7 月，居里夫人盼望已久的镭研究所终于竣工；不幸的是第一次世界大战也在这年爆发。

8. 生命不息，奉献不止

在第一次世界大战期间，居里夫人不能再像以前那样全身心地投入科学研究，但她始终盯在物理学研究的前沿上，并指导助手约里奥-居里（Frederic Joliot-Curie，1900—1958）和女儿伊伦娜（Irene Joliot-Curie，1897—1956）的研究。约里奥后来成了伊伦娜的丈夫、居里夫人的女婿。约里奥-居里夫妇没有辜负居里夫人的期望，他们因为发现了人工放射性元素于 1935 年获得了诺贝尔奖化学奖。

由于长期忘我地工作，以及受到镭射线的辐射，居里夫人的身体状况越来越糟。在早年开始研究放射性元素时，她和皮埃尔并不知道放射性辐射对人体的危害性，因此长年累月地受到辐射的伤害。后来虽然逐渐认识到这种辐射的危害性，但居里夫人对保护自己的措施却总是漫不经心。她严格要求学生们一定要科学地保护自己，但她本人却总是违反规定操作。

一位传记作家说的也许很有道理：“直到她生命结束前，玛丽一直对镭持这种态度。正如一位母亲，当别人告诉她，她的光荣的宝贝儿子杀了人，尽管铁证如山，她却一概不信。”

1934 年 5 月一个下午，大约是 3 点半钟，居里夫人感到自己实在不行了，预感自己可能会有一段时间来不了实验室，因此恋恋不舍地抚摸着桌上的仪器。最后，她用非常微弱的声音对旁边的助手们说：

“我要回家……我在发烧……”

居里夫妇的铜像，立在镭研究所的庭院里

她走出实验室，在外面花园转了一下，然后上车回家。上车后，她恋恋不舍地、深情地看了实验室一眼。这是她最后一次，也是永远地离开了她的实验室。她那深情的一瞥是她向实验室永远的告别。

从日内瓦请来一位医生下了结论，她的病是爆发性恶性贫血。血液里的红白细胞数目减少得非常快，这是一种无法控制和治疗的绝症。

1934 年 7 月 4 日凌晨，居里夫人的心脏停止了跳动，享年 67 岁。

一位伟大的学者，终于走完了她一生坎坷而辉煌的求索之路。

最有争议的诺贝尔奖获奖者
——哈伯

弗里茨·哈伯(Fritz Haber,1868—1934),德国化学家。1891年获得慕尼黑高等技术学校哲学博士学位。1894—1911 年任教于卡尔斯鲁厄高等技术学校,1906年升任教授;1911—1933年任德国威廉皇帝化学研究所所长。1918年“因为从元素直接合成氨”获得诺贝尔化学奖。

> 与爱因斯坦一样,哈伯也是犹太人,但是他接受了基督教的洗礼,并且特别热衷与德国人同化,甚至在外表上他也戴着一个单眼镜,因此在脸上留下两道斑痕,很像一位普鲁士人的讽刺画。哈伯的座右铭是“在和平时期为了仁爱,在战争时期为了国家”,他的行为完全符合这一铭言。
>
> A.Foelsing

推崇哈伯的人说他是天使,是用空气制造面包的圣人,为人类带来丰收和喜悦;唾弃他的人说他是魔鬼,是让人丧魂失魄的梦魇,给人类带来灾难、痛苦和死亡。针锋相对、截然不同的评价同指一人,不免令人唏嘘不已。哈伯的功过是非究竟如何,且看这位化学家一生所走的辉煌而又坎坷的道路。

1915年春夏之交,德国著名化学家哈伯从战场上回到家中。战争中发生的许多事情,让他感到烦恼和不安。他原本想回家休息一下,缓解战争给他带来的苦闷。然而,他万万没有料到,一桩惨痛的悲剧在等待着他。

1. 家里的争吵

哈伯一回到家，就感到要发生什么事情，他的妻子克拉拉·伊美娃（Clara Immerwahr, 1870—1915）脸色阴沉，眼光忧郁中含有一种绝望的神色。见丈夫归来，还没等哈伯洗完脸，她就迫不及待地说：

"我有一件事要跟你谈。"

"啊？又是想出门工作的事吧。"

伊美娃是德国最早的化学女博士之一。她有强烈的事业心，渴望在科学事业上有所建树，但是婚后接连生育了两个儿子和一个女儿，迫使她不得不停止科学研究事业，成为一个被人忽视的家庭主妇，因此心情一直十分抑郁。她曾多次试图摆脱家务的束缚，继续进行热爱的科学研究，但都被哈伯劝阻而不了了之。所以，哈伯以为妻子又要向他谈出门工作的事情。

"不是这件事，"伊美娃脸色更加冷峻，"听说，你在从事研制放射毒气的工作？"

哈伯叹了一口气，没有出声。

"那么，你的确在从事毒气的研制了，"伊美娃激动起来，"研究和制造毒气，这是对科学的背叛，是野蛮人的行为，难道你不知道吗？你的良心，人的良心，科学家的良心，到哪儿去了？！"

哈伯摸了一下他的光头，辩解道：

"你要知道，法国人早就在施放毒气，他们把毒气放进步枪子弹，你知道吗？"①

"那又怎么样？那是他们的罪恶。你可以抗议这种行为，揭露这种无

---

① 实际上是德国军队在1915年4月22日伊普雷战场上，首先使用毒气。哈伯这儿是在为自己狡辩。——本书作者注。

耻的行为。但是，你没有权利去研制更残酷的毒气。你让士兵们在痛苦和折磨中死去，你……”

伊美娃痛哭失声：“我的丈夫，孩子们的父亲，成了可恶的刽子手！”

哈伯心中很窝火。他耐着性子向妻子解释说：

“现在战争陷入了僵持阶段，这样下去，多少士兵会丧生？只有依靠新的武器，更强有力的武器，才能尽快结束这场可怕的战争，挽救无数士兵的生命。”

伊美娃冷笑了一阵，她似乎更加绝望了，最后一丝念想湮灭了，黯淡的眸子突然迸发出疯狂的火焰，她有些失控地大声嚷起来：

“啊，你还成了可爱的天使！但是，我要告诉你，可爱的天使，你总有一天会受到全世界人民的审判！人们不会让一个杀人犯逍遥自在！你最好听我的话，别干了。”

哈伯受不了妻子的冷嘲热讽，大发脾气，然后抓起外衣冲出了家门。

哈伯的第一个妻子伊美娃博士，他们 1901 年结婚

当天夜晚，伊美娃用哈伯的军用手枪自杀，死在儿子的怀中。

第二天清晨，哈伯匆匆离开家，回到战场，进行对法的首次毒气战。

2. 哈伯博士

哈伯于 1868 年 12 月出生在德国一个犹太人家庭。他父亲是一位富有的商人，经营天然染料。天然染料是一种合成化学工业的产品，与化学有着密切关系。正是由于这一原因，哈伯从小就对化学工业有浓厚的兴趣。

读大学时的哈伯，一副文质彬彬的学者样子

高中毕业后，他先后到柏林、海德堡的大学和瑞士的苏黎世学习。在学习期间，他还到几个工厂实习，从实践中获得了许多经验。父亲希望哈伯有了一定文化知识后，继承他的家业，做一个富商。但哈伯的兴趣完全不在经商方面，他喜爱德国农业化学之父李比希所从事的伟大事业——化学工业。

哈伯是一位自学能力很强的学生，在读大学期间，他常常把高年级的课程自修完毕。19岁时他就申请撰写毕业论文，他的指导老师是有名的化学家霍夫曼教授。霍夫曼教授深知自己的学生是一位不可多得的化学人才，欣然答应了哈伯的申请。

哈伯在柏林大学霍夫曼教授指导下，写了一篇关于有机化学的学位论文。如果顺利通过，哈伯就可以得到一个学士学位。这对于绝大部分学生来说，都是如此。不过，哈伯是一个化学奇才，他的毕业论文，由于独特而深刻的见解，深深地打动了评审小组的几位教授，他们觉得哈伯的毕业论文，完全达到了博士论文的水平。

这件情况太罕见了，大学学士论文竟然达到了博士论文水平！这种情形恐怕在柏林大学是史无前例的，因此有人说：

“那就破格给哈伯一个博士学位吧！”

校方为了慎重起见，把哈伯的论文送交柏林皇家工业学院，请人们评审。评审的结果是，同意把博士学位授给了年仅19岁的哈伯。从此，人们称他为“哈伯博士”。

3. 人工合成氨研制成功

哈伯一生最伟大的贡献，就是成功地把人们十分熟悉的氢和氮这两种天然的气体，通过人工的技术合成为氨。

瑞典皇家科学院主席埃科斯特兰德曾经指出，在工业化以前自然经济的情况下，田间庄稼转化成的废料基本上能够回到土壤中，这样，土壤对农作物生长所需要的养料就大致上可以保持平衡。但是在城市化的过程中，大量农作物被逐年增长的城镇人口所消耗，而农田所需要的废物，又很少返回到耕地。再加上农业人口的急剧减少，大幅度增加农业产量就成为每一个工业化的国家急需考虑的问题。这两者加在一起，额外给农田补充大量的肥料，就成为急需解决的重大问题，否则土壤肥力不断地被消耗，收成减少就不可避免。

化肥工业现在已经是不可缺少的、巨大的工业体系之一

因此，在18世纪以后，欧洲各国都急需大量人造肥料。在人造肥料中，含氮的化合物占有重要地位。因为在一般的情形下，土壤中氮的化合物不能像磷酸和钾碱那样，可以自然地补充以满足农作物的需要。在大自然的

循环过程中，一部分有效的氮会变成不活泼的大气氮。如果不及时补充氮肥，增产就完全没有希望。后来人们发现，智利的硝石（硝酸钠 $NaNO_3$）可以有效地补充氮肥，于是欧洲各国纷纷从智利大量进口硝石。

与此同时人们自然会考虑到，这样大批量地进口智利硝石，智利贮藏的硝石究竟能维持多久？欧洲的专家们估计，按照当时的开采规模，用不了多久智利的硝石就会消失殆尽。德国这个军事上有野心的国家，更是为这个问题日夜发愁：一旦战争爆发，如果敌国封锁智利与德国之间的航道，德国就不能进口智利硝石，这样不仅仅影响农业，而且会影响到炸药的生产——氮是炸药的主要原料。

20 世纪初，化学家们都把眼光放在我们四周的空气上，因为大约 4/5 的空气是氮气，如果能把空气中大量的氮气分离出来，再和氢气合成氨，形成大规模的制氨化学工业，那人类就再不会为肥料、炸药发愁了！

但是想从空气中夺取这份宝藏，可真不是那么容易，许多化学大师都做过这样的黄粱美梦，但都在现实面前破灭了。

1904 年，哈伯与他的助手开始研究合成氨的工业化生产，同时有两位企业家答应给予大力支持。哈伯开始进行一系列实验，探索合成氨的最佳物理化学条件。大量实验研究表明，氮气和氢气的混和气体在高温高压的条件下及催化剂的作用下合成氨的效率高。然而，什么样的高温和高压条件为最佳？以什么样的催化剂为最好？这还必须花大力气进行探索。

哈伯以锲而不舍的精神，经过不断的实验和计算，终于在 1909 年取得了鼓舞人心的成果：在 600℃的高温、200 个大气压和用金属锇为催化剂的条件下，能得到产率约为 8%的合成氨。8%的转化率不算高，当然会影响生产的经济效益。哈伯知道合成氨反应不可能达到像生产硫酸那样高的转化率（在硫酸生产中二氧化硫氧化反应的转化率几乎接近于 100%）。然而，怎样才能提高氨合成反应的经济效益呢？哈伯认为若能使反应气体在高压下循环反应，并从这个循环中不断地把反应生成的氨分离出来，就应该可以提高生产率。于是，他开始着手进行合成氨循环工艺的研究，经过无数次的实验，最后他成功地完成了合成氨的循环工艺的实验。这就是合成氨的哈伯法。

从实验室到工业化生产，仍然有许许多多问题需要解决，还需要付出艰辛的劳动。哈伯将他设计的工艺流程申请了专利后，把它交给了德国当时最大的化工企业——巴登苯胺和纯碱制造公司。这个公司立即放弃了原来的电弧法合成氨的生产方式，组织了以化工专家卡尔·波施（Karl Bosch，1874—1940）为首的工程技术人员，将哈伯的实验室设计付诸工业大规模生产。

首先，根据哈伯的工艺流程，他们找到了比较合理的方法廉价地生产出大量原料氮气、氢气。通过试验，他们认识到锇虽然是非常好的催化剂，但是它难于加工，而且这种金属在世界上的储量极少。为了寻找高效稳定与相对廉价的催化剂，他们在两年间进行了多达6500次试验，测试了2500种不同的配方，最后选定了一种含有铅镁促进剂的铁催化剂。开发适用的高压设备也是工艺的关键，当时能受得住200个大气压的低碳钢，却不能经受氢气的腐蚀。波施想了许多办法，最后决定在低碳钢的管子里加一层熟铁的衬里。熟铁虽然强度不够，却能经受氢气的腐蚀。应付高压的难题总算解决了。

1913年，工业化大规模合成氨的设想成为现实，一个日产30吨的合成氨工厂建成并投产。从此，合成氨成为化学工业中发展迅速、十分活跃的一个领域。生产合成氨的方法获得成功，不仅开辟了土壤中获得氮的途径，更重要的是这一生产工艺的实现，对整个化学工艺的发展产生了重大的影响。合成氨的研究来自正确的理论指导，合成氨生产工艺的研试反过来又推动了科学理论的发展。

1913年的《电化学杂志》上，哈伯发表了重要的论文《论从元素生产氨的技术》。这篇文章具有重要的实践意义，因为工厂规模生产氨的方法就是以这篇文章为基础。

4.哈伯博士，陛下在研究所里等着召见您

合成氨能大规模生产，具有十分重大的意义，它使人类从此摆脱了依靠天然氮肥的被动局面，加速了世界农业的发展。哈伯也从此成了世界闻名的大科学家。

德国皇帝参观哈伯的实验室。左一为德国皇帝威廉二世

合成氨工业对德国尤为重要。德国的氮肥原来一直依赖于智利进口，因为战争的缘故供应并不稳定。如果被切断了运输线，德国将无法生产氮肥，德国的农业将遭到严重的打击。正是因为这个缘故，德国皇帝威廉二世非常看重哈伯的合成氨实验。

1911年的一天，威廉二世突然驾临哈伯实验室所在小城卡尔斯鲁。

皇家仪仗逶迤而至，浩浩荡荡，径直向电化学研究所而去。转眼间，研究所的小小建筑物被皇家卫队层层包围。又过了一会儿，几名卫队士兵策马而过，沿途高呼：

“皇帝驾临！……”

“哈伯博士！陛下在研究所里等着召见您，请速回实验室！”

人们面面相觑：“难道为了一个区区的哈伯，皇上竟然亲自到这座小城来？”

其实，皇帝亲临这座小城是有重要目的的，他亲自任命哈伯为柏林新成立的恺撒·威廉物理化学及电化学研究所所长。当天，哈伯就跟随皇帝去了柏林。这可真是威风八面，好不荣耀。皇帝重用哈伯，除了表彰他在合成氨研究方面的功劳外，还有一层深意。这时德皇野心勃勃，正积极准备在欧洲发动争霸战争，重新瓜分全世界的殖民地。为了这场战争无后顾之忧，威廉二世寄希望于哈伯这个犹太人科学家。否则，他会屈尊拜访一位犹太人？

哈伯因德皇的礼遇而受宠若惊，更加强了他对德皇尽忠、报效的决心。1914 年，第一次世界大战爆发，这时 46 岁的哈伯因为他的犹太人背景，虽然有合成氨的功绩，而且早已脱离了犹太教，还受过基督教的洗礼，但这些都还不足以使他成为德国军队的后备军官。这一方面使他遗憾，一方面促使他决心用更加能够表达忠心的行动，证明他对德国的绝对忠诚，是一个“真正的德国人”。

5. 制造毒气

1914 年第一次世界大战爆发，英国海军切断了德国大西洋的海上航线，智利的硝石再也无法运到德国。英国海军一位官员曾洋洋得意地说：

“不久的将来，德国的田野将一片荒芜，大饥荒和大崩溃将不可避免地降临德国。”

但是，他们不知道德国有一个哈伯，他使德国摆脱了对智利硝石的依赖并且使工业合成氨的生产能力迅猛发展。到 1919 年，德国每年可以产氨 20 万吨了！如此庞大数量的氨，不仅保证了德国农业氮肥的需要，而且还为军火工业提供了大量制作炸药所需的原材料。

在第一次世界大战中，哈伯对德国可谓厥功至伟！他还满腔热情地投入了各种军事项目研究：供寒冷地带使用的汽油、生产制造炸药的原材料。为了鼓励和嘉奖哈伯，他一下子从后备役上士被提升为上尉军官。对于贵族化了的德国陆军来说，这是一次史无前例的破格提升。这使哈伯更加决心忠于德国皇室。

大战爆发不久，德国军队曾一度取得一些优势。但是到了 1914 年底，德军逐渐丧失了优势地位，交战双方处于胶着状态。为了打破这种不进不退、不胜不败的僵局，德国军方命令哈伯和他的研究所研制新的炸药和毒气，哈伯立即遵命、全力以赴进入研究。他的犹太妻子极力反对他这种明显违反科学精神与道德的研究，但哈伯却铁了心要报皇上"知遇之恩"，根本听不进妻子的劝告。在盲目的爱国心和报答皇恩的驱使下，他研制出氯气、芥子气等更加残酷的毒气；他还担任了新成立的化学兵工厂厂长，专门负责研制、生产、防御和监督使用这些毒气。1915 年 4 月 22 日，德国军队首次使用了哈伯研制的毒气——氯气。德军在哈伯的指挥下，在比利时 6 千米的战线上，对法国军队施放了 5000 个毒气筒。法军由于毫无准备，结果遭到惨重损失，死亡 5 万人，还有 1 万人受到严重伤害，在无法忍受的痛苦中呻吟，但求一死。

在战场上的哈伯（右，面对读者），他在指挥施放毒气吗？

从这可怕的 4 月 22 日之后，交战双方竞相使用杀伤力更大的毒气。到 1918 年大战结束时，毒气造成的伤亡人数竟逾百万！

哈伯的罪恶行径，遭到美、英、法各国科学家们的严厉谴责。在战争结束后，德国毒气的科学负责人哈伯，好长一段时间销声匿迹。由于受到众多科学家的谴责，他非常担心自己将会成为战犯，受到军事法庭的审判。当人们再次看到哈伯时，他已经不像过去那样昂首阔步、神采飞扬。他衣着不整，头发蓬松，胡子拉碴，眼睛无神，似乎处于一种战战兢兢的状态。

6. 获得1918年诺贝尔化学奖

然而令人大吃一惊的是，1919年底哈伯竟被瑞典皇家科学院授予1918年的诺贝尔化学奖。瑞典皇家科学院主席埃科斯特兰德在致辞中说：①

瑞典皇家科学院决定把1918年诺贝尔化学奖授予枢密顾问、教授、柏林达莱姆的凯撒威廉研究所所长弗里茨·哈伯博士，因为他找到了从氨的成分，即氮和氢中直接合成氨的方法。

…………

枢密顾问哈伯教授，这个国家的科学院决定将1918年度的诺贝尔化学奖授予阁下，以表彰您在解决用大气中的氮气和氢气直接合成氨的问题中所做的巨大贡献。虽然以往曾三番五次地试图解决这一问题，但只有您第一次在工业规模上提出了解决办法。这对改进农业生产水准和造福人类有着重要的意义。我们祝贺阁下取得的造福于贵国人民和全人类的胜利。现在，请接受诺贝尔基金委员会主席为您所颁发的奖励。

哈伯在诺贝尔演讲中说：

瑞典科学院认为，应当以授诺贝尔奖的方式，给由氮和氢生产氨的方法以荣誉。这种殊荣使我负有解释这一反应在整个化学学科中所占位置的义务，并且对完成这一反应的研究过程略加

① 因为玛格丽特王储去世，1918年度的颁奖仪式推迟到1920年6月。

描述。

…………

很可能，这一解决办法还不是最后的办法。固氮菌告诉我们，大自然用它那高超的生命物质的化学形式，仍然理解并利用着目前我们还不能够模仿的各种方法。让我们满足于以下一点吧：与自然界赐予土壤营养的同时，人工制造的氮肥给人类带来新的财富，帮助在沃土上耕耘的农民把石头变成面包。

很多科学家对哈伯获奖提出了严正的抗议。他们指出，一个研制毒气、施放毒气的战争罪人，竟然获得诺贝尔奖，实在有损这个奖的声誉。还有很多科学家在会议上如果遇见了哈伯，他们就马上退出会场，表示不能与这样的人一起开会。

哈伯的确受到了许多人的蔑视，甚至侮辱，但他并没有认识到自己的错误，他竟认为自己研制杀伤力更大的毒气，是为了更快结束战争，是为了拯救更多人的生命。

不论哈伯和其他科学家如何对待制造毒气这件事，他使空气中的氮转变为氨，这一贡献对人类有极重要的价值。人类由于哈伯的贡献，可以大规模地廉价生产农业与军事所需的大量的氨。

当然，哈伯的战争罪行，也是哈伯一生中无法抹去的污点，他本人也为此受到了惩罚——妻子自杀，同行们的轻视责骂，最后他客死异乡。

哈伯应不应该获得诺贝尔奖，至今还是一个颇有争议的问题。不过事情已经过去快一个世纪了，关心这一是非的人恐怕已经很少。

7. 哈伯想从海水里提炼黄金

第一次世界大战后德国是战败国，要赔偿价值相当于5万吨黄金的战

争赔款。为了帮助德国渡过这个难关,哈伯想起了瑞典化学家阿列纽斯说过的一句话:

“世界各大洋的海水里,含有8亿吨之多的黄金。”

哈伯受到启发,立即开始设计从海水中提取黄金的方法。他似乎十分乐观,大家也很信任哈伯。他在以前不是从空气中提取了氮,使德国在战争中经受住了巨大的困难吗?现在他又要从海水里提取黄金,再次为德国做出贡献,也许他真能做到。

不幸的是,这次他在7年中耗费了大量人力财力之后,像伯纳德一样,彻底失败了。最后,他只好承认,从海水里提炼黄金是不可能的。

8.纳粹上台,哈伯客死他乡

海水提炼黄金设想的失败,对哈伯当然是一个打击,但这种打击对于一个成熟的科学大师而言,并不是不能忍受的。对哈伯致命的打击,是希特勒上台执政后,实施了一系列迫害犹太人的政策。而哈伯本人正好是犹太人。

1933年4月21日哈伯接到通知,要他立即将他的犹太人助手解雇。哈伯接到这一通知后,心情极为愤慨。作为一个犹太人,他将自己一生的心血贡献给德国,为德国做出了功不可没的贡献,但希特勒政府却要他辞退自己同族的犹太人助手,这不是公开的嘲弄和侮辱吗?哈伯这一次没有再糊涂下去,他当天就在口头上提出辞职,以抗议政府无端的迫害。他义正严辞地说:

> 40多年来,我选择助手的标准始终是根据他们的能力和品格,而不是根据他们的祖先是谁。我不愿意在余生中改变我的这个标准,我认为我的这个标准很好。

这年夏天，哈伯像许多德国的犹太人一样逃离了德国。他开始的时候来到英国剑桥大学。爱因斯坦是哈伯的好友，以前他经常严厉批评哈伯讨好德国统治者、急于成为“真正的德国人”的行为。这一次哈伯辞职和迅即离开德国，立即受到爱因斯坦的赞扬，称这次行动为大无畏的英勇行为。

哈伯与爱因斯坦一直是很好的朋友。但是爱因斯坦严厉批评哈伯极力想成为“真正德国人”的行为是枉费心机。等到哈伯明白的时候，已经悔之晚矣

可是哈伯这时已经是65岁的老人了！这位科学大师，在为德国服务了46年成为垂垂老翁之后，却被德国无情地抛弃了。这对哈伯是一个致命的、无法承受的打击！

1934年初，哈伯应邀到巴勒斯坦的西夫物理化学研究所任所长。在赴巴勒斯坦的途中，于1月29日心脏病猝发，逝世于瑞士的巴塞尔市。

哈伯的一生，功劳也大，过错也不小。他是一位天才的化学家，同时也是一个可怜的盲目“爱国者”。

核化学的创始者

——哈恩

哈恩(Otto Hahn,1879—1968),德国化学家。1901 年获德国马尔堡大学哲学博士学位。1907—1933 任柏林大学教授,1928—1945 任威廉皇帝化学研究所教授,1946—1960 年任普朗克科学促进协会主席。1944 年“因为发现重核裂变反应”获得诺贝尔化学奖。

一个人在科学探索的道路上,走过弯路,犯过错误,并不是坏事,更不是什么耻辱,要在实践中勇于承认错误和改正错误。

A.爱因斯坦

1945 年 8 月 6 日,第一颗原子弹在日本广岛上空爆炸。十几万人一瞬间在最深重的痛苦中死去,整个广岛也几乎被一场空前绝后的大火烧毁!

原子弹爆炸后的第二天,消息传到了英国一所古老的田庄。在这所田庄里囚禁着十位德国最优秀的科学家,其中有两位获得过诺贝尔物理学奖,他们是劳厄(M. T. F. von Laue,1879—1960,1914 年获奖)和海森堡(Werner Heisenberg,1901—1976,1932 年获奖)。还有一位化学家叫哈恩(Otto Hahn,1879—1968),几年后也获得了诺贝尔奖。

当这群科学家在得知第一颗原子弹在广岛爆炸以后,哈恩大声叫道:“什么!十多万人的生命被毁灭了?这真是太可怕了!”

接着的几天,哈恩心事重重,晚上不能入眠。劳厄看出哈恩内心的痛苦,唯恐他一时想不开而寻短见,就悄悄对另一位科学家说:

"我们应该采取一些措施，我很担心哈恩。原子弹爆炸的消息使他非常难过，我怕会发生什么不幸的事情。"

哈恩为什么这么不安和痛苦？原子弹与他有什么关系？

1. 严格的家庭教育

1879 年 3 月 8 日，哈恩出生在德国东部奥得河畔的法兰克福市。非常有意思的是，爱因斯坦在六天后的 3 月 14 日，出生在德国多瑙河畔的乌尔姆。正是这两个人奠定了原子弹的科学基础：爱因斯坦奠定的是物理基础，哈恩是化学基础。

哈恩的祖父是农场主，哈恩的父亲不愿继续在农村过寂寞艰苦的生活，就到城市谋生，当了一名手工业学徒。出师后他在法兰克福定居下来，开了一家玻璃工厂。哈恩的父亲一定很精明，因为他的工厂越来越兴旺，到哈恩出世时，他们的家庭已经上升为富裕的资产阶级。而在同一时期，爱因斯坦的父亲却接连失败，最后破产成为穷困人家。

年轻时的哈恩，那两边向上撇的胡子，让他显得十分英俊

哈恩的父亲喜欢读书，加上家庭富裕了，家里的藏书也越来越丰富。哈恩还有国民图书馆的长期阅览证，所以他从小就在书的芳香中受到熏陶。他特别喜欢惊险小说和游记，凡尔纳的《格兰特船长的儿女》、《海底两万里》、《神秘岛》以及《八十天环游地球》，更是让哈恩爱不释手。尤其是《八十天环游地球》，那生动活泼的笔调，妙语诙谐的幽默，真让哈恩念念不忘。

哈恩的双亲非常注意用美妙的艺术享受感染孩子，常常带着哈恩他们去歌剧院看正在上演的歌剧。德国作曲家卡尔·韦伯作的歌剧《魔弹射手》,法国作曲家乔治·比戈作的歌剧《卡门》,给哈恩留下了难忘的印象。

虽说家庭相当富裕,但双亲不会给他们稍多一点的零用钱。有时哈恩想买点什么,常向母亲详细说明原因。如果合情合理,母亲才肯多给一点零用钱;但更多的时候却遭到婉转的拒绝。每天只准吃两块糖,多一块也不行。有时候,如果哈恩想吃点别的零食,母亲就让他自由选择:或者吃掉两块糖;或者不吃两块糖而换取等价的零用钱,去买别的零食。

严格的家庭教育,培育了哈恩具有成为一个优秀科学家的素质。

2. 留学英国

1901 年,22 岁的哈恩获得马尔堡大学有机化学博士学位。接着,在步兵团为“皇帝和祖国”服了一年兵役。

服完兵役后,他的老师津克(Theodor Zincke,1843—1928)教授请他到马尔堡大学当助教。哈恩的志向是在化学工业界工作,这无疑是受到父亲的影响。但是哈恩认为,在津克教授的实验室工作一段时间,对将来的发展是一个良好的开端,因此他愉快地接受了津克教授的建议。这时,哈恩绝对没想到他日后会走上纯科学理论研究的道路。

在津克的推荐下,哈恩在 1904 年秋天来到英国伦敦大学的化学研究所,在拉姆塞(W. Ramsay,1852—1916)手下工作。拉姆塞是著名的惰性气体的发现者,还是 1904 年诺贝尔化学奖获得者,能在他手下工作对哈恩来说当然是求之不得了。

拉姆赛初次见到哈恩,问:“你愿不愿意从事镭的研究?”

镭是不久以前由居里夫人发现的一种放射性元素。哈恩在津克教授那儿没学过放射性化学,因此他为难地说:“我对镭和放射性元素几乎一无所知。”

然而拉姆赛却回答说:“不知道没有关系,也许还有好处,因为你可以用更开阔的思维来研究这个新课题。”

哈恩只好接受这一项研究任务。哪知还真让拉姆赛说中了,哈恩不仅很快掌握了研究放射性的技术,而且还发现钍的一种新的同位素,哈恩取名为“射钍”,他的原子量是228。

拉姆赛对哈恩的发现十分高兴,也十分欣赏哈恩的聪明才干,因此极力劝告哈恩专门从事探测新的放射性元素的工作,而不要进入化学工业界。哈恩慎重考虑了拉姆赛的意见后,改变了原来的主意,决定在放射性领域里进行更加扎实的研究。他向当时在加拿大麦克吉尔大学工作的卢瑟福(Ernest Rutherford,1871—1937)写了一封信,表示想到卢瑟福实验室工作一年。由于拉姆赛的推荐,卢瑟福很快回信,邀请哈恩去加拿大工作。

3. 在加拿大卢瑟福实验室

1905年秋天的一个晴朗的日子,哈恩来到了麦克吉尔大学卢瑟福实验室。哈恩很快就感觉到在卢瑟福身边工作,真是又有劲头又开心;师生之间的融洽、平等的气氛,是德国大学中所罕有的。

哈恩与他的妻子伊迪丝

开始,卢瑟福对于哈恩发现“射钍”表示怀疑,以为那就是他以前发现的一种“钍-C”。但哈恩马上就证明是卢瑟福错了。卢瑟福立即向哈恩道歉:

“是我过于轻率地听信了别人的错误意见。你是对的!”

卢瑟福很快就赞赏哈恩的才干了,并

且立刻把他发现的“射钍”作为产生α粒子的主要来源。在卢瑟福的帮助和鼓励下，哈恩又做出了一个激动人心的发现——新同位素“射锕”。开始卢瑟福又有点不相信，但很快就再次相信哈恩的判断是对的。哈恩自我感觉在这时特别好，卢瑟福那种超人的活力和洋溢的热情，使他的实验室充满了进取和谐的气氛。哈恩与卢瑟福很快就成了非常亲密的朋友。

哈恩在加拿大的时候，白天和夜晚的大部分时间都在实验室里。如果不在实验室，他多半都在卢瑟福家里，两人谈起科学研究，总是谈不完，有时候，连卢瑟福夫人玛丽都有些不高兴，因为她更乐意让她的丈夫和客人一起听她弹几支钢琴曲。

哈恩也是约翰·考克斯(John Cox)家里的常客。考克斯是麦克吉尔大学物理研究所的所长。在他的家里，科学游戏最受欢迎。在他家客厅里，天花板上挂着一盏煤气灯。当有客人敲门，门轻轻打开以后，主人要求客人双脚趿鞋擦着地毯走向煤气灯，这样人体上可以聚积一些静电，然后，客人伸出手指靠近煤气灯，手指上产生的电火花就点燃了煤气灯。

1906年夏天，哈恩恋恋不舍地离开了麦克斯吉尔大学，回到了沉闷的柏林。

4. 保守的德国化学家

离开德国两年的哈恩，当他回到柏林时，他不仅获得了丰富的放射学知识和实验经验，而且他在行动上还表现出英国大学常见的那种作风：科学家之间亲密无间，没有什么不可侵犯的权威，大家相处愉快随和，有什么意见当面直接提出。遗憾的是，无论是放射性化学和相互之间的平等的气氛，在柏林都不受欢迎。因此，哈恩回到柏林后感到十分孤独。在孤独之中的乐趣，就是给卢瑟福写信。有一封信中他写道：

“在德国，从事放射性工作的人是这样少，以至于什么事都是我一个人去干……他们只要一听到有关镭的事情，似乎总是不相信。”

德国化学家可以说相当保守，不大容易接受科学的新发现。他们认为化学是化学家干的事，用不着物理学家来说三道四。1907年春季，哈恩在一次会议上讲述了关于放射性问题新进展，还谈到居里夫人根据放射性发现了一种新元素镭。

哈恩讲完以后，一位德国著名的化学家塔曼（G. Tammann）立即发言，断然否认镭是一种元素：“所谓的镭还在不断地放射，这就是说明它还在改变自己，怎么能认为它是一种元素呢？”

哈恩感到很好笑，又很生气，于是立即十分坦率地反驳了这位“权威”学者。会后，哈恩的一位好朋友悄悄地对他说：

“朋友，你要谨慎一点才好呢！德国不是英国，不能毫无顾忌地在会上批评别人。已经有人说你彻头彻尾地英国化了。”

哈恩听了虽然气闷了一会儿，但也没把这事放到心上。但德国化学家就是不理解化学的新进展，不承认新的发现和新的方法。连哈恩的顶头上司，屡次帮助他找到工作的费歇尔（E. H. Fischer，1852—1919，1902年获得诺贝尔化学奖），也一时不能理解哈恩讲述的放射性化学。

有一次哈恩在论文中写道：

“有些放射性元素仅仅只有极小极小的数量，我们甚至不能用天平来称，而只能通过放射性来发现它们。”

费歇尔看了以后大不以为然：

“我不能同意你的意见。数量再微，每种元素总会散发出某种气味，我们通过这种气味就可以识别不同的元素，怎么能够说‘只能通过放射性来发现它们’呢！我就只通过闻气味发现过一种化合物。”

哈恩听了真是哭笑不得，这真叫作“秀才遇到兵，有理讲不清”！几十年以前的老皇历到现在还当作金科玉律，不敢动它一分一毫，这样下去如何能与国外先进水平接轨呢？

5. 女物理学家丽丝·迈特纳

幸亏在1907年9月,哈恩遇到了一位漂亮而又能干的女物理学家,才算遇到了知音,摆脱了孤独。这位物理学家叫迈特纳(Lise Meitner,1878—1968)。哈恩这时已经决定从事放射性化学的研究,正好缺一位内行的物理学家协助,现在有了迈特纳肯与他合作,这真是珠联璧合,哈恩高兴极了。哈恩没有忘记把这件高兴事告诉卢瑟福,他在信中写道:

迈特纳与哈恩是非常亲密的朋友。这是他们在实验室的合影

"迈特纳小姐已经到物理研究所工作,并且每天在我这儿工作两小时。"

有了迈特纳的协助,哈恩真是如虎添翼。正在这时期,哈恩又遇到了另外一件喜事。

1912年10月12日,威廉皇帝化学研究所正式建成,哈恩被任命负责一个规模不大的研究室。迈特纳也加入了他的研究室。

在研究所正式开始工作的第一天,德国皇帝要参观研究所,哈恩被指定向皇帝做一番有关放射性现象的表演。哈恩在伦敦时,在一年一度的皇家科学协会的盛大集会上,为女士们做过这种精彩的表演。在一间漆黑的屋子里,用荧光屏显示放射性引起的各色闪光图形,女士们看了,大呼小叫,惊叹不止。

这一次哈恩又如法炮制,布置了一间完全不透光的房子,进去以后几乎什么都看不见。等到参观者适应了室内黑暗环境以后,他们就会看见荧光屏上有各种光亮的图形在闪动变化。研究所的科学家们预先参观后,都觉得这番精彩表演，一定会使皇帝大为开心。

但在正式表演的前夕，发生了意外的情况。皇帝的随从侍卫来研究所检查准备情形时，发现哈恩的展览室漆黑不见光亮，他愤怒地大声叫嚷：

“太不像话了！怎么能够让皇帝陛下进入这样一间黑乎乎的房子里？”

哈恩解释说，这种表演必须在黑暗的房间里才行，但随从侍卫根本不听解释：

“不行，绝对不行！要么取消这个展室。”

哈恩可不愿意失掉这个绝好的机会，于是决定在房间里吊一盏小红灯。

第二天，皇帝陛下到研究所后毫不犹豫地就跨进了暗室，一切都按原来计划顺利完成，皇帝看到屏幕上闪动着从来没有见到过的奇异美丽的图形，也像伦敦女士们一样，大为惊讶。哈恩还别出心裁地把一小块放射性物拿到皇帝面前，让陛下仔细观看新奇的元素。

当时人们还不清楚放射性有害人体，因此也没有对皇帝进行身体保护。50年后哈恩回忆起这件事的时候说：

“假如今天我不对皇帝的身体进行保护，就让陛下看放射性元素，我肯定会被投进监狱。”

6. 哈恩与哈伯

1914年，第一次世界大战爆发，哈恩被征入伍。于是所有的研究工作都被迫中断了。哈恩被派到哈伯那儿服役。哈伯原来是威廉皇帝化学研究所所长，1905年，他发明了从空气中的氮合成氨的方法。这一发明对德国的农业、工业的发展，有极其重大的价值，为德国氮肥工业的兴起做出了决定性贡献。

1915年初，哈伯、哈恩与其他一些科学家被政府指令研究毒气。哈伯是“毒气计划”的负责人。哈伯那时刚刚从一个后备役上士提升为上尉，这在德国陆军中是从没有过的例子。哈恩见他戴上上尉标志，感到惊讶。哈伯摸了摸他的光头，笑着说：

“我的新工作需要我的上尉军衔。”

第一次世界大战时哈恩（左一）在部队服役时的照片。右一为古斯塔夫·赫兹（1925年获得诺贝尔物理学奖）

“什么新工作呢？”

“我们的任务是建立一支毒气战特别部队，我们要研制新的、杀伤力更大的毒气。”

哈恩听了，吓了一跳，不由倒抽一口凉气。

接着哈伯说了一大通“道理”，这些“道理”在第二次世界大战发明原子弹时，又被一些科学家再次利用。哈伯说：

“现在西线的战争一直僵持着，这样下去是不好的，只有用新武器解决西线战争。这种新武器就是毒气。”

哈恩立即反对：“可是，海牙国际公约曾经禁止使用毒气呀！”

哈伯马上回答说：“法国人已经先使用了毒气，只不过效果不大。你要知道，使用了新型毒气战争可以早点结束，这样岂不可以挽救无数的生命吗？”

一位哲人说得好：“战争来临时，真理是第一个牺牲品。”

哈恩亲身经历了这次极残酷的悲剧，在心灵深处受到巨大的震撼。

7. 93号元素之谜

第一次世界大战结束后，哈恩和迈特纳又回到威廉皇帝化学研究所，继续已经中断了4年多的合作研究。很快，他们发现了一种新元素，原子序数是91。他们给新元素取名为“镤”（Pu）。接着，哈恩又做出了许多有价值的贡献，因此他被认为是欧洲最有权威的分析化学家，尤其在放射性化学方面，更有着不同凡响的声誉。

正在他学术上日趋辉煌时，却卷入了一场学术争论之中。与他争论的对手是很有威望的科学家，居里夫人的大女儿伊伦娜。

事情的起因和过程，这儿只简单地介绍一下。意大利物理学家费米（Enrico Fermi，1901—1954）用慢中子轰击92号元素铀时，以为他得到了93号元素。由于科学家都只见过自然界中的92号元素，从来没有人见过92号以上的元素，所以，如果费米真的得到了93号元素，那真是一个非常了不起的伟大发现。

德国女科学家伊达·诺达克

费米开始还比较小心，不敢说自己真的发现了93号元素，只是说“有可能发现”新元素。但后来由于没有人怀疑他的结果，于是费米也开始相信自己是真的发现了93号元素。

当时有一位叫伊达·诺达克（Ida Noddack，1896—1978）的德国女科学家曾经提出过批评。她在德国《应用化学》杂志上发表了一篇文章，对费米提出了批评。在文章中她写道：

"现在费米还没有把握说，中子撞击了铀以后产生的反应是什么，在这种情形下谈论什么'超铀元素'是不合适的。"

诺达克还根据费米的实验结果提出一个大胆的假设，像原子量为238的铀这样的重原子核，当中子撞击它时，它有可能分裂成几大块碎片，成为几种比较轻的原子核。

诺达克的批评没有受到费米和大家的重视，这有好几个原因：一是诺达克不是很出名的科学家，刊登他们文章的杂志不是一流杂志。二是她的大胆假设，没有任何人敢相信，因为中子的能量很小，物理学家普遍认为它根本"不可能"把坚固的原子核撞得分裂开。举个例子，一颗手枪子弹最多只能把一堵高大的墙上敲下几块碎片；如果你说这颗子弹能把这座墙打倒，分裂成两三大块，恐怕你也不会相信的。三是，哈恩同意了费米的意见，认为费米是真的得到了超铀元素。哈恩可是公认的世界化学权威，这当然使费米相信自己对了。因此，费米拒绝了诺达克的意见。

诺达克与哈恩相识，哈恩也曾经关心过诺达克的研究。因此，在1936年一次见面时，诺达克向哈恩建议说：

"哈恩教授，您是否可以在您讲课中，或者在著作中，提到我对费米的批评？"

哈恩严肃地拒绝了，并且说："我不想使您成为人们的笑柄。您认为铀核会分成几块大碎片的想法，依我看纯粹是谬论。"

这儿要请读者注意：过了两年之后，哈恩自己却证明了这个"谬论"是真理；而且在8年之后，哈恩还因为这个发现得了诺贝尔化学奖！世界上的事情就这么不可意料。

在哈恩否定了诺达克意见之后，法国著名的化学家伊伦娜却指出，诺达克的意见很可能是对的。伊伦娜在实验中发现，用中子撞击铀以后，在反应产物中找到了比铀轻得多的产物，其原子量大约只有铀的一半。如果伊伦娜的实验是真的，那铀原子核就真的被中子撞成两大块——奇迹真的发生了！

哈恩实验室的工作人员都不相信伊伦娜的实验结果，一些人还嘲笑伊伦娜：

“伊伦娜还指望从她光荣的母亲那儿学到的一点化学知识，其实这些知识早已经过时了。”

哈恩训斥了说讽刺的话的人，但他也不同意伊伦娜的意见。因此他以私人名义写了一封信给伊伦娜，建议她更细致地重做一次实验。哈恩认为自己够客气的了，否则他会在刊物上提出批评，那伊伦娜就会出大丑了！

8. 伟大的发现

但是，伊伦娜一点也不领哈恩的情，她在前一篇文章的基础上，又发表了第二篇文章，进一步肯定了第一篇文章的结果。哈恩真生气了，他觉得伊伦娜太不自量力，竟然完全不听他的善意劝告，继续一意孤行。他气恼地对助手斯特拉斯曼（Fritz Strassman，1902—1980）说：

“我不会再读这位法国太太的文章了！”

哈恩的话说过了头，因为几个月以后，他不得不仔细读这位“法国太太”的文章。

哈恩（右）和斯特拉斯曼

过了几个月，秋天来了。这时，哈恩的亲密伙伴迈特纳女士逃离了德国，因为她是一个犹太人。当希特勒开始迫害犹太人时，迈特纳因为住在奥地利，所以一时还不会受到迫害。但到1938年希特勒吞并了奥地利以后，迈特纳立即陷入了危险之中，她甚至连一份出国签证都弄不到。幸亏同事想办法，她才装扮成外国的旅行者逃到丹麦。

迈特纳一走，哈恩失去了一个有力的帮

手，心中非常烦恼，脾气也大了许多。

有一天，哈恩正在办公室抽雪茄，忽然斯特拉斯曼激动地跑进办公室，对哈恩大声说："你一定要读这篇实验报告。"

哈恩一时给弄糊涂了："什么实验报告呀？"

斯特拉斯曼把一份杂志递给哈恩，说："伊伦娜教授又发表了第三篇文章，肯定了她前两篇文章的结果……"

哈恩不耐烦地打断斯特拉斯曼的话："我对这位法国太太最近写的东西，一点儿也不感兴趣！"

斯特拉斯曼毫不退让："我可以肯定，她没有犯任何错误，是我们错啦！"

"不可能的！"哈恩生气地大声说。

"你耐心点，听我讲，如果你听完了再发脾气，我就不作声了，行吧？"

哈恩只好耐着性子听。听着听着，哈恩震惊了：斯特拉斯曼说对了，伊伦娜没错，是自己坚持错误好几年！

斯特拉斯曼还没说完，哈恩大叫一声："走，快到实验室去！"

虽然这消息对哈恩有如晴天霹雳，但哈恩终究不愧是优秀的科学家，他一旦明白自己错了，就会马上承认，并尽一切力量弄明白自己为什么错了。这就是一个伟大科学家所应该具备的品质。也正是由于他承认了错误，才接着很快取得了超过伊伦娜的伟大成就。

哈恩完成伟大实验的工作台

经过几天艰苦的实验，哈恩不得不承认，伊伦娜的实验报告完全正确：用中子轰击铀以后，在反应的产物中的确含有一种比铀轻很多的元素。但到底是什么元素呢？伊伦娜没有最终确定。哈恩现在决心要弄个一清二楚，他是欧洲最有名气的化学分析能手，这个艰巨的任务恐怕真是非他莫属了。

哈恩到底是真正的权威，他很快就通过实验弄清楚了，伊伦娜不知道的神秘产物是钡。钡的原子量是 137 多一点，而铀的原子量是 238 多一点，这就是说钡的原子量比铀少了 101！铀原子核真的被中子撞得“分裂”了！这真是让人们此前无法想象的事情。哈恩不禁很惭愧，诺达克几年前提出过这种设想，被自己一口否定，还刻薄地嘲笑过她！

哈恩完全相信在化学分析上他绝对不会错，可是在物理解释上，他就一点把握都没有。如果迈特纳没有走，马上可以问她，可惜她走了。尽管如此，哈恩非常明白他做出了伟大发现，必须一方面写信征求迈特纳的意见，一方面尽快把自己的发现写成文章发表出去。他急忙告诉德国《自然科学》杂志的主编，请他“务必留一点空白版面，我有重要发现要发表”。主编同意撤下一篇不重要的文章，但“12 月 22 日以前，您必须将稿件寄来”。

12 月 22 日，哈恩按时把文章写好寄给了《自然科学》。寄出之后，哈恩又有点后悔，迈特纳还没回信，还不知道物理上能否说得过去。如果物理上毫无可能实现这种“分裂反应”，那怎么办？也许……后来，哈恩曾对人说：

“当文章投进邮箱之后，我又觉得分裂反应完全不可能，以至想把文章从信箱里取回来。”

再说迈特纳。她收到哈恩的信以后，开始她也不相信。她还记得前几年诺达克的假设，当时她也坚决拒绝接受诺达克的假设，并劝人们把这种荒谬的假设“扔到废纸篓里去”。现在，哈恩却无可怀疑地证明了诺达克的假设是对的，这怎么不使她感到震惊和不解呢？但她相信哈恩一定不会错。

经过紧张的思考、计算，她终于发现，对于很重的原子核（例如铀），中子是可以把它们撞成两半，分裂开来。迈特纳很快回信给哈恩，信上写道：

"我们已经详细地读过你的大作,并认为从能量角度上看,像铀这样的重核是有可能分裂的。"

丹麦物理学大师尼尔斯·玻尔(Niels Bohr,1885—1962,1922年获得诺贝尔物理学奖)不久也知道了迈特纳的证明,他立即用手敲自己宽阔的前额大声说:"啊呀,我们过去都是一群大笨蛋!肯定是这样,真是太妙了!"

不久,哈恩的伟大发现震动了全世界。当时正值希特勒发动第二次世界大战的时期,科学家马上发现,哈恩的发现可能会使希特勒生产一种威力极为巨大的爆炸武器——原子弹。如果这个战争疯子有了原子弹,那整个世界就会陷入毁灭性灾难!于是一群由德国、奥地利、意大利等欧洲国家逃亡到美国的科学家,积极呼吁:

"美国必须抢先制出原子弹,否则希特勒会让原子弹炸平美国。"

爱因斯坦也认识到危险的严重性,立即给美国总统罗斯福写了一封信,请美国立即投入力量,赶在德国之前制造出原子弹。罗斯福接受了爱因斯坦的意见,很快动员巨大的人力和物力研制原子弹。经过3年多的努力,原子弹终于在美国制造出来。1945年8月6日,人类制出的第一颗原子弹在日本广岛上空爆炸。

9. 囚徒的忏悔

1945年4月底和5月初,德国已经战败,这时美国组成一支特殊部队,在德国向盟军暂时还没有解放的德国国土快速挺进。这支部队的代号是"阿尔索斯",它由两辆坦克、几辆吉普车和大卡车组成,任务是逮捕德国制造原子弹的科学家,收集制造原子弹的技术资料并保藏起来,不让外泄。

不久,"阿尔索斯"逮捕了十位德国最重要的科学家,他们当中有得过诺贝尔奖的海森堡、劳厄,还有最先证明核裂变的哈恩。

开始,他们被关押在德国的海德堡。透过窗户,这群"高贵的俘虏"可以看到远处的古老塔楼。当人们看到门口有持枪的岗哨时，才知道他们是被关押的俘虏。开始，他们有些担心和苦恼，如果他们被作为战俘受审，今后的命运可就不那么美妙了。

5月上旬，他们被押送到巴黎，住在巴黎西部的一所别墅里，看管他们的军人很客气，待遇也不错，比在战争时德国的生活好多了。他们可以到花园里做各种体育活动；海森堡还可以凭记忆弹奏贝多芬奏鸣曲。

7月23日，他们又被送往英国。在登上飞机时，一位俘虏问哈恩：

“哈恩先生，当你登上飞机时，有何感想？”

“啊，很疲倦。”哈恩沉闷地回答。

到了英国，他们受到了很好的接待，被安置在一所花园般的农庄里。他们可以在花园里散步，做体育活动，也准许思考科学问题、做科学报告，还有游戏室、图书室。但他们的前途未卜，所以仍然十分苦恼。

十位德国科学家被囚禁在这栋英国农庄的楼房里。这儿距剑桥不远

8月6日，英国电台报道，说美国空军在日本某地投下了一颗原子弹。这群俘虏听到这一报道后，极为震惊。他们立即展开了热烈的讨论。有人怀疑听错了，认为美国根本不可能制出原子弹。这群德国优秀科学家不能相信，美国科学家会超过他们德国人。因此有人说：“不可能吧？是不是听错了？”

海森堡也不相信，说：“我不愿相信这条消息。”

哈恩听到这消息以后，震惊得脸色苍白，几乎支持不住要晕倒。他心中痛苦地想道：“天啦，我的发现竟给人类造成了这么大的灾难！这真是罪过呀！”

从听到原子弹爆炸的消息以后，哈恩的心情一直处于极度压抑和痛苦之中。他的同行非常担心，唯恐他在绝望之中自杀。他们相互低声叮嘱：

"对哈恩要多加注意！"

一位囚禁在一起的物理学家巴格(Erich Bagge,1912—1996)博士,在8月7日的日记中写道：

"可怜的哈恩教授！他向我们说,当他第一次知道用铀裂变制成的原子弹会带来如此可怕的后果,他连续几夜都无法入睡,他甚至想结束自己的生命！"

有好几天,同行们都等哈恩确实睡着了才上床。哈恩并没有真的去寻短见,无数惨死在原子弹爆炸下的生命,的确使他忧伤消沉。这使他又一次想起了哈伯,哈伯因为研究毒气最后落得客死异乡。但有一点使哈恩稍微感到安慰的是,原子弹不是德国人制造的。他在后来常对人说：

"使我欣慰的是,德国人没有制造和使用原子弹。是美国人制造和使用了这一残酷的新式战争武器。"

美国人在使用原子弹时,德国人已经投降,而且早已知道德国人根本没有制造出原子弹,德国科学家的研究离制造原子弹还差得远！美国人似乎根本不必扔原子弹。但他们扔了,而且扔了两颗！为什么要扔呢？理由与哈伯当年给哈恩讲的一样:可以更快地结束战争,让美国少死一些军人。

历史是多么惊人的相似啊！

10. 获得诺贝尔化学奖

1945年年底哈恩还是囚徒的时候,"同牢犯"劳厄从一张报纸上得知,哈恩被授予1944年因为战争而没有授的诺贝尔化学奖。这使得哈恩心情大为好转,也使得这群"高贵的囚徒"一直多少有一些紧张的心松弛下来。他们专门弄来一些酒,为德国的未来和获奖者哈恩干杯。

据说,当诺贝尔奖委员会决定把诺贝尔化学奖给予哈恩时,却不知道哈恩在什么地方,还着实为此忙碌和担心了一阵子。幸好1946年初,这群高贵的囚徒被释放了，各自回到他们在德国的家。这下委员会才放下了心。

哈恩获诺贝尔奖时的照片

哈恩1945年获得1944年诺贝尔化学奖，与哈伯1918年获得诺贝尔化学奖颇有一些类似，都是在德国战败后其声誉因而极度降低之时，却意外获得这一世界性的大奖，这对德国无疑是一次很及时的强心针。瑞典人何以如此巧合，也曾经使不少人思索过其中是否有某些奥秘？

1945年12月10日，在斯德哥尔摩举行了授奖典礼，那时哈恩还没有被释放，所以没有参加这一次盛典。瑞典皇家科学院诺贝尔化学奖委员会主席威斯特格伦在颁奖词里说：

> 化合物合成或分解时，原子的外部电子层就要发生相互作用。考虑到直到现在化学研究仍然完全集中于原子的化合以及原子从化合物中分解出来这一事实，我们可以说，直到最近，化学还是研究原子外部的科学。但是在今天，一门新的学科——核化学已经成长起来了。核化学研究的是原子的中心部分即原子核，就其最近取得的成就来看，核化学有希望使科学发生一场革命。
>
> …………
>
> 一直激励哈恩的工作的，是一种难以克制的解决他所遇到的这一问题的愿望。与把火种带来人间的普罗米修斯不同，哈恩从未想过用原子能来控制人类。但愿人类能深刻地权衡这一发现所带来的责任。果能如此，那么这将是一件幸事，是朝着改善人类生活条件方向迈出的一步。

1946年12月13日，哈恩才有机会到斯德哥尔摩补做了他的诺贝尔演讲，题目是：“从铀的天然裂变到人工裂变”。在结束他的演讲时，他说：

10年前，不过是我们“模模糊糊地想象”所虚构的东西，现在却在某种程度上已经成为一种现实的威胁。核物理反应的能量已经掌握在人类手中了。这一能量是否将有助于自由的科学思想、将促进社会进步和改善人类的生活条件？或者，它是否将被滥用从而毁灭人类在数千年间建立起来的一切？我们必须毫不犹豫地回答这一问题，全世界的科学家无疑会去争取前一种前途。

改造元素周期表的早陨天才
——莫斯莱

亨利·莫斯莱(John Gwyn Henry Mosley,1887—1915),英国物理学家和化学家。1910年毕业于牛津大学,随即到曼彻斯特大学卢瑟福研究室工作;1913年回到牛津大学。莫斯莱在研究中证实标识X射线的波长随发射元素原子量的增大而均匀地减小,他把这一规律归因于原子量增大时原子中的电子数的增加和原子核中的正电荷的增加。如果不是因为早逝,他肯定会因为这一发现获得诺贝尔奖。

> 莫斯莱明确证实了标识X射线的波长随发射元素原子量的增大而均匀地减小。莫斯莱把这一规律归因于原子量增大时原子中的电子数的增加和原子核中的正电荷的增加。(后来发现,核电荷反映了核内带正电的质子的数目。)……如果莫斯莱能活下来的话,无论科学的发展多么难以逆料,他会获得诺贝尔物理学奖这一点则是可以肯定的。西博格继承了莫斯莱的研究工作,并获得了诺贝尔奖。
>
> I.阿西莫夫

有一些人的命运是这样的,当他还很年轻的时候就取得了极其重要的成就,但是一场突然降临的灾难却中断了他的事业。亨利·莫斯莱就属于这一类人。他一生的工作在不到4年的光景里就完成了,但当世界开始知道他的时候,他已悄然离开了这个世界。

1. 1915年8月10日

1914年夏天，英国的科学家们正热衷于追踪化学元素的秘密。6月的一天，汤森(John Townsend，1868—1957)教授的学生莫斯莱向他告别，他当天上午要乘船去澳大利亚旅游，并参加8月在那儿召开的英国科学促进协会的会议，同行的还有他的妈妈。

母亲和儿子到达澳大利亚的那一天，正是英国政府向德国政府宣战的同一天。英国宣布参战后的两周，他参加了由卢瑟福领导的科学讨论会，会议地点在澳大利亚东南部的一个城市墨尔本。会议上他提交了一篇关于稀土族元素的论文，这是一项杰出的研究，给人们对原子结构的认识带来了有希望的前景。这时，莫斯莱有可能立即被应征入伍，但他的研究任务还有一些没有完成。

澳大利亚会议一结束，莫斯莱急忙回国服兵役。人们通知他，可以留在国内，在一个为战争服务的实验室里工作。但他拒绝了，他要到前线去为祖国而战。

1915年6月13日，经过8个月军事训练的莫斯莱，被委任为第一军团三十八旅信号官。任命书一下达，他立即日夜兼程奔赴该部所在的意大利南部加里波利驻地。由于他性格开朗、落落大方，胆子又特别大，所以，无论在营地还是在战壕，人们与他的关系都十分友好。在东线他给妈妈写的信里充满了愉悦，有关达达尼尔海峡战役的艰苦和恐惧，他从不在信上透露一点。在信上他甚至告诉妈妈，在战壕附近山

英国物理学家亨利·莫斯莱

上散步时，他对自然的观察有新的收获。以前在假期时，他常与妈妈或姐姐一道去英格兰南部威特岛，寻找蓝色黏土的沉积物。他们发现了一些很有价值的标本，直到今天，这些标本还存放在牛津大学的庇特-利佛斯的博物馆里。有一次，他在苏格兰的谢德兰群岛上一个圆锥形石堆里，找到一个非常漂亮的箭头。莫斯莱为此非常得意，常在他的朋友面前炫耀一番。

两个月以后，莫斯莱给妈妈的信突然中断。再后来他的同僚在一封信中，给莫斯莱的妈妈带来了可怕的消息：

“我想，只要说明您的儿子是像英雄一般死去就足够了。他坚守岗位，直到牺牲。一颗子弹射中他的头部，他几乎立刻就死去了。我们三十八旅失去了一个有杰出能力的信号官和好朋友。他的工作总是最优等的，任何最微小的细节也不会逃过他的注意。”

就这样，1915 年 8 月 10 日，在土耳其加里波利半岛的格利博卢，在一场毫无意义的战斗中，一颗子弹结束了这位优秀年轻科学家宝贵的生命。

这位写信的军官并不了解，莫斯莱的死亡是一个多么惨痛的历史悲剧，只有科学家才充分明了这是一个无法弥补的损失。美国物理学家密立根（Robert Andrews Millikan，1868—1953，1923 年获得诺贝尔物理学奖）曾说过：

> 一个年轻人在 28 岁的时候，就为人们对自然界的认识打开了一扇窗门，使人们能够用前人不敢设想的观点来认识亚原子世界。在科学研究中，他命中注定要成为科学史上 12 个最优秀的人物之一。这 12 位杰出人物都有无与伦比的想象力、熟练的技巧和特殊的阐述结论的本领。难道欧洲的战争非要以结束这个年轻的生命为代价？……

阿西莫夫（I. Asimov）曾说过一段心酸的话：“1915 年 6 月 13 日，莫斯莱乘船开赴土耳其，两个月之后在格利博卢阵亡，为一场无足轻重而稀里糊涂的战役送了命。他的死并没有带给英国和全世界任何好处。从他已取得的成就来看(他死时才28岁),战争造成无数人的死亡,然而他的死给人类造成的损失最大。”

2. 大学毕业来到卢瑟福实验室

1891年,当莫斯莱还是四岁的时候,他的父亲(牛津大学比较解剖学的教授)就过早地离开了人世。他父亲身体本来十分强壮,无论是身体或精神几乎从没有感到过疲劳,但后来因为工作过度得了脑动脉硬化症,并因此备受折磨。父亲去世后抚育和教育孩子的责任,就全落到了他妈妈身上。由于她教育得法,13岁时莫斯莱就获得王室奖学金进入伊登学校。

1906年,他在伊登学校读了5年之后,又获得名额极少的“米拉德自然科学奖学金”,进入了牛津大学的三一学院。他的母亲从1902年起就居住在牛津,进入牛津他就可以生活在母亲身边。他的智力发展得非常全面,虽然他专攻原子物理学,但在古典文学方面他也极为出色。出色似乎是他这个家族共有的特点。他的父亲是皇家学会会员,还是牛津大学一位实力雄厚的动物学派的创始人。莫斯莱的祖父也是英国皇家学会会员,是造船学的国际权威。他的母系家族也同样如此,外祖父杰弗里斯(J. G. Jeffreys,1809—1885)是杰出的海洋学家,介壳和软体动物方面的权威,皇家学会的会员。莫斯莱的姐姐是牛津大学很有名气的生物学家,她有一篇论文论述了小龙虾退化了的鳃,对生物学具有重要价值。

莫斯莱在大学毕业前就决定从事纯科学事业,为此他专程去曼彻斯特访问过卢瑟福。这位著名的导师立即看出,莫斯莱天生具有一种罕见的研究者潜质。卢瑟福建议他从事放射性研究,这是卢瑟福当时最热衷的研究课题。莫斯莱大学一毕业,就到卢瑟福实验室参加研究工作。

在曼彻斯特,他工作十分努力。每当拼命工作了一周以后,他就照例回家与妈妈一起度过愉快的周末。他妈妈在英国西南部的新森林地带买了一块地皮，盖了一所小小的房子。莫斯莱18岁以后，这块土地上的种植活都由他来干。他是一个很有能力的园艺师，在这块土地里他种了不少名贵的树和一些稀有的灌木，一切都是他亲自设计、亲自动手。当他看见自己的“新式花园”越来越美丽，花木越来越茂盛的时候，他认为没有比这更令人兴奋的事情了。

莫斯莱在一位经验极为丰富的实验大师指导下研究，实在是三生有幸。卢瑟福为他制订了一个工作计划：必须首先完成一些精密测量。卢瑟福给他的任务是测出镭分裂时放出的电子数。莫斯莱没有辜负导师对他的期望，1912年在皇家学会召开的会议上他宣布：每一个镭原子分裂时，平均只放出一个电子。学会主席克鲁克斯（William Crookes，1832—1919）听了这位言辞流利、思想清晰的年轻人的报告以后，称赞他能把这一个复杂而困难的问题，讲解得条理清晰、简明扼要。

接着，莫斯莱研究一种放射性元素锕的寿命，但由于其寿命太短，一般仪器根本无法测量。他与慕尼黑大学波兰藉化学教授法坚斯（Kasimir Fajans，1887—1975）合作，制出一个特殊精巧的仪器，解决了这一困难，他们测出放射性元素锕的平均寿命不到1秒的五百万分之一。

3. 劳厄和巴克拉的X射线研究

1912年春，莫斯莱忙于研究另一个更棘手的课题。由于镭不断失去电子，镭本身所带正电荷就越来越多，他试图确定，当镭置于绝缘体的容器中时，积累的正电荷数量会不会有一个限制？虽然完成这一任务的困难极大，但莫斯莱仍然不慌不忙，似乎在做一件开心的事情。

正在莫斯莱专心致志于自己的实验时，由慕尼黑大学传来了新消息：德国物理学家劳厄发现，当X射线照射晶体时，晶体原子间极微小的间距可以形成一个天然的光栅，使X射线发生衍射，从而形成X射线衍射光谱。

这一发现真可谓一箭双雕，既证实了X射线就是波长极短的电磁波，又证实了晶体的点阵结构。接着，亨利·布拉格（W. H. Bragg，1862—1942）和他儿子劳伦斯·布拉格（W. L. Bragg，1890—1971，父子两人同时获得1915年诺贝尔物理学奖），把劳厄的实验方法做了改进，用一种十分简便的方法就可以测定晶体的结构。布拉格父子通过测定发现，晶体的原子（不是分子）是排列成一排一排的，很有规则，它们之间的距离大约是 1.27×10^{-10} 米。通过数学计算，布拉格绘出了晶体的三维图像。莫斯莱认识到这件工作有很重大的意义，立即重复了布拉格父子完成的实验，接着又和幼年时的好友达尔文一起，将X射线通过晶体光栅时产生的衍射图样，拍成了照片。莫斯莱的这些现代晶体学的经典研究，给他带来了不朽的名声。

劳厄的发现公布后不久，卢瑟福就提出了原子结构的有核模型。在德国物理学家盖革（Hans Geiger，1882—1945）和新西兰物理学家马斯登（Ernest Marsden，1889—1970）的协助下，卢瑟福发现原子所具有的正电荷数目，近似为原子量的一半；原子量越大的元素，其核中的正电荷数就越多。在这一实验发现的基础上，卢瑟福大胆提出了一条假设：

卢瑟福与他的学生在实验室里讨论问题

"每一种元素原子核里的正电荷数目，应该与该元素原子量成正比。"

这个假设能不能经受住实验的检验呢？这是一个非常值得研究的课题。卢瑟福如同他的老师J. J. 汤姆逊一样，有问题就喜欢与学生交谈。他把莫斯莱找来，两人将这项验证实验做了透彻的讨论，并制订出了具体的实验方案。

X射线有两类，第一类是由于电子运动停止而产生；第二类是由阴极射线管中对阴极（即阴极对面的金属板）射出的X射线，这种X射线的性质决定于对阴极的金属成分。后来，伦敦大学的巴克拉(Charles Barkla，1877—1944)首先证明，当物质反射X射线时出现两种次级辐射，其中一种反射后的X射线与原来的X射线的特征完全相同；另一种反射后的X射线其特征与原来的相比有变化，其变化与散射物质有关——反射后的散射强度(亦即射线的穿透力)与元素在周期表中位置有关：原子序数越大，反射后的X射线强度越大(其频率当然也随之增加)。这种变化了的X射线称为“标识辐射”。这样，他在物理发展史上首次发现：元素核外电子数量和该元素在元素周期表中位置有关。由于这是一个重大的发现，巴克拉荣获1917年诺贝尔物理学奖。

4. 改造门捷列夫的元素周期表

莫斯莱利用巴克拉的发现，比较不同元素的X射线的标识辐射光谱，这种比较有可能确定元素核内的正电荷的数目。如果能够得到肯定的结果，那将是一个了不起的成就！为了尽快得出成果，莫斯莱在实验室里夜以继日地工作。

有人曾这样描述莫斯莱的工作作风：“他连续工作的能力是异乎寻常的。他喜欢把夜晚当作白天，到实验室比较早的人经常可以碰到他刚刚准备离开实验室回家，这时他已经连续工作了15个小时。”

莫斯莱在阴极射线管里阴极对面固定一块金属板，作为阴极射线的靶子。莫斯莱使阴极射线穿过金属板上的一条狭缝，这样，阴极射线就形成一束狭窄的射线，然后把它射到一块晶体上，其反射的射线被莫斯莱拍成照片。这样，他独创性地完成了“标识X射线”光谱摄影。

不久，他又发明了一种装置：在克鲁克斯管里，他把一排不同的元素样品装在一个可转动的小圆盘上，这样，每一种元素就可以很容易在转动中成为阴极射线的靶子。这一装置使他十分高兴，因为它可以大大加快观测的速率。

新方法完善之后，他开始用它研究周期表上的各种元素。由于元素周期表上在铅之前的12种元素经受不起这种电子束的冲击，于是他从第13种元素开始研究。

为了避免X射线的吸收，整个摄影装置都必须密封在真空玻璃容器中。这是一桩极精细的工作，在不少人看来是几乎无法完成的，但他却顺利完成。实验完毕后的六个月时间里，他将38种元素（从铝到金）的特征X射线光谱都绘制出来。结果他发现，不同的元素其标识辐射的波长各不相同，证实了巴克拉的假设——元素越重，产生的X射线波长越短、穿透力越强。

莫斯莱的卓越贡献当然不仅仅是证实了巴克拉关于元素产生X射线的定性假设，他还对此做了定量的研究。他把所有测出的数据排列在图纸上，发现如下规律：如果每种元素标识辐射的频率最大值为v，则按元素周期表顺序从头往下数，$\sqrt{v_{n+1}}-\sqrt{v_n}=$ 常数（n代表原子序数）。如果将元素按$\sqrt{v}$值排列起来，其排列顺序竟与按原子重量排列顺序完全一致！这就是闻名于世的“莫斯莱定律”，它是原子研究进程中一个重要的里程碑。

1913年12月，莫斯莱回到牛津大学，汤森（John Townsend，1868—1957）教授在自己的实验室里，给莫斯莱安排了一间私人住房，这样他可以安静、单独地工作。在这儿，他继续做在曼彻斯特还没完成的研究。莫斯莱潜心思考：实验数据所表现出的规律，到底意味着什么呢？他觉得他似乎听到了自然界在低声道出她的另一个秘密，这声音随着研究的深入，越来越清晰。最后他终于明白了，自然界告诉他：

“按周期表从头向尾一个一个元素数下去，有一个基本量在有规则地增加。这个量就是原子核所带的正电荷。”

同年底，莫斯莱将自己研究的结果发表在《哲学杂志》上，宣称自己发现了原子序数的规律。他绘制了一个新的元素表，这个表比俄罗斯先行者门捷列夫的元素周期表更深刻地揭露了事物的本质。宇宙中所有的元素都无可置疑地在他的表上占有一个确定的位置，元素顺序的排列，不再按照门捷列夫的按原子重量的顺序排列，而按原子核内带正电质子数目（即原子序数）排列。门捷列夫那具有浪漫色彩的图表为科学服务了50年，现在，一个新的、能经受更多考验的图表代替了它。

莫斯莱的元素表上第一个元素是氢，原子序数是1，最后一个元素的原子序数是92，是铀。莫斯莱还宣称，除了这92种元素以外，自然界不存在高于这一序数的元素。人类第一次为建造宇宙的砖——元素的数目，给出了一个科学的极限，他的这一结论简直令科学家们瞠目结舌。

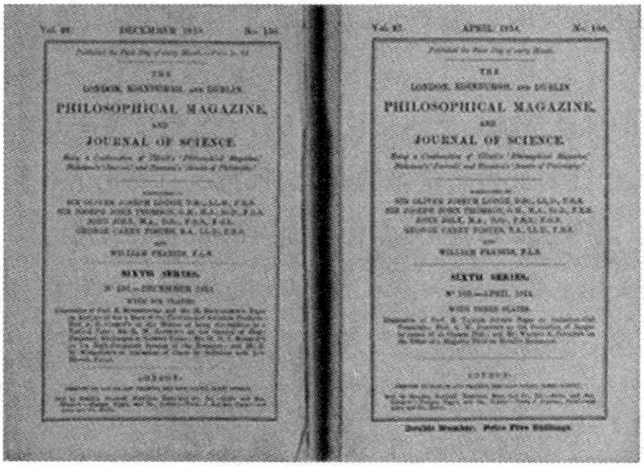

《哲学杂志》，左面的一本是No. 156——1913年12月。这一期刊登有莫斯莱具有里程碑文章。封面下方写有“莫斯莱先生论元素高频光谱”

新的元素周期表，使元素的分类更为合理。这个表可以帮助我们把一些在门捷列夫周期表上无法安排的元素，排列到适当的位置上。例如钾的原子序数是19，氩的原子序数是18，但它们公认的原子重量的顺序却恰好颠倒了，钾是39.102，氩是39.948，按旧的元素周期表，钾应排在氩前，但这样排列又破坏了旧元素表上化学性质的周期性。还有，27号元素钴（原子是58.93）和28号元素镍（原子量58.71），52号元素碲（原子量127.60）和53号元素碘（原子量126.90）也有同样的情形发生。这种矛盾的产生，显然是因为门捷列夫只注意到原子重量的顺序，而莫斯莱则道出原子序数是更本质的内容。

莫斯莱的这一发现具有的重大价值，卢瑟福曾给予了高度的评价：

> 莫斯莱由于一系列的完美研究赢得了荣誉，他在短短的4年研究中。取得了惊人的成就，认识他的所有人，都预言他有一个辉煌的科学前程。毫无疑问，元素的性质决定于原子序数的结论，是一个伟大的发现，在理论和实验方面都具有深远的意义，这一结论在提高人类对原子结构的认识方面，将成为伟大的里程碑。

5. 乌尔班为什么大吃一惊?

当莫斯莱的发现传到法国时，巴黎大学的乌尔班（Georges Urbain，1872—1938）立即赶到牛津大学与莫斯莱见面。乌尔班是一位研究稀有元素的权威，也是一个很不错的业余雕刻家、音乐家。当时，他刚从斯堪的那维亚矿石里、北卡罗尼那的沙里和乌拉尔山脉的火成岩里发现了很多元素，这些新发现的元素使他迷惑不解。

乌尔班曾发现在钡和钽之间有15种另外的元素，但这些元素的性质是如此相似，以致想把它们分开，都极为困难，这些元素被称为"稀土元素"。当年门捷列夫制定周期表时，也曾碰到这一难题，他曾说：

"稀土元素的位置是周期律面临的最困难的问题之一。"

在他的周期表中，找不到位置安排这些元素，其他科学家对此也是一筹莫展。英国物理学家克鲁克斯（William Crookes，1832—1919）曾经悲观地描述化学家们所面临的情形说：

"这些稀土元素使我们迷惑不解，妨碍我们的思考和研究，科学家们连做梦都无法摆脱它们。它们像一片未知的海洋延展在我们面前，嘲弄着我们;在故弄玄虚的同时,有时又轻声道出一些使人们无法理解的启示。”

现在,在莫斯莱的原子序数表里,他把所有这些元素非常巧妙地安置在57号到71号之间的位置上。他利用元素X射线的特征光谱,轻而易举地解决了稀土元素在周期表中的位置和它们的序号这一难题。显然这是很了不起的成就。

乌尔班想,莫斯莱也许可以解决他的困难,他把一块矿石递给莫斯莱:“请告诉我,这块矿石里面含些什么元素?”

乌尔班递给莫斯莱的那块矿石里,含有一些混杂在一起的微量稀土元素。莫斯莱没有让他久等,他那神奇的仪器就在他身边,他用分光镜做了一些观测之后,又在稿纸上迅速做了一些计算,然后转身对这位法国知名学者说,他的矿石里含的稀土元素是铒、铥、镱、镥,对应的原子序数是68、69、70、71。

乌尔班简直惊呆了!要知道,为了分析这些元素他辛勤工作了几个月,结果还一无所获,而这位年轻人现在竟这么迅速和轻而易举地就得出结论,这能不让人吃惊吗?回到法国以后,他经常向人们谈起这个了不起的小伙子。一年以后,当乌尔班接到卢瑟福的信,得知莫斯莱已牺牲在前线时,其震惊和悲痛是可以想象的。他曾回忆对牛津大学的那次访问:

“当我访问牛津大学时,对一个青年人能完成这么重大的课题,实在令我惊诧。莫斯莱在几天之内就得出了我20年努力工作而没有得出的结论。”

6. 原子的性质由什么决定

在莫斯莱的元素周期表上,还有七个空位。它们的原子序数是43、61、72、75、85、87和91。在莫斯莱提出他的周期表以前,这7个元素都没有被找到。莫斯莱曾经计算出这些隐藏着的元素的X射线的标识光谱,并预言“它们的发现并不会很困难”,他的这一预言很快就被证实了。

莫斯莱卓越的发现，使科学家们有可能解决化学发展史上另一个一直纠缠不清的难题。那就是原子的性质到底由什么来决定。

当年在门捷列夫宣布元素周期表的时候，曾说过“原子的性质由原子的重量决定”。但是，这一结论在20世纪新的实验发现面前发生了动摇。

19—20世纪，化学家发现许多化学性质完全相同的元素，却具有不同的原子重量。这一发现引起了普遍的焦虑。在放射性研究中，人们发现新钍-I(后来知道它是镭的一种同位素)除了与镭重量稍有不同以外，其化学性质几乎完全一样。

第一次世界大战爆发的前一年，在伯明翰举行的一次会议上有一篇文章论述了氖的原子量问题。因为人们对它的原子量是否恒定一直存在着疑问。一场规模极大的论战开始了。在这场论战中，英国化学家索迪（F. Soddy, 1877—1956, 1921年获得诺贝尔化学奖)用实验事实证实：两个放射性元素的样品，它们的原子量不同，但却有着完全相同的物理性质和化学性质。美国第一个接受诺贝尔化学奖(1915年)的里查兹(T.W.Richards, 1868—1928)也研究过具有变化的原子量的元素。他发现普通铅的原子量是207.20，但是从挪威放射性铀矿里得到的铅却是206.05。这些数据是无可怀疑的，因为里查兹是当时研究原子量方面的权威，他本人也正是因为这方面的工作才荣获诺贝尔化学奖的。

首先提出同位素概念的英国化学家索迪，1921年获得诺贝尔化学奖

索迪坚信：同一元素可以具有不同的重量，并且在1913年大胆地给这种元素起了一个至今仍然沿用的名称：同位素（Isotopes）。他给同位素下的定义是：“在周期表中占有同一位置的一些元素，谓之同位素。”

索迪的这一举动在化学界立即掀起了巨大的波澜。难道整个化学那美妙动人的理论，都只不过是海市蜃楼、虚无缥缈的梦幻泡影？有的化学家大声惊呼："自然界一天比一天变得更没有秩序了！"

每当化学家挖掘到化学的基础部位时，就总会发现一些腐烂的、不安全的梁木。难道他们就不能够对某些新发现的现象暂时不管，而以一种对现存结构满意的心情去休息一下？很遗憾，这样的情况在科学史上从来没有出现过。化学家们挠着头，又一次为元素的古怪特性去上下求索。

当然，也有些化学家害怕接受这些新的理论。这也并不难于理解，因为一个多世纪以来化学家们一直相信原子量是恒定的，甚至连里查兹本人也曾经认为，不变的原子量是"宇宙间最有意义的一些常数"。如果现在又承认元素的原子量不是恒定的，那么整个化学计算的成果岂不是徒劳的？难道化学里又一个信条的丧钟被敲响了？

这一次，剑桥大学卡文迪什实验室的阿斯顿大显神威，他把阴阳极射线管阳极发出的射线（称为阳极射线，它们实际上是一束带正电的正离子流）穿过一个狭缝，再让这一束狭窄的阳极射线通过正交的电磁场（即让电场和磁场相互垂直），这束射线在磁场里会发生弯曲，偏离原来的直线路径，这一偏离了直线的阳极射线，可以在感光底片上拍摄下来。如果正离子流是由质量相同的原子组成，那么感光板上就只会出现一块黑斑；如果正离子流由具有不同质量的原子组成，那么感光板上就会有几块黑斑，黑斑的数目显然决定于同一原子但原子重量不同的正离子数目，亦即同位素的数目。阿斯顿研制出的这种仪器就是现在实验室十分普遍使用的"质谱仪"，用它甚至可以确定同位素所占的分量（这由黑斑的尺寸和变黑的程度来决定）。

有了这一灵巧的仪器，阿斯顿开始研究原子量不为整数的那些元素。他首先研究氖气。1919年，他用质谱仪令人信服地证明，氖气的确是两种同位素的混合物：原子量为20的占90%，原子量为22的占10%，其平均值恰好是公认的原子量20.2。于是，同位素的存在第一次得到了精密实验的证明，分数原子量也从此不使化学家们头疼了。

几周以后，芝加哥大学的哈金斯（W.D.Harkins，1873—1951）和他的助手一起，用同样的方法分析了水银的蒸气，得到6种同位素。接着，全世界的科学家都开始用阿斯顿的方法研究同位素，捷报一个接一个地传出。同位素的正确性再也没有人怀疑了。阿斯顿也由于这一划时代的贡献，于1922年荣获诺贝尔化学奖。

莫斯莱曾经指出精确测定原子核内质子数量的方法，而卢瑟福则证明了在这些核里所存在的只不过是氢和氦核；现在，阿斯顿和他的追随者们更以令人信服的证据证明了同位素的存在，并证明每一种同位素的原子量都是整数。道尔顿的旧概念——原子是不可分割的终极体，终于被彻底推翻了。阿斯顿说：

“我们要为元素这个词重新下一个精确的定义。元素，是具有相同化学性质和分光性质的实体，但它可能是、也可能不是同位素的混合物。”

这句话的意思就是说，元素这个概念主要决定于原子序数，而不是决定于具有恒定原子量。

莫斯莱还并不十分了解他自己的成就，因为他过早地离开了人世。如果他能正常地过完他的一生，我们很难猜想这位年轻的天才还会完成什么样的丰功伟业。但无可置疑的是，如果不是土耳其的一颗子弹把他击毙于加里波利，他那无穷的精力肯定会对化学的进展做出更为巨大的贡献。

阴差阳错发现氘

——尤里

尤里(Harold Clayton Urey,1893—1981),美国化学家。1923年获得加利福尼亚大学哲学博士学位。1929—1942年和1958—1970年任哥伦比亚大学教授,1945—1958年任芝加哥大学教授。1934年“因为发现氢的同位素——重氢”获得诺贝尔化学奖。

机遇无所不在,要随时下钓钩,鱼儿常在你最意料不到的地方游动。

奥维德

不知道你看过莎士比亚的喜剧《错误的喜剧》没有？那可是让人看了不得不捧腹大笑的剧本。剧中有两位孪生兄弟,由于他们长得一模一样,即使是他们的妻子也分不清哪个是老大,哪个是老二。结果,在生活中闹出了数不清的笑话,甚至闹出了许多矛盾。正如剧本中的老大所说:

“原来我们彼此认错了人,所以闹出了这许多错误。”

有意思的是,在科学研究中也出现一些“错误的喜剧”。有些科学家竟然是根据一种错误的意见,得到了伟大的发现,甚至还由于这一伟大发现而得到了诺贝尔奖。我们这儿要讲的是1934年获得诺贝尔化学奖的美国科学家尤里,他最开始的研究就起因于一个错误的结论。

1. 困境中奋斗出来的大学生

1893 年 4 月 29 日，尤里出生于美国印第安纳州沃克顿一位牧师的家里。六岁时尤里的父亲不幸去世，母亲再嫁后，他就随继父移居到加拿大蒙大拿州的一个农场。

由于农场所在地是一个相当荒僻落后地区，因此，受过高等教育的人大都不愿意到这个地区来，结果各级学校都非常缺乏教师。据尤里后来回忆说，他在中学时，竟然没有一个老师安下心来教他超过一年。那些教师大多是抱着“借庙躲雨”的态度，教上一年半载，就另谋高就，向更好的地方调动。

1911 年，尤里读高中，这时他 18 岁，对前途的憧憬，以及各种美妙的幻梦多少次萦绕在年轻人的心头。尤里盼望着读大学，他的老师也多次对他说：

“尤里同学，你很聪明，应该读大学深造。你的前途不可限量呀！”

“谢谢老师的鼓励，可是……”

可是什么呢？原来，他继父的农场经营得不顺利，日益拮据，想靠家庭支持他读大学，那几乎是不可能的事情。正好，这时蒙大拿公立学校缺乏教师，尤里的老师认为尤里的学习成绩优异，于是推荐尤里任教。尤里觉得这是一个难得的好机会，一方面可以在任教期间挣点钱，筹集进大学的费用，另一方面也可以进一步巩固所学的知识和钻研一些新知识。就这样，他当上了教师。

尤里教了 3 年书。这 3 年他踏实肯干，一丝不苟，教学效果非常好。3 年结束后，校长极力挽留他继续任教。校长知道，在这个荒凉落后的地区，聘请到一个好教师有多么困难。尤里的父母也很愿意尤里能继续任教，这样可以缓解家中经济上的困难。但尤里的志愿是上大学，他从来没有放弃深造的打算。

1914 年秋，尤里以优异的成绩考取了蒙大拿州立大学，学习动物学和化学。但上大学得花费不少的钱，他积攒的钱还是不够。他只得自己想办法，一是尽可能节省钱，没钱租公寓，他就在一处空地上搭一个帐篷，在帐篷里学习；二是在假期做“打工仔”，到铁路修路队做工；三是发奋努力，把 4 年的课 3 年读完。加拿大的大学是学分制，只要拿到了足够的学分就可以毕业。

1917 年，尤里果然在 3 年里拿到理科学士学位。但是取得学士学位并非他的最终奋斗目标。他还要进研究院继续攻读更高的学位。可是，进研究院在那时是很不容易的，只有极少数优秀的人才有机会进研究院深造，不像现在研究院可以招很多学生。

正好那时第一次世界大战爆发，很需要化学工作者，于是尤里就到美国东海岸的费城，在一家生产军用物资的巴雷特化学公司工作，任化学分析员。大战结束后，尤里回到蒙大拿，在蒙大拿州立大学教了 2 年化学。

1921 年，尤里考取了美国加利福尼亚大学伯克利分校化学系研究生，在著名化学家吉尔伯特·刘易斯(Gilbert Newton Lewis, 1875—1946)的指导下攻读博士学位。1923 年，30 岁的尤里终于取得了他梦寐以求的博士学位。

丹麦哥本哈根玻尔理论物理研究所

毕业后不久，1924 年尤里被推荐到丹麦玻尔理论物理研究所，研究了一年原子核物理学。等尤里 1925 年返回美国时，他已经是知识根底雄厚的物理化学家了。

2. 一个未解之谜

在尤里准备走上科学研究的前沿之时，化学界正好有一个非常吸引人的未解之谜，等待各路豪杰来解决。尤里雄心勃勃，也想通过自己的研究解开这个谜。

这个谜与"同位素"有关系。前面已经介绍过，同位素是指一些原子的原子核外，有相同数量的电子绕原子核旋转，但这些原子的质量却不相同。美国化学家朗谬尔(Irving Langmuir，1881—1957)发现，核外的电子数决定了这个原子的化学性质，因此，几种同位素虽然原子量彼此不同，但化学性质极其相似，这些同位素在"元素周期表"上占有同一位置，因此叫"同位素"。

例如，氖气(Ne)有两个同位素，一个原子量是 20(^{20}Ne)，一个原子量是 22(^{22}Ne)，但 ^{20}Ne 和 ^{22}Ne 都只有 10 个电子在核外旋转，因此，它们化学性质几乎完全相同，但原子量却不同。不同的同位素，在同类原子中占有固定的比例。举一个例子，氧的原子量是 16，它有两个同位素，其原子量是 17 和 18。我们分别用 ^{16}O、^{17}O 和 ^{18}O 来表示，其中 ^{18}O 只占氧的 1/1250，^{17}O 占的更少。

氖的同位素是 1919 年发现的，有两种；氧的同位素是 1929 年发现的，有三种。那么，最轻的原子氢(原子量为 1)，它有没有同位素呢？这是化学家和物理学家们都非常感兴趣的问题，因为氢原子结构最简单，利用它的同位素进行一些研究，一定特别方便。

有的人认为氢肯定会有同位素，有的人又认为氢不会有同位素。一时议论纷纭、莫衷一是。

1919 年，德国物理学家斯特恩（O.Stern，1888—1969，1943 年获诺贝尔物理学奖）曾经提出一种想法，认为氢的原子量之所以是 1.0079 这么一个小数，很可能是因为氢是两种同位素的混合物。而且他还预言：一种氢原子的原子量是 1（用 ^{1}H 代表），另一种氢原子的原子量是 2（用 ^{2}H 表示）。斯特恩还估计 ^{2}H 只占 1%。有了这种想法以后，斯特恩就通过物理实验来寻找 ^{2}H。但是，他没有找到。在失望之余他得出一个结论：氢也许根本就没有同位素。

但是，尤里的导师刘易斯却认为氢一定有同位素。刘易斯的观点明显地影响了尤里，所以尤里也一直相信氢有同位素。

3. 尤里的信心

时间过得真快，一晃就到了 1930 年。这时同位素的研究已经成了大热门，很多科学家都在积极研究各种原子的同位素，而且由于同位素研究的进展，原子核物理也迅速发展起来。

但是，氢到底有没有同位素呢？仍然是一个未解之谜。尤里仍然相信氢一定有同位素。有一次，尤里与一位同事希尔布兰德教授乘出租车去开一个会。尤里在车上问："希尔布兰德教授，您最近在研究什么？"

"我对吉奥克和约翰斯特的研究很有兴趣，您呢？"

"啊，是不是他们发现氧有两种同位素，一种原子量为 17，一种原子量为 18？"

"对。他们的论文不久将要发表。"希尔布兰德思考了一下，接着说："他们不可能在更重要的元素中发现同位素了。"

尤里不同意希尔布兰德的看法："不，氢的同位素还没找到呢。"

"您还认为氢有同位素吗？"

"肯定有的。"

由这场对话我们可以看出，尤里一直相信刘易斯教授的判断。不过，我们也不能认为尤里只是盲目相信老师的话，他有他的道理。在尤里实验室的墙上挂有一个图表，在这个图表上实心黑圆圈是当时已经知道的原子核，而空心圆圈是当时还不知道的原子核。尤里按照连接实心黑圆圈的折线样式，依据可能的趋势再往下画，整个线就连通了，而且看起来也挺连贯。

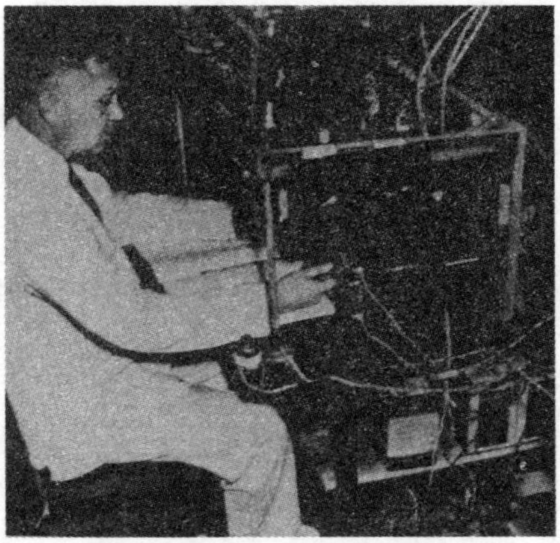

尤里正在实验室做实验

正是根据这条折线，尤里预言空心圆圈处应该代表还有氢的同位素 ^{2}H 和 ^{3}H，氦原子也还有同位素 ^{5}He。

有的读者也许忍不住要笑了："啊，就这样描一下图，就能预言一种从来没有找到过的 ^{2}H 和 ^{3}H 吗？这算什么科学方法呀？"

实际上科学家做出重要的发现，用的方法多半有一些稀奇古怪，并没有一定之规。有的是因为在山上看到大雾而得到灵感，有的是做了一个梦而受到重要启发，有的人是出外游玩时突然茅塞顿开。以后多看一些科学家的故事，我们可以得到一个重要的启示：科学家要想做出重大发现，勤奋当然是第一个先决条件，但如果他的兴趣太窄，知识面不广，思路不开阔，也很难得出重大发现的。

尤里把 ^{2}H 称为氘（念刀，用 D 表示），下面我们就直接写"氘"了。氘是氢原子的同位素之一，它的核外电子只有一个，像氢 1H 一样，因而氘和氢的化学性质相同，但氘的原子量是 2，比氢原子量 1 要大一倍。虽说尤里相信有氘，但由于种种原因，他在 1931 年以前，还一直没有下定决心去寻找氘。

到 1931 年，出现了一件事情，终于使尤里下决心去寻找氘。发生了什么样的一件事呢？事情是这样的：1931 年，物理学家伯奇（R.T.Berge，1887—

1980）和天体物理学家门泽尔（Menzel）用两种方法测氢的原子量，结果他们发现，测出的两个原子量的值彼此不同！于是伯奇和门泽尔认为，这说明氢有一个同位素氘，而且只占1/4500。

尤里知道这件事后的第二天，就设计了一个光学实验，希望能够找到氘。不久，他得出了一个结果，证明氘很可能存在。但是，尤里是一位非常慎重的科学家，他认为这个光学实验虽然说明氘很可能存在，但也可能有错，最好再用另外一种叫"分馏"的方法来寻找氘。"分馏"是一种加热液体产生蒸气后又凝成液体的方法。例如，加热石油，就可以由石油蒸气中，分别得到高级汽油、汽油、煤油等不同的物质，现在尤里让液体氢蒸发，想用这种方法分开氢和氘。

结果，尤里大获成功，他用分馏法顺利地找到了氘；他还估计氘约占氢的1/4000。

这两种这实验方法完全不同，一个是光学方法，一个是热学方法，但由它们得出的结果，都证明氘的的确确是存在的。尤里这时不再担心出错，在1931年公布了自己的发现。

尤里的发现很快引起了科学界的注意，人们都热烈讨论他的这一异乎寻常的发现。由于这一发现，氢的同位素之谜也许可以解开了。

4. 科学界的反应

科学发现之路从来就不是平坦的，任何一种发现都一定要经过严格的重重考验。尤里宣布他发现氘后，英国著名化学家索迪立即提出反对意见，认为尤里发现的根本不是氢的同位素。

索迪于1921年获诺贝尔化学奖，而且他获奖的原因就是因为他发现了同位素。可以说，索迪是研究同位素的"开山祖师"。

索迪为什么反对呢？索迪在发现同位素时，他给同位素下了一个定义，即同一原子的同位素，不可能用化学方法将它们分开，这就是“化学上的不可分离性”。而尤里的发现方法之一正好违背了索迪的这条定义，因为尤里曾用加热分馏方法把氢和氘这两种同位素分开的，而加热分馏是一种化学方法。因此索迪说：

“尤里发现的氘是用化学方法从氢中分离出来的，所以氘并不是氢的同位素，只不过是另一种氢罢了。虽然它们的原子量不同，但肯定不是同位素！”

虽然索迪在10多年前就得到过诺贝尔化学奖，是化学界的一大权威，但尤里并不盲目崇拜权威，他对于自己的发现很有信心。他发表自己的发现是非常慎重的，经过认真和多年思考的，不是心血来潮、灵机一动的行为。因此，他不认可索迪的意见，认为索迪一定是弄错了。于是，尤里决心到各种科学会议上报告和分析自己的发现，以求得到更多的支持。

说来读者也许不相信，那时科学家想参加大型科学会议竟然很难筹备到路费。这可是真的。尤里想参加美国物理学学会，但没有路费；可是不参加会议，许多问题不当面讲清楚，那索迪的反对意见岂不会占了优势，甚而危及氘的命运吗？

尤里决心向人求援。还算不错，有两位行政官员慷慨解囊，解决了尤里的燃眉之急。尤里顺利地出席了会议，为自己的发现做了报告，对一些具体反对意见做了回答。

人们逐渐了解和承认了尤里的发现，并认识到这一发现的重大价值。

5. 获得诺贝尔奖

3年之后，尤里被授予诺贝尔化学奖。一个发现提出之后，这么短的时间就授予了诺贝尔奖，这在化学史上是很少见的。

在颁奖典礼上，瑞典皇家科学院诺贝尔奖化学委员会主席帕尔默在致词中说：

尤里生于1893年，他曾在美国获得一种很高的荣誉，即威拉德·吉布斯（Willard Gibbs）（理论化学最有影响的著作的作者）的纪念奖章。尤里在去年春天的该授奖仪式上做了讲演，他生动地描述了这个发现的经过。例如，他说，有关用蒸馏法寻找同位素的思想，是在1931年8月的一次午餐中忽然闪入了他的脑海的。然后他继续说，他不得不花费了几个月的时间，等待来自华盛顿的氢气样品。样品到达后，他和助手墨菲夜以继日地扑在摄谱仪上，干了整整1个月，完成了通常需要4个月时间的工作。他们感到最困难的就是在很长时间里，不能准确地断定在光谱中观察到的新条纹，到底是他们寻找的同位素发出的谱线，还是由于仪器的小缺陷造成的“鬼影”。这段时间，他们的吸烟量成十倍地增加，脾气变得异常暴躁，甚至连尤里太太也被冷落在一边。

NOBEL AWARD GOES TO PROFESSOR UREY

Columbia Scientist Gets the 1934 Chemistry Prize for Discovering 'Heavy Water.'

ACHIEVEMENT WAS HAILED

Seen as of Especial Value in Cancer Study—Has Proved Great Spur to Research.

Wireless to THE NEW YORK TIMES.

STOCKHOLM, Nov. 15.—The Nobel Prize in Chemistry for 1934 was awarded today to Professor Harold C. Urey of Columbia University because of his discovery of "heavy water."

The chemistry prize for 1933 will not be awarded. It was also announced that there would be no prize in physics for this year.

Achievement Was Hailed.

Dr. Harold Clayton Urey won a position in the forefront among scientists by his discovery of "heavy water," which has been hailed by scientists the world over as ranking among the great achievements of modern science.

The Willard Gib[illegible] Meda[illegible] Chicago section [illegible] Chemica[illegible] Dr. [illegible]

WINS NOBEL PRIZE.
Professor Harold Urey.

DEFENSE TO SUBPOENA LINDBERGH FOR TRIAL

Betty Gow Also to Be Summoned as Witness—Fight Planned to Release Hauptmann Funds.

Special to THE NEW YORK TIMES.

FLEMINGTON, N. J., Nov. 15.—Colonel Charles A. Lindbergh and Betty Gow, wh[illegible] first son's nurse, will [illegible]

尤里获得诺贝尔奖时，美国报纸上发的消息

此外，他们的着急是完全可以理解的。因为，如前所述，在其他地方已经有人断定了氢同位素的存在。当尤里的发现在1932年1月披露以后，各地的科学家（主要是美国的，但也有欧洲国家和瑞典的）迅速抓住了这个激动人心的新思想，以致到目前为止，有关这些问题的论文已达200篇之多。在其他研究者中，已经提到的已故的沃什伯恩，由于他对生产重水的贡献，无疑应名列榜首。现在，重水已经在许多地方专门生产了，特别是在挪威的留坎，诺尔斯克水电公司已经建立了一座用电解法生产氢的庞大工厂，估计在那里每24小时可生产0.5千克重水。

然而，做出实际根本发现的功劳主要应属于尤里，因此，科学院决定将本年度的诺贝尔化学奖授予他，以表彰他对重水的发现。

可惜当年尤里没有出席盛典，因为他的妻子这时正好在分娩，出于对妻子的爱和关心他没有参加当年的典礼，到第二年（1935年）2月14日才到斯德哥尔摩做诺贝尔获奖演讲。

正当尤里获得诺贝尔奖时，发生了一件有趣的事情。上面我们已讲过，尤里之所以能下决心去找氘，是因为受到伯奇和门泽尔两人预言的激励。尤里曾经说过：

“如果没有伯奇和门泽尔两人的预言，也许我不会去寻找氘，那么，氘的发现也许要拖延很久。”

可是谁也没有想到，正当尤里因为发现了氘而获得诺贝尔化学奖的时候，英国化学家阿斯顿发表文章说，伯奇和门泽尔的测量有错误，因此他们两人的预言（即有氘存在），也是错的。

尤里的著作《原子，分子和量子》一书原文封面

尤里在通过实验寻找氘的时候，并没有注意到伯奇和门泽尔的预言有错误，他也是到1935底才知道这一件事。当然，伯奇和门泽尔两人错了，但尤里找到了氘却是千真万确的，因此尤里的功绩并不受到任何影响。只不过这件事很有趣，尤里由于一个错误的预言，得到了一个伟大的发现！尤里真是很幸运，想必他一定很庆幸有这么一个错误，否则他也不会下决心去找氘。

尤里在发表诺贝尔获奖演说时，在原先已经准备好了的发言稿上，加上了一段“补遗”：

自从本报告写成之后，阿斯顿已将他用质谱法测得的氢（H）

原子量修改为1.0081，代替了原来的1.0078（F. W. Aston，Nature，135，1935-541）。这就等于宣告伯奇和门泽尔原来对氢原子质量的争论和做出的判断是不正确的。但是，我仍然倾向于认为这种争议是有意义的，它对后来发现氘是非常重要的，如果没有这一争论，我们可能还不会在这方面进行探索，那么氘的发现就可能要再推迟一段时间。

其实，在科学史上根据错误的预言而得到伟大的发现，不只尤里一人，还有不少这样的事例。例如，1903年获诺贝尔物理学奖的贝克勒尔，他就是由3个错误的预言，发现了原子的放射性。在科学发现的历史上，真可以说是无奇不有。

6. 老当益壮，志在千里

在第一次世界大战时，尤里被任命为美国“曼哈顿工程”领导小组成员。“曼哈顿工程”是一个代号，实际上它是美国专门研究和制造原子弹的。在这项极重要、极机密的工程里，尤里解决了许多重大问题。第二次世界大战以后，尤里到芝加哥大学当教授。这时，他把研究方向转向了天上和地下，利用同位素研究地质学和宇宙学。

到1952年，尤里的研究又出了新成果，他提出了一种行星起源和演化的新学说，而且写了一本书——《行星——它的起源和演化》。这本书现在已被认为是一本非常重要的书。

尤里还把化学实验用来研究地球最开始的情形，这种研究方法，为研究地球演化和生命起源开辟了一个崭新的途径。他和他的研究生米勒（S. L. Miller）做了一个有趣的实验，他们将氨、甲烷和氢3种气体，装在5升的大烧瓶中，另有一个装水的小烧瓶与大烧瓶相连通，小烧瓶只有500毫升。

他们要模拟地球原始情形下的条件，研究生命最基本的物质氨基酸能不能产生。尤里和米勒加热小烧瓶中的水，使灼热的水蒸气进入装有3种气体的大烧瓶中，大烧瓶里装有电极，他们让电极连续进行火花放电，放电后的产物经过冷凝后，又回到小烧瓶。如此放电一周，产物不断在大、小烧瓶中循环。一周结束后，他们对最后的产物进行分析，结果发现产物中果真有多种氨基酸，其中含量最多的是甘氨酸、丙氨酸。这说明了原始大气产生蛋白质是可能的，为研究生命起源问题开拓了一个重要途径。

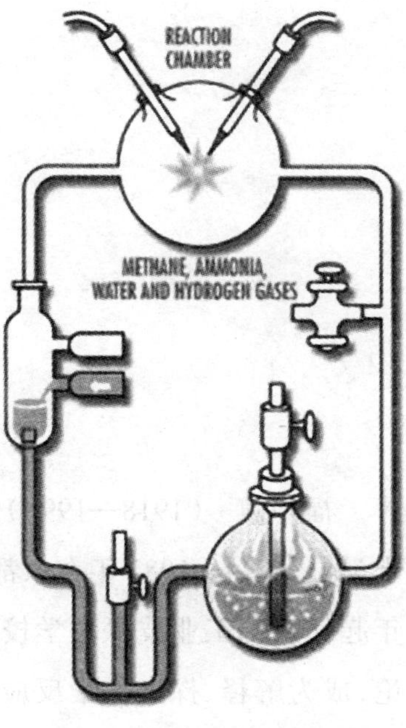

米勒-尤里实验装置示意图。图中上面的文字是“反应室”，下面的文字是“甲烷、氨水、水和氢气”

这就是著名的“米勒-尤里实验”。这一实验为地球上生命起源的问题，开辟了一条用实验进行这一研究的新途径，实在是非常了不起！

1969年，美国宇航员登上了月球，取回了月球上岩石的样品。科学家想利用这些岩石的样品，分析月球上是不是有过生命。这种分析极其困难，稍不注意，就会得出错误结论。科学家们感到非常棘手，尤里知道后说：

“我有办法。”

结果，他又成功了。这时尤里已是76岁高龄的人了！他的智慧和能力，在这么大年龄还不减当年，真令人惊奇和敬佩！

在回忆尤里一生的贡献时，我们不禁想起古希腊圣贤的一句名言：“寻求真理，一方面是艰难的，另一方面又是容易的。因为，显然谁也不能完全掌握真理，但也不会完全错过真理。只要每个人都增添一点点自然知识，那么，积累起来就蔚然可观了！”

大自然的儿子
——福井谦一

福井谦一(1918—1998),日本化学家。1948年获日本京都大学哲学博士学位。1944—1982年在京都大学任教,1951年晋升为物理化学教授,1982年起任京都工业技术大学校长。1981年“因为提出化学反应前线轨道理论,成为解释、探索化学反应的有力工具”获得诺贝尔化学奖。

所谓的创造,除了“不模仿别人”“先于他人发现”之外,也包含着“在积累至今的知识上增加新的东西”这一层意思。

福井谦一

1963年,在德国一条乡间小道上,一位40多岁的东方学者,正陶醉在美好的异国农村风景中。天空中可爱的小鸟在飞翔,白鸭在池塘里划水、捉小鱼,一只画眉正在黑莓丛中婉转啼鸣。叶间晨露尚未完全消失,远方不时传来熟悉的天籁。一切都是那么愉快和美好。

这位东方学者是从日本到德国来参加学术会议的。会议空闲时间,他立刻乘车到乡间欣赏异国他乡的农村山水。对于城市里的一切,他似乎并不太有兴趣。

这位东方学者,就是1981年诺贝尔化学奖获得者、日本化学家福井谦一。

1. 在大自然怀抱中的童年

1918 年 10 月 4 日，福井谦一出生在奈良一个人烟稀少的小山村，不久便移居日本第二大城市大阪。父亲福井亮吉毕业于东京高等商业学校，供职于一家英国公司。

福井谦一（以下简称“福井”）从小天资不错，也勤奋好学，六年制小学五年读完，五年制中学四年读完。他从小就喜欢大自然，这大约与他出生在农村和每年暑假到农村外婆家生活有关。后来他成名获奖以后，他总把他的成功，归因于他从小就喜欢投身于大自然之中。他还专门写了一本书，叫《学问的创造》，详细谈到大自然的美如何激发了科学家的灵感。

福井对大自然中发生的一切都感到好奇。刚懂事的时候，小福井常常一个人蹲在院子里，睁大那充满好奇的眼睛，盯着那些叫不出名字的花草。那刚刚破土而出的嫩芽，以及几天后芽里冒出的一对嫩叶，在小福井心中引起了莫名的激动、喜悦和思考。有时，他被不可遏止的好奇心所驱使，把嫩苗连根拔起，摆在小书桌上，仔细欣赏。

嫩绿色的新芽，远处山上的树木，黎明黄昏天边美丽的色彩，每时每刻都在奇妙地变化着，充满着强烈的生命感。这样生机盎然的自然界，时刻打动着福井正在成长的心灵。在蝴蝶飞舞的季节，为了追逐五颜六色的斑蝶、凤蝶，福井常常在不知不觉中跑进了深山幽谷。

当福井随家搬到大阪以后，每次学校只要到休假的日子，他都迫不及待地乘坐咣咣响的电车，到奈良的外婆家。外婆家群山环抱，绿荫蔽日；清澈见底的山间溪水，鱼、虾自由地在水里游玩；竹林深处，叫不上名字的各种鸟儿，婉转啼鸣。这种浓郁的自然气息，哺育了福井幼小的心灵，使他终生对大自然无限眷念、无限亲近。福井在回忆中说：

“每次到外婆家时，电车离大自然的怀抱越近，我的心也跳得越快，那种接近大自然时产生的快感，至今仍在我胸中荡漾。”

福井谦一（左一）在小学五年级的时候和两个弟弟一起爬比睿山

福井的父亲很开明，对儿子喜欢在大自然里嬉戏、观察，他很赞成，有时星期天还把福井带上，到鱼塘去钓鱼。他从父亲那儿学会一种很特别的钓鱼方法，用一种笔直的鱼钩，钓那些藏在溪流岩石下的鳝鱼。这种钓法需要熟练的技巧。

升入中学后，他们一家常在农村租房子消夏，这时是福井和弟弟钓鱼、游泳的黄金季节。每到这时，弟兄俩实在不能抵抗大自然的诱惑，几乎天天在海湾划船、游泳，有时还比赛钓鱼。常常是夏天一晃而过，功课却碰也没碰一下。回家后，父亲看见兄弟俩那晒得黝黑的脸、玩入迷了的眼神，就知道功课一定没有动，但父亲也没说什么。

几十年以后，有一次福井到美国开会，在乘飞机前由于到机场周围树丛里追一只美丽的蝴蝶，居然连上飞机也耽误了。

福井真可以说是一个一生热爱大自然的“老顽童”。他认为，“亲近大自然是人类的第一大特权”，不应该干涉孩子的这种要求。而且他还明确地肯定，科学研究是不能离开对大自然的亲近和热爱的。他有一个很著名的观点，很值得家长们重视。他说：

> 科学的直觉是在和大自然的直接接触中培养出来的……只有尽量在幼儿时期与大自然亲近，才能比较有效地培养出科学的直觉。

“科学的直觉”是什么？它正是做出重大科学发现所不可缺少的一种思想方法。学习再刻苦、学习成绩再好，一个学者如果没有科学的直觉，就不可能做出重要科学发现。

福井的父亲订了一份杂志,是美国出版的《全国地理杂志》。每个月杂志要来的那几天,福井就焦急不安、望眼欲穿。这本杂志每一期都登有美丽的彩色照片,介绍世界各地风光。有些图片介绍非洲、东南亚地区的那种近乎原始的生活照片。这些五彩缤纷的照片,真是让他百看不厌。每次看完一期杂志,那沙漠中生息的珍贵爬虫,密林中凶悍的食肉动物,高山上飞舞的蝴蝶,北极那种严峻条件下生活的企鹅、海豹……都会使福井的心向大自然更贴近一步。

2. 选择化学

在中学读书时,福井喜欢数理,因为这些课程用不着死背,而且可以发挥自己的思考和想象。他也喜欢文学、历史,对中国的《论语》有独到的见解。在中学二年级他学过《论语》,从那以后在很长一段时间里他经常翻阅这本书。他曾经说:

"尽管我的工作与宗教、哲学相差甚远,然而每读一次《论语》,都有些收益。"

奇怪的是福井后来虽然成为化学家,但是他开始并不怎么喜欢化学。这大约有两个原因:一是化学是门经验性很强的学科,其中大部分内容要机械地背诵,而福井对要靠背诵才能过考试关的学科,几乎深恶痛绝;二是福井在中学时最喜欢读的一本书是《昆虫记》。这本书的作者法布尔(Henri Fabre,1882—1984)先生曾经是一位化学家,后来却因为化学发明而倾家荡产。法布尔曾灰心丧气地写道:

"万事休矣!我的希望破灭了。今后该怎么办呢?我还要工作啊!"

福井酷爱大自然,因此也非常喜爱法布尔的《昆虫记》。每当他读到"我还要工作啊!"这儿时,福井的心就被震撼了。他写的《学问的创造》一书中最后一句话,就是"我还要工作啊!"由于这一原因,福井不由自主地对如此残酷打击过法布尔的化学,有一丝轻微的敌意。

福井在高中读书时，从没设想自己会去研究化学。但奇特的命运之神,却偏偏让福井走上了化学研究的道路。

这是怎么一回事呢？说来也有趣极了,这完全是一次很偶然的事情引起的。

京都帝国大学化学系的教授喜多源逸是福井父亲的一位远房亲戚。有一次,福井的父亲到喜多教授家中闲聊时说：

“我的长子高中快毕业了,他喜欢数学,还学过德语。”

言者无意,听者有心。喜多教授听了,便直截了当地说：

“这两条都是学好化学的理想条件,把他送到我这里来吧。”

福井的父亲犹豫了一下,因为他知道儿子并不喜欢化学。喜多教授见了这种情形,又强调一次：

“喜欢数学，就搞化学吧。”他还说:“无论如何请你把他送到我这儿来。”

福井的父亲回家后，就把喜多教授的话告诉给儿子。福井一听不免大吃一惊。一般人都认为学不好数学的人才去学化学，但喜多教授却说出了相反的话:喜欢数学,就搞化学,还说数学好是研究化学的理想条件。经过深思,福井似乎明白了喜多教授的用心：教授的这个不同于一般的意见，也许是对未来化学发展的一个敏锐的预言？

福井谦一的恩师喜多源逸教授，后面是教授的墓地京都鹿谷法然院

年轻人到底是比较容易改变想法的,从父亲那儿听到喜多教授的意见后,福井就下了决心:既然化学那么有趣,那就考化学系吧！

决心一下,福井便觉得全身心都涌出了一种新的感情。福井后来在获得诺贝尔化学奖后回忆说：

“过去我讨厌化学，现在又选择了化学，而且全凭从未见过面的喜多教授的一句话，真是天赐良师。这是我人生中的一大幸事，我内心充满了感激之情。”

福井的一本颇受教育界重视的书《直言教育》中“恩师良言，助我决心”一节里这样写道：

“在这之前我从来没有见过喜多源逸，对他的性格自然也不了解，我也不知道为什么在那一瞬间有那种与老师心灵相通的感觉，然后就老老实实地接受了这份建议。”

1937 年，福井考取了京都帝国大学化学系。

3. 一位“古怪的”化学系学生

福井从读大学开始，就特别重视基础知识。后来，他对于日本大学和公司不重视基础知识的方针，经常提出严厉的批评。

京都大学校园

但是，什么是化学的基础，什么又是化学的应用呢？这里没有一条明确的界限能加以区别，各人有各人的见解。福井有自己的看法，他认为喜多教授的见解很英明，化学的基础应该是物理、数学。因为化学的研究已经深入到分子构造和原子构造的领域，在这些领域里，物理学家已经在使用新的语言——量子力学的语言。如果不学习现代物理学，化学家要想做出突破性贡献那是绝不可能的。这一点，福井和下一章要讲到的李远哲教授有相同的看法。喜多教授一再对福井说：

"为了应用出色，要先打好基础。"

但具体应该打好什么样的基础，老师并没有说。福井根据自己的认识，决定深入研究现代物理，尤其是1926年创立的量子力学。福井是学化学的，然而他对化学课程不怎么热心，固执地厌恶经典化学的经验主义。同学们都觉得福井是一个很古怪的学生，似乎不务正业。这些飞短流长、窃窃私语，当然也会对福井形成一种压力，使他动摇。幸亏有喜多教授常说的"要是爱好数学，就学习化学吧"和"为了应用，先打好基础"这两句话，它们成了福井积极学习物理知识的强大动力。

在那个时代，仅仅依靠量子力学课程、阅读量子力学讲义，想学好量子力学是很困难的。因为量子力学刚建立不过十几年时间，在日本真正懂量子力学的老师很少，而且课堂中讲到量子理论的时间，仅仅只有15分钟！

于是，福井决心自学量子力学。什么是量子力学呢？简单地说，在讨论原子和构成原子的电子、质子这些微观的粒子时，必须采用新的力学原理和规则；而人眼看得见的物体，如炮弹、汽车等所适用的宏观经典力学原理和规则不再适用。这种新的力学就称为量子力学。量子力学是很难理解的，福井又主要靠自学，其困难程度可想而知。

幸亏福井在高中时数学学得很好，这对于学习量子力学很有帮助。福井在自学时有一个基本方针：不放过任何一点不懂的地方，坚持"溯本求源，刨根问底"的作风。他总是一边看书，一边用铅笔在纸上亲自把书上的公式推导一番。每当他全身心沉浸在原子、分子的微观世界里时，他就会感到极度愉快和充实。有一次，他想借一本《物理学大纲》，但图书馆因为它是孤本，不准外借，结果福井竟然趴在图书馆的桌子上，把重要内容用笔抄了下来。还有一次也是借一本物理书，由于看得入了迷，长期忘了归还，结果被图书馆的人狠狠训斥了一顿。

日本物理学家汤川秀树，1949 年获得诺贝尔物理学奖。他是日本第一位获得诺贝尔科学奖的人

由于福井如此专心地学习现代物理，还常常溜到物理系去听课，参加物理系举办的量子力学的业余讲座，结果他的应用化学的学习成绩很不理想。福井的同学非常不理解这种"反常"行为，还开玩笑地称他为"化学系的叛徒"。

1945 年，日本物理学家汤川秀树（1907—1981，1949 年获诺贝尔物理学奖）的名著《量子力学导论》在极困难的条件下出版了，福井急忙购到一本，那时他的欢乐真难以形容。

福井后来说：

> 化学具有十分复杂的特性，这门学科的特点是，不做实验就休想明白结论。数学原理在这里是没有地位的，可那又怎么样呢？半个世纪后的今天，化学的特性早已发生了变化，恐怕再也没有人认为数学知识与化学毫不相干了吧。之所以说化学的特性发生了变化，是因为化学引进了量子论这一物理理论。另外，计算机的飞速发展，物理检测仪器的进步都对化学产生了巨大的影响。

4. “真是命里注定”?

福井在大学三年级时,开始准备毕业论文。喜多教授因为太忙不能直接指导他,把他介绍到新宫春男副教授实验室做论文。新宫老师很年轻,又刚刚提升为副教授,对福井非常耐心。新宫老师对实验非常热心,他让福井通过实验分析碳氢化合物中的一种化学反应。

在实验过程中,福井发现有些碳氢化合物尽管在化学结构上很相似,但在与同一化合物进行化学反应时,却显示出完全不同的反应。他感到这里面有可能存在着重大的问题,值得深入研究。从此以后,他就逐渐被碳氢化合物的化学反应所吸引。很多年以后,福井怀着感激的心情回忆这段美好的时期:

“就是在这段时间里,我才亲身体验到化学反应的魅力。而最早使我体会到化学反应魅力的,正是碳氢化合物。这真是一种命里注定的经验。”

为什么福井这么说呢?因为,他正是从碳氢化合物的反应中,开始研究化学反应理论,并因此获得了诺贝尔化学奖。这不是“命里注定”吗?

研究生毕业后,他被分配到陆军燃料研究所,研究的对象仍然是碳氢化合物。他的研究任务是用化学合成方法合成一种燃料添加剂,以提高航空汽油的性能。这种添加剂也是一种碳氢化合物,福井真是与碳氢化合物有着不解之缘啊!这种研究,带有基础研究的特色,这正适合福井的兴趣。到1944年,他和另外几个同事完成了这项研究,并获得“陆军技术有功奖”。

1945年第二次世界大战结束后,福井回到京都大学燃料化学研究室,专心从事化学反应工程的研究。1951年初,经过6年的研究这项研究终于完成。

5. 火灾后的灵感

在这一段工作的过程中，由于福井领略了化学反应的美妙而深邃的机理，加之在大学读书时一直重视基础学问，到陆军研究所又从事化学反应的基础性研究，因此，他心中逐渐萌发了一个宏大的志向：用理论去说明化学反应。这可是一条探索大自然奥秘的艰辛之路，如果不做好精神上、知识上的充分准备，这条路就肯定走不通。福井审视自己："我准备好了吗？"思考的结果是他认为自己已经做好了这种准备。于是，他开始向这极其艰难的目标迈步。

我们都知道，化学反应总是发生在原子、分子这个层次的微观世界里。由于我们无法直接观察到这个世界，所以才要建立各种理论，帮助我们进行思考。然后，用建立的理论和实验进行分析比较，以确定理论的正确与否。

在福井下决心建立化学反应理论之后，英国已经建立了一种化学反应理论，即"有机电子论"。这一理论阐明了有机化合物的反应机理，所以它的影响很大。就是在今天，这个理论对许多实验仍有指导意义。但是，福井在研究碳氢化合物的化学反应时，发现这种电子论不能解释碳氢化合物的化学反应。他认为这个理论只关注整个分子中全部电子分布的变化，并以此来说明化学现象，并不注重区别看待各个不同轨道和电子在化学反应中所扮演的不同角色。因此，福井深感这个电子理论还不是最好的理论，还需要建立一个更好的化学反应理论代替它。

确定了伟大目标后，福井犹如走火入魔，总在考虑如何建立一个更好的理论。说来也有趣，科学研究者常常会遇到"踏破铁鞋无觅处，得来全不费工夫"的情形。

1951 年 2 月，燃料化学研究室发生火灾，烧毁了不少房间，福井的实验室受到池鱼之灾，不能继续使用。没办法，他只好到一间放发动机的空房间里工作。这房间里没有一件像样的家具和一本图书，显得空空荡荡。

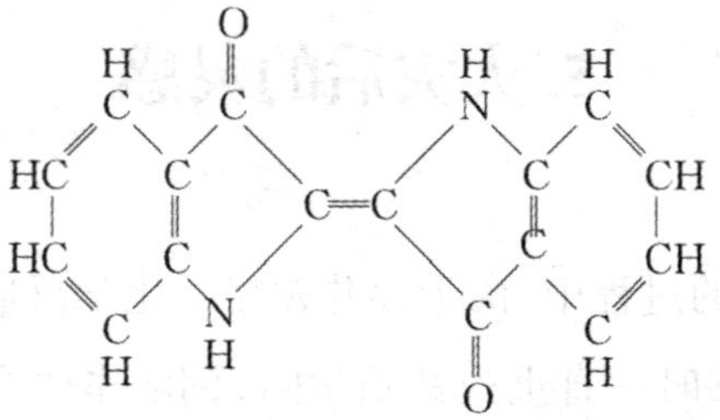

碳氢化合物的结构一般很复杂，图中所示
还是结构比较简单的一种碳氢化合物——靛蓝

由于火灾后有许多事务需要处理，因此福井整天忙得不可开交，只能抓住零星的空闲时间思考化学反应理论。就在这种忙乱的时期，奇迹出现了——灵感在一闪念间产生。

有一天，他忽然想到，能不能用"前线电子轨道"这个概念来说明化学反应理论呢？如果可以，也许就能解释碳氢化合物的反应了。福井在全面分析各轨道和电子在化学反应中变化的情况时，抓住主要矛盾，充分看出分子中结合得最松散的电子（即能量最高的电子）在反应过程中的特殊作用，并以此为突破口，创造性地提出了"前线电子"和"前线轨道"理论。

福井在《直言教育》一书里比较通俗易懂地叙述他的思想脉络：

> 我是1952年在美国物理学会杂志上发表"前线电子轨道理论"的。在此之前，学术界的主流是"电子学说"，也就是说，决定分子反应性质的是全部电子密度之和，总之是电荷。我最初注意到的是卫生球这类家庭中很常见的碳氢化合物。这类物质的分子很难用电子学说解释，为什么呢？因为这些物质不具有带电荷的场所。
>
> 我提出的假说认为，化学反应的产生方式取决于能量最高的电子轨道的移动方式。这是一个非常大胆的推论。电子学说认为，化学反应是阴、阳电荷相互吸引而产生的。而我的模型说明，

化学反应是因为电子从一个分子到另一个分子渗出而引起的。如果利用这个模型，从假说到实验结果都可以轻松地说明为什么能量最高的电子轨道的移动决定化学反应的产生方式，因为该模型显示了这些电子是最容易渗出的电子。

……进行了各种选择后，我得出了“化学反应应该发生在特殊轨道能量差最大的地方”的推论。我的这一推论与当时所知道的实验结果非常地吻合。

……所谓前线，可以理解为国境或边境。当分子来到一个国家的边境时，前线电子就像国境警备队似的，当敌人发起进攻时迎击他们的不是位于国内中心地带的部队，而是位于边境的警备部队。“前线电子轨道理论”就是因此而命名的。当时也考虑过不少其他的名字，如“活性电子”“活泼电子”等，但最后还是选择了“前线电子”这一名称。这一名称经后来验证还是意义非凡的。比如后来广泛应用这一理论的美国就亲切地形容该理论具有“前线精神”。

福井谦一写的《直言教育》中译本封面

前线电子轨道理论不仅可以解释很多化学反应，关键是它还可以解释碳氢化合物的化学反应。比起英国的“有机电子论”，福井的理论更全面、更出色。虽然在开始的10年里，人们并不重视福井的新理论，但福井却对它充满信心。30年之后，也就是1981年，福井因为他的新化学反应理论，获得了诺贝尔化学奖。

6. 学者的苦恼

最令学者苦恼的，恐怕是发表了自认为极重要的论文后的烦躁、不安。这是为什么呢？这是因为自己认为很重要的理论没有受到科学界的重视。

福井的理论在早期并未引起人们的注意，直到60年代中期，由于霍夫曼（Ronald Hoffmann，1937—）和武德沃德（Robert Burns Woodward，1917—1979，1965年获得诺贝尔化学奖）提出“分子轨道对称守恒原理”的建立，方使福井的理论受到普遍的重视。特别值得注意的是，在日本国内，福井的创造性科学研究成果受到了不应有的冷遇。正像西方一家报刊评论的那样，福井的前线电子轨道理论“在他自己的国家却未能得到多少人的赏识”。事实上，福井有关前线电子轨道理论的头两篇论文，首先发表在美国的杂志上，而不是在日本的刊物中，这在一定程度上反映出前线电子轨道理论在日本国内的处境。福井自己也坦率地承认，日本学者对他的新理论，采取了非常保守的态度，国内同行完全忽视了他的新理论。

另一方面，福井的新理论是全新的，虽然在今天已经认可了他的伟大理论，但在当时福井总觉得心中没底。虽然他对自己的理论相当自信，但差错有时是无法避免的，有没有在某个关键地方自己考虑不周？一个新理论不论有怎样的独创性，一旦错了就有可能断送一个学者的学术生命。所以，福井放心不下是完全可以理解的。

福井谦一教授侧像

还有一件事更使福井不安。我们都知道，科学家发表论文的刊物很多，其中有些刊物发行量很小，只在很小的圈子里流通，例如各大学的学报或年报，各种会议的纪要等。如果与福井的新理论相同的理论，以前已经在这些刊物上发表过，那可就糟糕透顶！

福井在很长一段时间里为这种可能性担心。因为，如果真发生了这种事情，不但他历经千辛万苦获得的创造性理论一下子失去了所有权，而且更糟的是他还可能被指责为“剽窃”者。对于一个研究者来说，没有比这更令人感到羞耻的了。而这种事例在科学界时有发生，并不少见。尽管研究者在发表自己理论前已经尽力收集研究资料，以了解是否有人提出过相同或类似的理论，然而无论怎样细心总免不了有漏洞。

福井在描述自己当时的担心时，说：

“不知什么时候，什么地点，料想不到的陷阱在等待着你，这种事情难道还少吗？学者这种职业注定总要生活在不安与互不了解之中，而且这种不安多少有些难以表达。”

很幸运的是，福井平安地度过了这段不安和苦恼的时期。他的理论到了 60 年代中期，就已经开始受到世界科学界的高度重视。

7. 获得诺贝尔奖和日本童谣《红蜻蜓》

1981 年 10 月 19 日晚上，大约 10 点，刚过 63 岁生日不久的福井正在办公桌前翻阅各种来往信件，忽然电话铃声大作。福井拿起电话：

“喂，我是福井谦一。您是谁呀？”

“我是报社的。我们已经获悉您将获得今年诺贝尔化学奖，但是姓名拼法上有错误。但无论如何请求您能接受我们的电话采访。”

福井心中的惊喜是可想而知的。在最近几年时间里，就经常有关于他获奖的“传闻”，外国学者也常常对他谈起诺贝尔奖。福井还记得 20 年前，前辈学者田中芳雄教授看了福井的论文后曾认真地说：

“福井君，你的理论也许能得诺贝尔奖啊！”

正因为这些原因，每年一到公布诺贝尔奖的10月中旬，福井内心就会出现骚动和不安。而1981年福井却恰好没听到任何“传闻”，所以接到东京报社电话时，毫无思想准备。他考虑了一下后，说：

“既然姓名拼写出了错误，就不能接受采访。在确定之后再说，希望您能理解。”

正在这时，客厅传来了妻子的惊喜叫声。福井往外看了一眼，电视正在报道诺贝尔奖获奖者的新闻，屏幕上映出了他的名字。妻子看到新闻，不由自主地惊呼“天啊”！

电话刚放下，手提各种式样照相机、话筒的记者蜂拥而至，把客厅挤得水泄不通，灯光不停地闪烁，相机咔嚓咔嚓地欢响，老朋友祝贺声此起彼伏，福井夫妇被闹得晕头转向。直到深夜，客人离去后躺到床上，福井才好不容易恢复了平静。

诺贝尔奖授奖仪式在1981年12月10日举行。这一天，瑞典首都斯德哥尔摩到处是一片银白色的世界。下午4点半，在音乐厅举行了隆重的授奖仪式。

在三名物理学家授奖后，厅里响起了“日本庆典舞曲”的音乐，瑞典国王古斯塔夫陛下将奖状和奖章授给福井。福井这时真是激动万分，不由自主想起了已经过世的喜多教授。如果不是喜多教授说“要是喜欢数学就学化学”和“搞应用必须先打好基础”，他怎么会走上研究化学之路？怎么会坚持研究化学基础理论呢？如果喜多教授还在世，看到他的学生拿到了诺贝尔奖，那该是多么高兴啊！

那天晚上，福井夫妇受到邀请，出席斯德哥尔摩大学学生联合会主办的晚会。这个晚会一切都由学生操办，只邀请了校长一个人作为校方代表。男学生们一律身着燕尾服，女学生一律穿晚礼服。司仪则穿一身黑衣服，头戴一个魔鬼面具。

在晚会上，司仪指名要福井做即席演讲。福井感到很为难，一是没有准备，二是已经做过几次讲演，不想再重复类似的演讲了。幸亏福井聪明机智，他对着话筒说：

"正如大家所看到的，整个会场只有三个日本人，当然包括我在内。我要发挥'稀有价值'的作用，请我妻子上来。"

诺贝尔奖100周年圭亚那发行福井谦一的纪念邮票

福井的妻子倒挺大方，从席间款款走上台来，于是他们夫妇俩稍稍低语了几声，便唱起日本童谣《红蜻蜓》：

晚霞中的红蜻蜓
请你告诉我
童年时代遇到你
那是哪一天

提起小篮来到山上
来到桑田里
采到桑果放进小篮
难道是梦影……①

---

① 还有两段录在下面以飨读者："十五岁的小姐姐/嫁到远方/别了故乡久久不能回/音信也渺茫//晚霞中的红蜻蜓呀/你在那里哟/停歇在那竹竿尖上/是那红蜻蜓。——本书作者注

这是一首日本妇孺皆知的歌曲，曲子自然流畅，很容易唱，它把儿童天真的神情，恳切的语气，描摹得极为尽致。福井只唱了四段歌词中的两段，就不准备再唱下去了。

歌声一停，暴风雨般的掌声轰然响彻会场。《红蜻蜓》这支歌对瑞典大学生来说，充满异国情调，紧紧攫住了他们的心。大学生们激动万分，竟然都站到椅子上，用瑞典语来了一个大合唱作为回报。福井的妻子非常感动，两眼饱含泪水，不断向大家鞠躬：

“谢谢！谢谢了！”

啊，人类原来是很容易沟通的呀！

获诺贝尔奖以后，人们经常问福井：应该怎样学习，才能取得好的成绩？福井总是说，要投入到大自然怀抱之中，要广泛地学习专业以外的知识。他说：

> 从儿时起，我就接触、亲近大自然。在学习和思考的过程中，我感觉到微妙而美丽的大自然深处，确实蕴藏着绝妙的合理性。人就是因为被大自然的魅力所吸引，从而对它的深奥产生了求知的欲望。
>
> …………
>
> 我想，学历史爱文学，即便对自然科学没有直接的益处，也可以间接地帮助人们思索。就每个人来说，任何学习都是有用的，但学到的东西日后能否发挥作用则难以估计。所以，需要广泛的学习，学到的知识越多，用上的机会也就越多。

他开辟了可能性的世界

——李远哲

李远哲(1936—),华裔美国物理化学家。1959年毕业于台湾大学,1961年获台湾清华大学硕士学位,1965年获加州大学伯克利分校化学博士学位。1968—1972年任芝加哥大学化学系教授,1974年起任加州大学伯克利分校化学系教授。1986年"因为应用分子束技术研究化学反应动力学方面的贡献"获得诺贝尔化学奖。

> 一个人受尊重,并不是他得到什么奖,而是靠他的努力……只要一个人好好努力,在社会上奉献出自己的力量,他就是一个很伟大的人,真正伟大的人。
>
> 李远哲

1986年12月10日晚上,在瑞典斯德哥尔摩金碧辉煌的音乐大厅里,正举行一年一度诺贝尔奖授奖盛典。当年的化学奖被授予美国物理化学家赫谢巴赫(Dudley R. Herschbach, 1932—)、华裔美国物理化学家李远哲(1936—)和加拿大化学家波拉尼(John C.Polanyi, 1929—)。瑞典皇家学院福森教授在颁奖词中说:

> 燃烧的火焰——这种每天常见的现象迷惑并吸引着我们中的许多人。这种化学反应可以产生热量和光,它在历史上曾不断改变人类的生活条件,它同样也促进我们所在的北部地区文明的

发展。但同时燃烧反应中生成的产物逐渐积累起来，开始改变大气，并极有可能影响地球的气候。

从自然科学的角度看，燃烧的火焰是一种神奇的复杂现象。空气中的氧气与有机分子中的碳和氢进行反应，形成多种简单的产物，这些产物常常是不稳定和容易发生反应的。原子脱离反应分子，一个反应中的产物成为另一个反应的反应物，数十乃至数百分子的反应同时进行。阐明这些变化的细节是科学对人类的挑战。

许多科学家接受了这一艰巨的挑战，其中大多数几百年来默默无闻地在实验室奋斗终身，为人类对这一领域的探索做出了重要的贡献。没有他们聚沙成塔的默默耕耘，就不会有李远哲他们日后的辉煌。

福森教授在颁奖词结尾时说：

赫谢巴赫教授、李远哲教授、波拉尼教授，你们对化学反应中的分子细节的非凡研究工作极大地丰富了化学中这个中心领域的知识。你们三位在研究的方法细节上虽各不同，但目标是一致的。你们所运用的方法会令人敬佩，这都由于你们卓越的实验技术和深厚的理论造诣。

1. 爱好广泛的少年

1936 年 11 月 19 日，台湾新竹市武昌街一座老宅子一位小学教师李泽藩家里，第三个孩子出生了。这就是我们这一节的主人公李远哲教授。

李泽藩夫妇共有八个子女，其中有四个是博士，如果加上女婿和媳妇，共有七个博士，是武昌街上有名的“博士之家”。当李远哲获得诺贝尔化学奖之后，常常有人询问李远哲的妈妈蔡配女士对儿女教育的方式，她总是温和地回答说：“都是让他们自由发展啦！”

1943年，七岁的李远哲开始上学了，五年级他练习打棒球，曾参加校队在全省比赛中得到好名次；六年级他又开始打乒乓球，结果他和同学为学校争得了全省小学乒乓球冠军。后来李远哲在回忆这段“光荣历史”时，还骄傲地说：

“我可以把球打到对方球台上的任一指定点，误差不会超过2厘米。”

读初中时，李远哲在学习上开始坚持独立思考，不盲从、不随大流。一个优秀科学家的品格，在这时已经开始显现。有一次几何考试，老师出了五个题，李远哲本可以用老师讲的方法去解答，但他却选择了与老师讲的不同方法解出这五个题。老师只给了他零分，认真的李远哲对老师说：

“老师，我的方法虽然和您的方法不同，但是我并没有做错呀。”

这位老师比较尊重学生，就让李远哲在课堂上讲解他的解法。结果全班同学和老师都觉得李远哲的解法不仅正确，还简捷利索。老师表扬了他，还重新给了他100分。

2. 从书中探索人生的真谛

李远哲有自己独到的见解，他曾经说：“我常常想，照老师说的那样去做，就会对人类对社会有很大的贡献吗？我常常觉得不是那样的，我总是觉得应当把自己的命运掌握在自己手里，做一个很好的人，一个能干的人，一个有用的人。”

为了达到这一目标，李远哲从小学五年级开始，就把父母偶尔给他的零用钱拿去买书。通过大量阅读，李远哲的眼界逐渐开阔。在1948年1月的《开明少年》月刊上，李远哲看到一篇小说“蓝色的毛毯”，使他受到很大的启发。这篇小说使少年李远哲看到了国家和民族未来的希望，他后来在回忆这次阅读经历时说：

> 这个信念对于我一生的理想与抱负极具影响，因为我从此了解人应当勤奋努力，才能改善国家贫穷落后的现状；同时，也认识到要把中国从“东亚病夫”变成数一数二的世界强国，也是十分可能的。但是，这需要每一个人的努力，也就是说，身为中国人的每一个青年，都肩负着这个责任。

李远哲爱买书和爱看书的习惯仍然没有改变。对他影响最大的是两本书：罗曼·罗兰的《约翰·克利斯朵夫》和居里夫人的女儿伊伦娜·居里写的《居里夫人传》。

法国作家罗曼·罗兰的《约翰·克利斯朵夫》的中译本（傅雷译）封面

李远哲当时看的《约翰·克利斯朵夫》中译本，是我国著名翻译家傅雷翻译并由商务印书馆于1937年1月出版的。打开这本书的第一卷，李远哲被“译者献辞”深深打动。“献辞”写道：

> 真正的光明绝不是永远没有黑暗的时间，只是永不被黑暗所掩蔽罢了。真正的英雄绝不是永没有卑下的情操，只是永不被卑下的情操所屈服罢了。
>
> 所以在你要战胜外来的敌人之前，先得战胜你内在的敌人；你不必害怕沉沦堕落，只消你能不断的自拔更新。
>
> …………
>
> 战士啊，当你知道世界上受苦的不止你一个时，你定会减少

痛楚，而你的希望也将永远在绝望中再生了罢！

30年以后，李远哲还能背出这段献辞，可见这部名著对他有多么深刻的影响。以后在他科学征战的艰难旅途上，这部著作隽永的哲理思想，无数次给他提供了源源不绝的力量，使他永远热爱生命和挑战，一次次从逆境中崛起。

《居里夫人传》是他父亲让他看的。有一天，他的父亲李泽藩先生对他说："孩子，有一个很重要的问题要与你商量一下。根据目前的时局，再考虑到你将来的谋生问题，我觉得你……应该向理科发展，将来最好当一名医生。我这儿有一本《居里夫人传》，你先看一看，或许对你选择自己的理想有所帮助。"

伊伦娜·居里写的《居里夫人传》中译本封面

这本书对李远哲选择自己的理想的确起了重大作用，不过李泽藩先生没料到的是，李远哲选择了居里夫人所从事的事业——化学，而没有选择医学。

李远哲在读完《居里夫人传》后曾激动地说："我第一次感到当科学家不仅能从事很有意义的科学研究工作，而且能享有非常美好的人生。"

《居里夫人传》对正在成长的李远哲有着深深的影响，使他后来在科学的征途上有了一个鲜明的坐标。后来他在一次演讲中所说：

一个人的生活态度，一个人的世界观、人生观，往往会影响到一个人做科学的结果和成绩……在日常生活里很认真，对于是非善恶分得很清楚的人，有严谨生活态度的人，往往是科学上做得比较好的。这就是科学的态度。如果日常生活里，很多事情都妥协了，是也好，不是也好，老师说了就是了。抱这样态度的人，往往不能成为很好的科学家。我觉得生活得严谨、生活得认真，这是成为优秀科学家的一个主要的因素。

正是由于大量阅读课外书籍给自己带来巨大的收益，所以后来李远哲教授在对大中学生讲演时，总是鼓励他们多看看优秀的文学名著和伟人传记，从这些书中探索人生的真谛。

他曾经给弟弟远钦写信说："如果你不多读些正经的书，也许你对事物的看法想法，永远都会很幼稚，精神年龄永远不会增大。我希望你在阅读书籍的正确道路上，能够找出自己的理想，找出人生最正确的途径。"

3. 一位主动学习的大学生

1955年，李远哲高中毕业时成绩优秀，被保送上台湾大学。但他在高中有一次差一点吃大亏，别说保送上台湾大学，连有没有资格考上大学都很难说。当时中学为了防止学生闹学潮，采取了强化对学生的管制，星期六下午和平时文体活动时间一律用来上课，这让李远哲和一些同学十分反感。有一次，李远哲利用自己当班长的职权，带领全班学生去爬山，在高兴之余没有参加学校放学前降国旗的仪式。训导主任平时就对这个有些"讨厌"的学生感到十分不满，就抓住这次机会在期末极力主张给他操行成绩一个"丙等"。幸亏李远哲的班主任据理力争，才争得了一个"甲等"。

如果真得到"丙等"操行成绩，保送不但不可能，就是考试成绩再好也未必能被大学录取。对这次事件，李远哲有自己的主见：

如果从台湾的标准来看，我并不是大家希望的好学生……在中学时代，我也是训导处讨厌的人物，在军训教官的眼中，操行常是"丙等"学生。但是，我知道自己所做的事情都有目的，只是不希望自己变成社会教育制度下的牺牲品。

父母想他在大学学习医学,这是因为他们家子女八个,而大人收入微薄,所以希望他从事收入丰厚的医生职业,以尽快缓解家中的困难。李远哲考虑再三,选择了台湾大学工学院的化工系,想将来当一名工程师。二年级时,他觉得自己更喜欢追究那些更本质、更深刻的问题,因此他决定转入理学院的化学系。

台湾大学现在是比较有名气的高等学府,然而在李远哲进入台湾大学时,无论在师资和学校设备上都不能让人满意。当时在大学生中流传一个笑话:“在台湾大学读书,那是一流的学生在二流管理下跟三流教授做研究工作。”

幸亏台湾大学比较开放,学生思想活跃,学术空气也相当自由,这样就给予了李远哲相当大的独立活动空间。他没有像许多同学那样老是埋怨老师,而是积极利用假期及其他空闲时间埋头苦读,充实自己的知识功底,优化自己的知识结构。

李远哲对自己学的课程产生了一些困惑,问一位高年级同学:“如果在往后的几年里我好好努力,会成为一名好的科学家吗?学校里开设的那些化学课真的那么重要?是成为伟大化学家的必读之书?”

那位高年级同学考虑了一会儿说:“不,二次世界大战以后,许多新兴的学科如热力学、量子力学、统计力学,都对化学有重大影响,但是化学系里既不开设这些课程,也没有人能教这些课。因此,如果想学好,就到物理系多选几门课吧!”

李远哲还请教一位叫张昭鼎的高年级同学:“你以为哪些课是化学系学生必须修的?”

张昭鼎回答说:“热力学不可不修。”

于是在1956年暑假时,刚结束大学一年级学习的李远哲,借了一本美国化学家刘易斯和兰德尔合写的热力学,在宿舍里与张昭鼎一起研读起来。但困难很大,一是热力学本身不容易学,二是他们的英文水平不高,读起原著有些力不从心。但他和张昭鼎还是克服一切困难用一个暑假把它读懂了。

美丽的台湾大学校园

大学二三年级时,李远哲又和几位志同道合的同学组成一个读书小组,在一位助教的帮助下,攻读近代物理学的一些著作。方式仍然是每个人轮流主讲一章,然后大家一起讨论。通过这种有效的自学方式,李远哲学到了不少近代物理知识,为他以后从事物理化学的研究打下了扎实的基础。

4. 原子科学研究所的研究生

1959 年 6 月,李远哲从台湾大学毕业,获得理学学士学位。同年夏季,李远哲考取了新竹市清华大学原子科学研究所,攻读硕士研究生。这时他对未来已经有了相当明确的计划,决定从事物理化学研究。在当时这还是一门边缘交叉学科,有广阔的和待开发的处女地,是年轻学子大显身手的好地方。

新竹市清华大学“二校门”。这个二校门与北京清华大学二校门几乎完全一样

新竹清华大学有比较先进的实验设备，例如原子反应堆和加速器等。李远哲利用这些先进的设备做了不少现代物理实验，充实了自己的现代物理学知识。

在读研究生期间发生过一件使他一生都感到遗憾的事情。1960年，新竹清华大学从日本聘请了一位名叫滨口博(Hiroshi Hamaguchi)的教授，他专门研究放射性同位素。他后来是李远哲的硕士论文指导教授。滨口博教授让李远哲分析一种名为“北投石”的结晶体同位素。滨口博教授指导了李远哲做实验，然而，李远哲在分析化学上下过一番苦功，李远哲按照他知道的方法自己重做了一次，结果比滨口博教授所说的结果更好。

后来滨口博教授回日本去了，李远哲把自己得到的数据写进了硕士论文“北投石放射性研究”里，然后寄给滨口博教授。滨口博教授读了李远哲的论文后，把李远哲的数据又改回去了，还写了一封信说：

“我是老师，懂得比你多。你的结果错了。”

李远哲写信给滨口博教授和他争论了好几次，还是无法说服滨口博教授。他只好按滨口博教授的意见修改论文，之后在台湾《中国化学》1962年1期上发表了。后来李远哲在一次演讲时说：“到目前为止，我仍然觉得很遗憾,这毕竟是一种封建的观念,他觉得他是老师,有权威。我觉得这是做科学研究很不好的地方。”

5. 加利福尼亚大学的博士生

1962 年,李远哲在一位教授的鼎力推荐下,来到美国加州大学伯克利分校(简称伯克利大学)化学系深造。伯克利大学有许多优秀的化学家,还有最好的化学实验室。

在伯克利大学校园里,高大的红杉挺立在四周,鲜艳的花朵四处开放,真是满园芬芳、草坪如毯、香气飘溢。与花草树木相映衬的是一群古色古香的建筑物,和雄伟的教学科研大楼、高大的萨瑟尔钟塔、扇形的艺术博物馆和巨型体育场,还有那藏书 650 万册的图书馆群……这一切使伯克利大学有“巨型大学”的美誉。

李远哲到了伯克利以后,除了美丽的校园让他满心喜欢以外,那散布校园各处的实验室,如劳伦斯实验室、空间科学实验室、化学生物机能实验室、癌症研究实验室……使他无比振奋。选导师时,李远哲可以在马翰教授和赫谢巴赫教授两人中选一个,在与许多教授讨论后,他决定选择马翰教授作为自己博士研究生的导师。马翰的实验室和赫谢巴赫的实验室正好相邻,还有一间是共用的。因此,李远哲可以观察两位教授的指导方法。他发现他们指导研究生的方法很不同。赫谢巴赫比马翰有名气得多,懂得更多,整个的研究计划也相当完整。李远哲说:

伯克利大学著名的萨瑟尔钟楼

做赫谢巴赫的研究生，可以得到很多的指示：化学反应是怎样的，实验先从哪里开始……但是我跟马翰教授，他很少指导我，总不告诉我应该怎么着手。我记得最清楚的一次是，我跟他讨论工作，问应该怎样做实验，他说："如果我晓得怎么做的话，为什么要研究它？正是因为我们不晓得怎样做，才需要研究。既然你接受了这个任务，就要好好地研究研究，告诉我应该怎么做。"

有一天他对妻子吴锦丽说："我选择指导老师可能没选对，马翰教授总是不指导我有用的东西。每次我很严肃地跟他讨论问题，他给我的回答好像都不对。"

吴锦丽说："那你就自己好好努力吧！"

从这次与妻子谈话以后，李远哲彻底摆脱了依赖马翰教授的想法，决心像在新竹清华大学做研究生那样，自力更生、独立创造自己的未来。

1965年6月，李远哲获得了博士学位。之后，李远哲又在伯克利大学化学系和劳伦斯实验室做了一年半的博士后研究。指导老师仍然是马翰教授。这时李远哲更明白，博士后的研究更得靠自己努力了。正好马翰教授到英国度假，临走时他给李远哲留下一笔钱和一句话：

"你可以签名用这笔钱做你需要的仪器。好了，再见！"

在接下来的九个月时间里，李远哲全身心投入到新仪器的研究、设计和制造中。从20世纪60年代起，李远哲就开始对微观（分子）反应动力学产生了浓厚的兴趣。关于微观反应动力学这儿先不详细介绍，这儿只需说明他研制的仪器，是用来测量化学反应中参与化学反应分子间的相互作用的动力学量（如反应前后角度、速度、能量等）的改变。这是一门刚兴起不久的研究项目，可借鉴的资料少之又少，一切都得从头干起。有许多物理学方面的问题，他可以向物理学家们请教，设计图不会画就请机械工程师帮忙。但设计图请人画好以后，修改多次仍然不合自己的要求，后来他干脆自己学着画设计图。有许多自己就设计的零件还得自己去做出来。

6.“物理化学中的莫扎特”

美国物理化学家赫谢巴赫教授，1986年与李远哲同时获得诺贝尔化学奖

1967年1月，31岁的李远哲完成了博士后的研究，以后的去向让李远哲颇费了一番思考。赫谢巴赫教授在1963年就从伯克利大学转到了哈佛大学，在哈佛大学建立了他领导的实验室。这个实验室研究的是化学反应中微观分子反应动力学。赫谢巴赫发明了“交叉分子束方法”，用它来研究分子或离子间的碰撞，由此可以从微观的角度深入研究化学反应的过程。

在基本粒子物理研究中，物理学家早就利用粒子间的碰撞来进行微观物理过程的研究，但化学家却迟迟没有引进这种更现代和更精密的研究方法，直到新一代物理化学家成长起来，这方面的引进才逐渐受到重视。虽然化学家使用的分子束碰撞仪与物理学家使用的粒子加速器在原理上相同，但是，化学家的碰撞研究与物理学家的碰撞研究对象有很大的不同。在物理学里，构成原子的粒子的质量，比化学中的分子的质量要小得多，但是粒子内部的作用力（强相互作用力）十分强大，在做实验时必须把粒子加速到接近光速，然后使他们迎头碰撞，在这种能量极高的碰撞中粒子才会发生变化，物理学家才有可能获得新的发现。现在世界上最大的加速器是欧洲核子研究中心（CERN）的电子对撞机，它的加速环在地下100米处，环周长27千米，其能量高达17～40TeV（$1T=10^{12}$，eV为电子伏特）！

而分子的情况不同，它们的结构虽然很复杂，但分子内部的作用力不强。要使分子相碰撞并产生新的结果,关键不在于提高分子束的能量,而在于如何设计巧妙的仪器,使两股分子束在仪器里以一定的角度相撞时,化学家能够精密地测量和分析每一个反应中运动量的变化,从而揭开化学反应中的奥秘。

赫谢巴赫以交叉分子束和激光为工具,把两种发生化学反应的分子利用物理学方法,让他们从不同的方向以分子束的形式飞到指定的地方并发生碰撞,在这指定的地方设置有各种观测仪器。通过各种合适仪器的观测,着力于对反应产物的角动量各向异性分布的测量和理论研究。这样,从前只能从宏观上定性研究的化学反应,现在可以对反应动力学从微观定量上加以研究。

李远哲对微观化学反应动力学在伯克利大学就做过一些研究。如果想继续研究下去,他认为应该到哈佛大学赫谢巴赫实验室去研究。于是在1967年2月李远哲来到哈佛大学,打算在这儿做为期一年半的研究。

李远哲到了赫谢巴赫实验室以后,发现赫谢巴赫在离开伯克利大学4年时间里,研究手段还是老样子,技术没有什么改进。这使李远哲颇有一点失望。而在这几年里,李远哲发现虽然有许多人开始用分子束对化学反应进行研究,但真正取得成功的事例却很少。这是什么原因呢?李远哲认为人们只关注信号的强弱,却没有对背景的干扰进行分析。因此实验结果由于背景干扰太强,想要的信号往往分辨不出来。为了克服这一问题就必须改进实验设备。

有了这种新的考虑,所以李远哲一到哈佛大学就向赫谢巴赫教授提出,要开展交叉分子束研究的新构想。这一构想得到了赫谢巴赫教授的肯定和支持。这样,李远哲在他的科学旅途上开始了第一次真正的科学研究。他在哈佛大学的博士后研究到1968年9月就应该结束,因此要在大约一年半的时间里完成设计、加工、安装、调试和读数等一系列工作,其难度之大是显而易见的。

在不到一年的时间里,李远哲从新建成的交叉分子束装置上得到了令人鼓舞的数据，第一次得到了氯原子和溴分子的反应的数据。1968年他与合作者写出了论文《分子束动力学：卤素原子—分子在交换反应中短程吸引的证据》。（氯和溴都属于卤族的非金属元素）

李远哲在哈佛大学设计的大型实验仪器，是世界上第一台通用型交叉分子束实验装置。它共有8层抽气装置，一个大气压射进去，检测器压力降到10～11大气压，而分压力可以降到10～15大气压。这样接近真空的条件，就能很好的克服干扰大和信号弱的缺陷。除了分级抽真空以外，他还巧妙地装上了超音速喷管、电子轰击型四极质谱仪，以及可转动检测系统等最先进的设备，从而使得分子动力学在以后得以蓬勃发展起来，也使人类对原子—分子这样基元反应的过程，有了更广泛和更深入研究的基础。

李远哲后来在伯克利大学建立的分子束实验室。由照片可以看出，这是多么复杂的设备啊！

赫谢巴赫教授是交叉分子束实验研究的先驱者，他深知李远哲的才能和成就非同一般，他不仅肯定了李远哲的研究，还称赞李远哲是“物理化学中的莫扎特”，是“惊人的实验天才”。

7. 芝加哥大学教授

1968年10月，李远哲离开了哈佛大学赫谢巴赫实验室，来到伊利诺伊州密歇根湖畔的芝加哥大学。芝加哥大学是美国最著名的私立大学之一，是美国中西部地区大名鼎鼎的高等学府。

郁郁葱葱的芝加哥大学校区园林

芝加哥大学在决定聘用李远哲之前，曾经请他到芝加哥大学做了一次学术报告。芝加哥大学对他的报告十分满意，于是决定聘用他为化学系的助理教授。

1968年10月，李远哲接受了芝加哥大学的聘请，而且这一干就是6年，直到1974年9月才离开芝加哥大学。

在芝加哥大学，李远哲又开始设计一部最新的交叉分子束实验装置。开始是他一个人，后来有4位同事加入了他的研究小组，共同研究分子碰撞实验。新的设施开始投入实验后，他们立即得到许多以往科学家根本无法得到的实验结果。

1970年，他利用惰性气体分子束作为实验材料，研究分子之间的作用力。我们知道，分子间的作用力一般都十分微弱，所以很难不受其他因素的影响。而惰性气体分子如氦（He）、氖（Ne）、氩（Ar）、氪（Kr）、氙（Xe）和氡（Rn）等，几乎不与其他分子发生作用，李远哲利用惰性气体的这一特点，以氦分子与氮分子碰撞，来探讨分子间的吸引力和分子平均动能的传递现象等。

李远哲的研究小组实验取得很大的成功，仅1970年就在美国最高级的杂志上发表了5篇重要文章。在研究上迅速取得成果的同时,在芝加哥大学他的职位上来了一个“三级跳”。1968年10月李远哲被聘的是助理教授,1971年10月他被聘为副教授,在1973年的3月李远哲成了芝加哥大学的教授。

8. 重返伯克利大学

1974年是李远哲人生旅途中的一个重要的转折点。在这一年他做出了一个重要的选择:重返伯克利大学。

对于回到伯克利大学,李远哲本人曾经说过:“我这辈子做了两个正确的决定,第一,1962年申请到伯克利大学念书;第二,1974年回到伯克利大学任教。”

李远哲教授正在与人交谈

伯克利大学不仅聘请李远哲为化学系教授,还聘请他为劳伦斯实验室材料和化学专业的首席研究员。这样,李远哲可以充分借助这个实验室的优越条件,更好地进行分子动力学领域的研究,把原有的研究成绩提高到更高的水平上。

在1974年到获诺贝尔奖的1986年的12年里,他和他的助手总共发表了125篇重要论文。论文质量亦是极高,但是因为这方面内容过于专业,所以只能做一点简单的介绍。

一是李远哲通过实验证实,根据量子散射理论预言,在某些化学反应中的确存在“动力学共振现象”。这项研究成果是李远哲最重要的成果之一,是分子反应动力学领域中理论与实验完美结合的典范。

二是氧原子与烷烃、不饱和烃和芳香烃的反应的研究。烃是一种只含有碳和氢两种元素的一类有机化合物，是石油和天然气的主要成分。所有的烃都可以燃烧，如氧气足够可完全燃烧，生成 CO_2 和 H_2O。李远哲利用交叉分子束技术研究这类反应后，首先指出：氧原子置换烃中的一个氧原子是主要反应通道。这一重要的发现澄清了燃烧理论中长期存在的错误，引起了燃烧理论的重大变革。

李远哲教授能取得如此巨大的成就，与他的拼搏精神是分不开的。他曾经说："也许我和一些人不同的地方是，有人遇到困难就退缩了，我却继续努力，动脑筋找出新路子来。"就是依靠这种拼搏精神，李远哲一步一步的攀上了化学科学之巅！李远哲被誉为"分子束化学真正的实现者"。1986 年 3 月里根总统在授予李远哲美国国家科学奖章时，称赞李远哲"开辟了可能性的世界"。

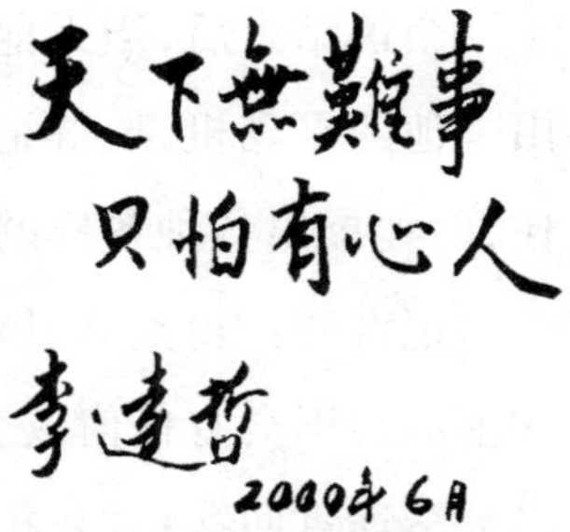

李远哲的题词"天下无难事，只怕有心人"

9. 荣获诺贝尔奖

1986 年 10 月 15 日，从斯德哥尔摩传来消息，这一年的诺贝尔化学奖授给赫谢巴赫、李远哲和加拿大多伦多大学的波拉尼教授。他们三人的研究对化学的一个新的研究领域"反应动力学"(reaction kinetics)的发展具有非常重要的意义，使人们得以详细了解化学反应是怎样发生的。

李远哲获奖消息传到美国时，他正在新墨西哥州洛斯阿拉莫斯（Los Alamos）出席一个学术会议。李远哲那时在乘电梯准备参加会议，有一位教授进电梯时看见他了，立即大声对他说："恭喜！恭喜！昨晚和您在一起真是荣幸！"

李远哲听了一时摸不着头脑，问："喜从何来？"

他还以为这位教授在夸奖他昨天晚上的学术报告。等这位教授说出他获得诺贝尔化学奖的消息，他内心当然也十分激动。获诺贝尔奖的消息让他感到惊喜，但仍然像平时一样照常参加上午的会议。与此同时，远在伯克利市的家中，电话铃一直响个不停。

加拿大多伦多大学的波拉尼教授，他与赫谢巴赫和李远哲共同分享1986年诺贝尔化学奖

会议结束后，当天他乘飞机返回旧金山。他一下飞机，一群记者就把他团团围住，向他提出各种各样的问题。

记者问："得到诺贝尔奖以后，您今后的生活会不会有任何改变呢？"

李远哲回答："我相信不会有太大的改变，因为我们仍然会和往常一样，继续自己的研究工作。"

他还半开玩笑地说："我现在关心的就是实验室最近漏水，应该尽快修理，否则会影响学生的研究工作。"

面对100多位记者，他说："我想今天晚上就回实验室去。"

那天晚上，李远哲的确与平时一样，照常按时出现在实验室里，在接受了研究生们闹哄哄的祝贺以后，一直工作到深夜才回家，让妻子吴锦丽一个人去对付那群记者。

虽然他还是如往常那样生活、工作，但还是不可避免地受到打扰。他有一次无可奈何地说：我宁愿15年之后得到诺贝尔奖。那时他也许退休了，就不怕人打扰。

李远哲夫人吴锦丽比李远哲先知道他获奖的消息。一位记者打电话到伯克利李远哲家中，问她得知这消息后有什么感想。吴锦丽回答说：

"我感到非常高兴，我想这也是全体中国人的荣耀。"

荧光的奇迹

——钱永健

钱永健（1952—），华裔美国生物化学家。1972年毕业于美国哈佛大学，1977年获得剑桥大学哲学博士学位。1981—1989年任职于美国加州大学伯克利分校，1989年至今在加州大学圣地亚哥分校任教授。2008年“因为发现和应用绿色荧光蛋白”获得诺贝尔化学奖。

> 在GFP的革命中，钱永健伟大的贡献是他延伸并丰富了研究人员手中的调色板，他创造了一个五彩缤纷的调色板，里面的发光蛋白质拥有彩虹的各种颜色。
>
> 诺贝尔奖委员会

2008年10月8日，瑞典皇家科学院在斯德哥尔摩宣布，美国三位化学家下村修（Osamu Shimomura，1928—）、马丁·查尔菲（Martin Chalfie，1947—）与钱永健三人“因为发现和应用绿色荧光蛋白而共同获得2008年诺贝尔化学奖”。

1. 从小喜欢画画和美丽的颜色

钱永健的父亲钱学榘（1915—1997）1931年考上国立交通大学机械系。他不凡的动手能力在大学期间显示出来，而且学习成绩一直非常优秀因而不断获得奖学金。大学毕业后，到清华大学当了一年的助教；1935 年考取清华大学庚子赔款留美官费生，到美国 MIT 学习航空工程。当时有人开玩笑说："留美官费生被你们钱家包了。"一年前，钱学榘的堂兄钱学森也考取了留美官费生。

钱学榘学成回国后，到西南贵州贵阳市大定发动机制造厂任工程师，制造飞机。正是在这期间，他与同事李耀祖的妹妹李懿颖结婚。1945 年，他们的第一个儿子钱永玉出生。此后不久，钱学榘接到命令作为联络员到美国去，争取让美国给予中国空军更多的军事援助。可是等他到了美国的时候，日本已经宣布无条件投降。这样，他到美国的任务就自行终结。他本应立即回国，但是他预计中国在抗日战争结束后，很可能又会卷入国共内战，于是他决定留在美国，并设法把妻子和儿子永玉接到美国。

1952 年 2 月，钱学榘的第三个儿子钱永健出生。

钱永健全家合影，前排右一为钱永健

钱永健曾经说："我从小就喜欢画画，也喜欢美丽的颜色。八岁那一年，爸妈送给我一盒化学工具箱，我把不同的化学物质混合成漂亮的紫色，这就是我的第一个实验。"钱永健在不同的场所，经常提到他从小就喜欢美丽的色彩，这对于他今后的科学研究起了很重要的作用。例如在获得诺贝尔化学奖以后到台湾中研院演讲时，他的第一句话就是"我从小就喜欢色彩"，在听众中引起一片笑声。

在《自传》中钱永健又写道：

"我最初的记忆可能是在三四岁的时候，我就喜欢画一些想象中的城市，画中有蓝天下的高速公路和街道下的隧道。也许这是我后来着魔于桥梁建筑和喜爱绘制地图的最初信号。”

钱永健小的时候因为有气喘的毛病，不能像两个哥哥那样常常在屋外玩耍，多半时间只能待在室内，于是他的父母为他买来一套“吉尔伯特化学实验设备”。大约在八岁上小学的时候，他做了有生以来的“第一个实验”。但是他觉得这些实验太单调乏味，无法吸引他。有一次他在学校图书馆里惊喜地发现一本介绍初级化学实验的书，上面有一些十分吸引人的实验和插图。钱永健说：“遗憾的是，我现在忘记了这本书的书名和作者，不过在八岁前后，我在一个笔记本上画了许多实验草图，这本笔记本现在放在诺贝尔博物馆（Nobel Museum）里。”

据钱永健回忆，其中有两个实验他记得十分清楚：其中的一个是把某种金属盐的晶体（例如硫酸铜$CuSO_4$）滴入硅酸钠（Na_2SiO_3）溶液，最后会变成发光的紫红色染料。另一个实验是把一种强碱（例如氢氧化钠（NaOH）的水溶液，与稀释的高锰酸钾（$KMnO_4$）混合，于是溶液呈现出美丽的深紫色；如果再让这种深紫色的溶液流过一个纸做的圆锥形漏斗，溶液的颜色会变为漂亮的绿色。

有意思的是，在获得2008年诺贝尔化学奖时，他在瑞典斯德哥尔摩电视上重复了“这一惊奇而少为人知的”演示实验，他兴致勃勃地对听众说：

“我想以此说明是什么原因使我对化学感到兴趣。正是这两个试验使我早年和此后一生钟情于美丽颜色（pretty colors）。”

几乎所有的孩子都喜欢焰火，钱永健和他的哥哥也钟情于制造焰火，那艳丽的色彩和耀眼的光芒，给他们带来极大的兴奋和欢乐。当他们用粉状铝和铬酸（H_2CrO_4，是三氧化铬溶于硫酸时生成的化合物）得到铝热反应，那种蔚为壮观的焰火让他们欢呼雀跃。不少文章说，他和哥哥永玉曾经因为制造弹药而炸毁了家里的乒乓球台的一角，但是在他写的《自传》里却没有提到这件事情。

钱永健倒是很详细地提到过在一次试验中的失败。他说：“我最大的野心是用一个多级程序合成阿司匹林。”

1966—1967 年钱永健制备的氯与红磷反应的设备

为此他需要亚磷酸氯（Phosphorous chloride）。为了获得亚磷酸氯，他让红磷在氯气里燃烧。因为他没有毛玻璃瓶塞，就试图用橡胶塞子在细颈瓶里完成这一反应。结果由于化学腐蚀作用橡胶瓶塞坏了，因此实验失败，没有得到亚磷酸氯。

一些更加危险的实验，因为没有抽风机就只能在后院的野餐桌上完成。对于少时的这些实验，在后来的回忆时，他说：

> 回忆往事，我想到一个 8 ~ 15 岁的孩子，在没有指导的情况下做这些危险的事情，不免后怕。但这也是一种非常好的训练，如何改进设备、计划和具体实验，解释一些模糊不清的结果，以及如何把实验做得更好一些。这些实验使得我有足够的自信。

2. 西屋科学天才奖

钱永健第一次真正做研究，是 1967 年在俄亥俄大学举办的“夏季研究计划”(summer research program at Ohio University in 1967),这项计划由国家科学基金资助。他被指派到罗伯特·克莱因(Robert Kline)教授实验室工作,做与硫氰酸盐有关的实验。克莱因教授希望钱永健研究硫氰酸盐与金属相互作用时发生的一些现象。这年的整个夏天里,钱永健都专注于这一研究。在暑期快结束时,他从不大理想的数据里得到一些结论。克莱因教授完全不认同他的结论,指出他并没有做出正确的微观分析。

1967年冬天,在利文斯顿读高中的钱永健,取得进入西屋科学天才研究班的资格,准备参加1968年的“美国西屋科学天才奖”竞赛。

“美国西屋科学天才奖”(Westinghouse Science Talent Search,WSTS)是美国影响较大的中学生奖,设立这个奖的目的在于发现具有科技创造潜力的美国中学生,促进对这些天才青年的培养与教育,提高他们科学技术的能力,并激发美国青年对科学研究的兴趣,加深公众对科学技术在现代文明中重要性的认识。

参赛的选手必须提供一篇1000字左右的研究报告,而且这项研究必须是由本人单独完成的。评选工作由各学科专家组成的评选委员会及下设的专门小组负责,首先评出300名优秀者,从中再选出40名,然后集中到华盛顿面试,并在美国科学院公开展出其科研成果,最后评出前十名优胜者。

这一奖项历来被称为科学界的“小诺贝尔奖”。钱永健参加这一比赛时,由于一时没有其他研究题目,就把1967年夏天在俄亥俄大学做的研究课题上报。颁奖典礼时,参加竞赛的选手们都十分紧张,因为获奖者名单倒着顺序念,因此每一个选手既希望自己的名字念得越迟越好,又担心最后根本没有自己的名字。出乎钱永健的意料之外的是,他竟然获得了第一名。钱永健后来说:

“我直到今天还为我获得第一名感到困惑,因为我的研究方案和结果看来并不那么好。”

这次获奖使钱永健最高兴的事是,卖房子给他们家的房地产开发商在一个广告中用了他的照片，用以证明这个地方学校质量很好——有获奖者钱永健为证！而当年这位房地产开发商因为他们家是华人，不愿意把房子卖给他们。后来还是因为打上官司后，法官告诉开发商这涉嫌种族歧视，开发商才不得不把房子卖给他们家。

3. 哈佛大学——不喜欢化学

1968年钱永健高中毕业，那时他看好美国的四所大学：哥伦比亚大学、麻省理工学院、加州理工学院和哈佛大学。最后，他选中了哈佛大学。钱永健在回忆时说："后来的事实证明，哈佛的经历从整体上来说对我非常有益。同学的友谊对我的成长至关重要。"

钱永健在大学读书的时候，可不是一个"听话的好学生"。他进大学本来是想读化学系，哈佛大学的化学主修课据说是化学系"最好的课程"，但是钱永健沮丧地发现，其设置和内容都非常落后和死板，简直是最糟的课程。钱永健这样说："这些主修课程是如此地令我不满，我决定不学化学。"

好在大学设立的许多课程都非常吸引他，因此在大学一年级的时候，他选读的课程范围之广，使别人不知道他到底想学习什么。例如，他选读了艺术史、视觉设计、经济学、殖民历史、宪法、生理学、音乐理论和室内音乐演奏，等等。

到二年级选择课程时，他开始钟情于分子生物学，这门课由沃尔特·吉尔伯特（Walter Gilbert）讲授，他后来在1980年"因为DNA排序的研究"获得诺贝尔化学奖。除此之外，钱永健还对海洋学、相对论、量子力学和天文物理学有兴趣。最后，他决定选择神经生物学（neurobiology）为自己大学的专业主修课。选神经生物学的原因，部分是他认为大脑和智力今后可能是科学上很重要的研究方向，还有部分原因是讲课老师大卫·休伯尔（David Hubel）的课程非常优秀和吸引人。

二年级暑期快到时，钱永健曾经问休伯尔教授，能不能在暑期到他的实验室工作，休伯尔回答说已经没有空位置，连研究生都没有地方了。他建议钱永健到麻省眼耳附属医院找奈尔逊·江(Nelson Kiang)。

1971年暑期，江医生让钱永健接受了严格的听觉神经生理学训练。此后40年里，他一直在神经生物学问题领域里勤奋耕耘。

1981年获得诺贝尔生理学和医学奖的休伯尔

4. 剑桥大学——发光染料研究

1972年，钱永健哈佛大学毕业时获得马歇尔奖学金(Marshall Scholarship)，他决定用这笔奖学金到剑桥大学读研究生。还没有毕业时，他就得知剑桥已经接受他的申请，而且指定的导师是理查德·休姆·阿德里安博士(Dr. Richard Hume Adrian)。以前钱永健没有听说过这个人，于是他打电话给哥哥狄克，狄克不久前才在牛津大学获得心脏电生理学哲学博士学位，回到耶鲁大学任助理教授。狄克告诉弟弟说，阿德里安博士是英国最著名的肌肉电生理学家，他的父亲是埃德加·道格拉斯·阿德里安(Edgar Douglas Adrian)，1932年因发现"神经细胞功能"与谢灵顿(C. S. Sherrington)共享诺贝尔生理学和医学奖。钱永健听了以后有一些犹豫，说："肌肉这个领域已经没有发展前途，我想研究大脑。"

狄克说："理查德·阿德里安是一位真正的绅士，他一定会允许你自己选定研究课题。"

钱永健听了哥哥的话，决定先不表态，等到了剑桥再说。到了剑桥，果然阿德里安没有限制钱永健选择自己喜欢的研究课题。他在剑桥一直研究大脑神经元的活动，并且发现用成像技术研究这些神经元的活动大有发展前途。

在成像技术中，钱永健取得两项重要的成就，第一项是发明出一种更好的染料，可追踪细胞内的钙水平——钙染料；第二项成就是绿色荧光蛋白(Green fluorescent protein，GFP)。前一项工作就是在剑桥开始并取得重要成就的。

1972年冬天，钱永健贸然决定设计和分析新的染料，用来作为研究神经元活动的工具。但是在这些研究里都涉及有机合成。这时他才后悔自己在哈佛大学的时候没有好好学习化学课程，而剑桥生理学实验室又没有人能够教他。幸运的是，这时化学系有一位艾恩·巴克斯特博士(Dr. Ian Baxter)，他是阿德里安朋友的朋友，对钱永健的第一个方案很有兴趣，并且同意业余时指导他。巴克斯特那时没有学生，却有时间、好心和耐心，有时一天几次来看他研究的进程，给予耐心和必需的帮助。

当钱永健因为研究生物学而选择有机合成的时候，它居然觉得有机合成十分有趣，并且使他享受到巨大的快乐。他一直抓住这个研究项目不松手，即使后来遇到许许多多的困难，如巴克斯特很快就离开剑桥，他筛选出的染料质量比别的实验室的差，他都没有放弃，仍然一直坚持这一研究。

1975年，成功的第一道曙光终于来临——他开始注意到钙染料。

钙在多种生理反应中扮演关键角色，包括神经冲动调节、肌肉收缩、受精作用等。不过，细胞内钙水平的计量方法当时还相当原始，需要穿透细胞壁注射钙的化合物，这种方法通常会毁坏研究细胞。钱永健利用化学技术发明出有机染料，与钙质结合时会戏剧性地改变荧光。此外，钱永健还发现可以使染料无需注射即可穿透细胞壁的方法。

1977年，钱永健获得哲学博士学位以后，继续留在剑桥，在冈威尔&凯休斯学院(Gonville & Caius College)做博士后研究。那时他集中精力研究Ca^{2+}信号，并且开始与芸克(Timothy Rink)合作，这是生理学实验室一位新的成员。他们合作开始的时候研究Ca^{2+}选择电极，接着研究生物测试和开

发 Ca^{2+} 荧光指示剂。

除了研究上的合作以外，更加重要的一件事是，芸克和他的妻子诺尔玛（Norma）邀请钱永健参加他们家的圣诞舞会，在舞会上他第一次遇见他们的表姐温迪（Wendy）。钱永健一看到温迪，居然就觉得她就是他心目中的妻子，于是此后每个周末他都到伦敦北边温迪的家拜访她。芸克和诺尔玛几个月后惊讶地发现，他们居然无心就促成了一桩美好的婚事。温迪一直是钱永健的至爱。

2004 年，温迪和我们家的狗吉瑞

1980 年，钱永健发明检测钙离子浓度的染料分子；1981 年改进将染料引入细胞的方法。以后他陆续发明了更多更好的染料，被广泛应用。钱永健还发明了多种染料用于研究其他分子。

5. 伯克利大学——继续剑桥的研究

1981 年底，钱永健在冈威尔&凯休斯学院的学业将要结束，他开始为寻找工作忙碌。这时他这才发现，当时想在英国找到一份研究工作，如果不说不可能的话，至少也是极为困难。于是钱永健开始考虑，离开美国已经十个年头了，现在是该回到美国的时候。他开始与美国有关机构联系，但所有求职信几乎都没有下文。生物系认为他是一个化学家，而化学系又认为他是一个生物学家。钱永健回忆中说：

“现在用化学来解决生物学问题，有一个非常时髦的次学科分支名之曰‘化学生物学’（chemical biology），但是在 1980 年，这种交叉的科学分支只有在药物工业里才有。即使在这个行业里，每一位科学家要么是化学家，要么是生物学家，不能同时是两者。”

机会最终还是来了。加州伯克利大学生理解剖系有一个空出来的助理教授的位置，这个系的研究委员会主席是特瑞·马晨(Terry Machen)，他当时休假到剑桥，了解钱永健的研究成就，而伯克利也正好有两个同事对Ca^{2+}信号有兴趣。于是钱永健有机会造访伯克利，幸运的是，这时钱永健在Ca^{2+}荧光指示剂的研究取得了进展，首次可以直接测量在淋巴细胞里的Ca^{2+}。这一研究的应用前景，以及他生理学的哲学博士学位，伯克利大学决定聘用他为助理教授。

钱永健接受伯克利大学任命的时候，伯克利已经处于相当严重的财政危机中。钱永健为他的实验室只申请到几千元的启动资金，而且在使用上有严格的规定。更让钱永健沮丧的是，系里居然不供应他必须用到的通风机！一位教授好心地告诉他，有一个陈旧的通风机，但是它的排风管一直通到这座建筑物的楼顶，而且这个排风管无法变更。钱永健此后在伯克利7年的研究中，都是使用这唯一而又旧的通风机。结果在通风不好的“实验室”里，常常充满了臭味。每当异味过于强烈，他们只好到室外做实验。

随着研究的深入和不断取得的进展，他对设备资金的需要随之增加，但是伯克利无法满足他的需要。1989年，钱永健决定到加州圣地亚哥大学(University of California, San Diego, USCD)。直到现在他一直在这所大学工作。

USCD满足了钱永健对实验设备的要求。虽然这所大学还相当年轻，但是机会也因此比较多；比起伯克利来，传统的束缚也少。他觉得这一些优势比“名声小一些”更加重要。

在USCD钱永健迅速取得了重大的研究的成果。

6. 圣地亚哥大学——GFP研究接力赛

1989年到圣地亚哥大学以后，钱永健开始研究GFP。下面我们对GFP

研究的过程，以及钱永健的成就作一个简要的介绍。

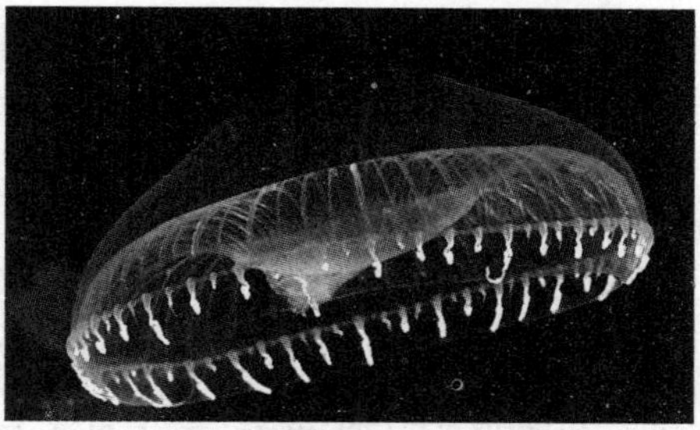
发光水母

人类观察并注意到生物发出荧光有久远的历史。在中国古诗里，常常可以见到诗人对萤火虫的生动描述，例如（唐）白居易在《长恨歌》里写道："夕殿萤飞思悄然，孤灯挑尽未成眠。"杜甫在《萤火》一诗里写道："巫山秋夜萤火飞，帘疏巧入坐人衣。"除了萤火虫发出荧光以外，还有海边的"发光水母"也会发出荧光。例如古罗马的普林尼（Pliny）在他发表的 37 卷《自然史》里，就有对"发光水母"的记载。

但是对于荧光的深入研究，却是 20 世纪 50 年代以后的事情。人们熟悉的生物荧光，都是通过"荧光素"这一"底物"分子，在荧光酶的催化作用下氧化而发出荧光。后来发现的绿色荧光蛋白（GFP），却与这种氧化机制完全不一样：蛋白质本身就会发光，不需要底物。这一发现是下村修和他的导师弗兰克 · 约翰逊（Frank H. Johnson）发现的。

1）默默无闻的下村修

日本学者下村修

1955 年，加州大学圣巴巴拉大学的达文波特（D. Davenport）和同事尼科尔（Nicol）曾经发现水母可以发出绿颜色的光，但是不知道其发光的原因。直到 1962 年，这一问题才由普林斯顿大学的弗兰克 · 约翰逊和日本学者下村修弄清楚。

1960 年，下村修来到美国普林斯顿大学约翰森实验室做博士后研究，开始研究生物发光体水母的发光原因。1961 年的整个夏天，他们俩来到位于北美西海岸的星期五港湾，收集一种名为维多利亚多管水母（Aequorea victoria）。他们切下水母的发光边缘，将它们放到滤纸上挤压，得到挤压后的"压榨物"。

据说有一天下班要回家了，下村修将部分压榨后的残留物倒进水池，临出门前他关灯以后，无意中回头看了一眼水池，发现水池有异常清晰的光在闪烁。这一偶然事件引起了下村修的注意，他意识到这可能是因为水池中有海水，海水中的钙离子与残留物发生了化学反应。但奇怪的是，这些残留物发出的是蓝光，而不是水母中的绿光。他紧紧抓住这一偶然的发现进行了深入的研究。功夫不负有心人，最终他确定是钙离子增强了水母素的发光。

1962年，下村修和约翰森在《细胞和比较生理学杂志》上发表文章，他们从1万多只水母中分离纯化出几毫克的发出蓝色光的材料，并将它们命名为发光蛋白质。他们在文章里详细描述了提取发光蛋白质的过程，同时在一个注释中提到他们还分离出另一种蛋白质，这种蛋白质在日光下呈淡绿色、灯光下呈黄色、在紫外光下呈绿色。他们将这种蛋白质称为绿色蛋白，以后改称为"绿色荧光蛋白(GFP)"。这是人类第一次对GFP的描述。正是这一发现，促使GFP成为生物学中应用最广泛的明星分子；也正是文章中的注释，奠定了下村修日后获得诺贝尔奖的基础。

1963年，他们在《科学》杂志报道钙和水母素发光的关系。1963年至1965年，下村修回日本名古屋大学任副教授，1965年又回普林斯顿继续在约翰森实验室，直到1980年。

此后下村修更加专注地研究GFP的荧光性质。他发现最重要的一点是，GFP不需要额外的蛋白质就能发光，这与其他生物发光蛋白质完全不一样。可惜下村修本人对GFP的应用前景不敏感，并没有意识到它的应用的重要性。但是他的这一发现，却实在是来之不易。

2001年退休后，他又在家里的地下室继续做他喜爱的生物学研究，发表文章都是以自己家庭地址为收件地址。到2008年获得诺贝尔奖以前，科学界几乎没有人知道或者注意到这位学者。

当有人问他为什么这样热衷于研究时，他说："我做研究不是为了应用或其他任何利益，我只是想弄明白水母为什么会发光。”

2）失意和无私的普拉瑟

由于下村修和约翰逊都没有注意到GFP的应用价值，GFP的研究一时陷入低潮，直到20世纪80年代末和90年代初，才开始有了质的突破。

1980年，下村修来到伍兹·霍尔海洋研究所时，遇见一位同事道格拉斯·普拉瑟（Douglas Prasher）。普拉瑟在佐治亚大学做研究生的时候，就对水母发光蛋白质有着浓厚的兴趣，并且克隆了水母的发光蛋白。遇见下村修以后，他被GFP迷上了，并且想克隆GFP的基因。但是他申请研究经费非常困难。1987年普拉瑟有了一个天才的猜想：用GFP作为其他蛋白质的指示信号。这时他也终于申请到一笔为数不多、为期3年的研究经费。1992年，普拉瑟克隆出GFP的基因，他的研究经费同时也用完了。他把自己的研究成果发表在《基因》（Gene）杂志上。有了基因，研究GFP就方便多了。

但是没有料到的是，普拉瑟文章发表以后，却离开了科学界。原因是他根据自己上述研究继续申请科研经费时，评审者却认为此前没有蛋白质发光的先例，而且即使真有这种蛋白质也没有任何价值。普拉瑟为此非常生气，在一气之下离开了海洋研究所，到麻省空军国民卫队基地，后又去到农业部植物服务部工作，据说最后在俄克拉何马州成为一个班车司机。

不过普拉瑟很是了不起，他后来把自己的研究成果毫无报偿地送给查尔菲和钱永健，使他们成就了伟大的发现。于是又有了下面的故事。

3）查尔菲的惊喜

马丁·查尔菲1947年出生于美国伊利诺伊州的芝加哥。1982年至今，查尔菲一直在哥伦比亚大学生物科学系任教。1988年在参加一个学术会议时，有一位演讲者

马丁·查尔菲在哥伦比亚大学为他获得诺贝尔奖举行的新闻发布会上

提到了GFP,这让查尔菲激动不已。他立即想到如何把GFP用到他的线虫研究中，但是这需要GFP的基因。幸运的是他很快得知普拉瑟正在克隆GFP的基因,他怀着忐忑的心情立即打电话给普拉瑟,希望能够得到GFP的基因。没有想到普拉瑟非常豪爽地答应了查菲尔的要求。从此查尔菲的研究过关斩将、一马平川,顺利地取得了重要的研究成果。

1994年，查尔菲的设想成为现实。他巧妙地将GFP的基因接到线虫细胞的基因启动子后,得到了令人惊奇的实验结果:在紫外光的照耀下,线虫的六个触觉感受器在体内清晰地闪耀着绿光！他迅速把这一惊人的研究成果发表在美国《科学》周刊上。

查尔菲的发现奠定了今天GFP革命性应用的基础:GFP可以作为示踪剂,观察蛋白质在细胞内的运动和变化。从此细胞内的黑暗世界被照亮,科学家可以很方便地用活体监测细胞内的各种各样的反应，避免只有在“死物”上做研究的巨大缺陷。因此他们的文章发表以后，立即引起了轰动,很多生物学家纷纷把GFP引入自己正在研究的系统。在一个新的系统里表达GFP,在当时就是一篇不错的文章,能够在《自然》和《科学》这些顶尖的杂志上发表。但是有原创性的并不多,例外的是钱永健实验室发现的多种彩色的变种,是当时非常重要的发现。

钱永健的发现,使得生物学研究进入了一个崭新的阶段。此前不能在活体观察的许多生物学现象，此后都可以通过荧光蛋白作为标记进行观测。随后的10多年中,荧光蛋白的基因被导入了大鼠、小鼠、斑马鱼、果蝇、酵母、拟南芥等各种模式生物中,成为生物学研究必不可少的工具。

4)钱永健的功绩

普拉瑟在离开科学界以前还做了一件大好事,他把GFP基因也无偿地给了钱永健。

钱永健在关注GFP之前,也想到标记蛋白质的事情。他曾经设想,如果细胞自己能带有荧光岂不更好？也就是说如果自行编码后的蛋白质对钙敏感的话,很有可能达到他设想的目的。他在网上找到了十几篇相关的论文，发现有人在水母里面发现了绿色荧光蛋白，并由普拉瑟克隆出 GFP 的基因。

钱永健立即打电话给普拉瑟："我很感兴趣您的荧光蛋白基因，您可不可以把它提供给我？"

普拉瑟真是出人意外地慷慨，只提出以后钱永健发表第一篇论文挂上他的名字就行。钱永健后来说："令我非常惊异的是，他乐意将基因给我。"

资料很快寄了过来，像查尔菲一样，也是从 1994 年起，钱永健的研究迅速有了重大的突破。

钱永健是一位化学家，他在得到普拉瑟的 GFP 的基因后，立即开始研究这种蛋白质的发色团的结构。他首先要知道的是：这个发色团在 GFP 的 238 个氨基酸中，发生了什么样的生化学反应。以前的研究一般都认为它能产生荧光主要归功第 65、66 和 67 位的丝氨酸、酪氨酸和甘氨酸残基，它们彼此反应形成发色团。但是钱永健的研究却显示出，这种化学反应只需要氧气，在氧分子的氧化作用下，以上氨基酸残基最终形成有活性的发色团。这一发现圆满地解释了这种发光反应为什么不需要其他蛋白质的参与。

借助 DNA 技术，钱永健把 GFP 上不同部位的氨基酸进行重组，创造出崭新的 GFP 变体，使它们能发出更强、更多色彩的光，如青绿色、蓝色和黄色等。这样，研究人员就能够同时给不同的蛋白质标记上不同的颜色，从而可以动态地检测它们的变化以及相互之间的作用。

钱永健与他的"五彩缤纷的调色板"

这儿需要指出的是，钱永健虽然扩大了色彩的范围，但是却无法得到发出红光的 GFP，而红光更容易穿透生物组织，用处更大。幸运的是，两位俄罗斯科学家米哈伊尔·马兹（Mikhail Matz）和谢尔盖·卢克扬诺夫（Sergei Lukyanov）

也参与了这场GFP的研究，他们在1999年从发出荧光的珊瑚中找到了6个与GFP类似的蛋白质，发现并克隆了第一个红色荧光蛋白DsRed。但是，这个红色的蛋白质太大而且太重，无法像其他GFP一样置入基因之中。钱永健的研究团队得知了俄罗斯科学家的研究成果后，通过基因工程改造了这种红色蛋白质，得到新型红色荧光蛋白变体。它更小更轻，也能够置入到其他蛋白质中。现在世界各地实验室常用的发出红光的GFP，基本都是这种衍生体。

诺贝尔奖委员会在公报中说：在GFP的革命中，钱永健伟大的贡献是他延伸并丰富了研究人员手中的调色板，他创造了一个五彩缤纷的调色板，里面的发光蛋白质拥有彩虹的各种颜色。

7. 获得诺贝尔化学奖

每一位诺贝尔获奖者在谈到自己知道获奖时的情形，都各有自己特有的故事，让读者百看不厌。

钱永健的故事比较平淡，因为他从来就是一个非常低调的人。诺贝尔奖宣布的当天，钱永健在举行的电话新闻发布会上说：

> 现在全世界有成千上万的科研人员以荧光蛋白以及衍生出的其他工具进行科研工作，我想我也会沐浴在荧光的温暖中。绿色荧光蛋白领域的研究是众多科研人员不断积累的结果，我很高兴和下村修、马丁·查尔菲分享这一荣誉，我自己则要感谢在我的实验室工作过的人，他们都做出了重要的贡献。

当记者问他是否预料到自己能获诺贝尔奖时，钱永健说：“在这之前，网上有很多传言预测我今年能得奖，但那种预测通常成功率很低……这次我是运气好，被说中了。”

“第一个分享这个好消息的人？当然是我妻子，因为她也被电话吵醒了。”

诺贝尔奖委员会在公报中说特别提到钱永健伟大的贡献。但钱永健特别强调说：“显然，普拉瑟被诺贝尔奖名单忽略了！但这个奖项一次最多只能给三个人，我相信委员会做了一个艰难的决定。”

“在我的这个领域中还有许多其他科学家努力从事研究，而诺贝尔奖评选时只能挑选某几个人，并且不超过三个，而我正好在这样一个评选范围内被选中了，所以说我觉得自己实在是很幸运。”

钱永健对于自己突然暴露于聚光灯下，感到有不小的压力。他坦言说：“因为所有人一下子都来关注你、媒体要求采访你，我不太习惯。”还诙谐地说：“我感觉自己有点像被汽车大灯照到的一只鹿，我今天肯定不如昨天聪明。”

两个月以后的12月初，钱永健和他的妻子温迪、家人、朋友和同事飞到斯德哥尔摩接受诺贝尔奖。钱永健和查菲尔没有忘记普拉瑟的功劳和豪爽，他们邀请普拉瑟夫妇一起到斯德哥尔摩。

8. 获得成功的关键

钱永健在各种演讲时，常常谈到一个重要的问题——获得成功的关键。钱永健平生一直谦逊低调，所以他在谈到成功的关键时，真有给人以醍醐灌顶的特别感受。他指出有三条特别值得注意：

> 当你做研究时，寻找一个你喜欢的课题，然后积极利用你的神经细胞；
>
> 当你得到一个结果时，不要过高估计你的结果；
>
> 寻找合适的团队，然后发挥他们的能力——为了你们共同的利益。

第一条：寻找一个你喜欢的课题。

钱永健一直对人讲：他的成功源自于他对科学的着迷与对色彩的喜爱。他说：

> 科学可以给人带来很多本质的快乐，以度过一些不可避免的挫折，所以我觉得兴趣很重要。上世纪60年代，也就是我的中学时代，生活很忙碌，那时的我就已经喜欢并痴迷于科学了。其次就是色彩，一直以来我都特别喜欢颜色，颜色让我的工作充满趣味，不然我坚持不下来。如果我是一个色盲，我可能根本不会进入这个领域。

2008年10月8日，诺贝尔奖网站总编亚当·史密士（Adam Smith）对钱永健的电话采访时，也谈到同一个问题："您想给进入您这个领域的学生什么样的劝告？"

钱永健回答说：

> 我想重复当我成为助理教授时，我希望选择一个既安全又有一些冒险的研究时系主任对我说的话："相信你自己，根据你真正的兴趣决定选择。关于这个系统里的博弈不要想得太多，想想那些最吸引外界人士的研究项目。选取你认为最感兴趣的对象。"对于我来说，也许因为我一直喜欢美丽的色彩，所以它帮助我总是喜欢与美丽色彩有关的研究，所以我就不太关心是在5、10或者20年里取得成功，我常常会选择给我美学感受的实验……美丽的颜色将会使你看到更多的内容。这正是我想强调的。

第二条：不要过高估计你的结果。

谦虚是一位优秀科学家必备的品格之一。印度诗人泰戈尔说："当我们大为谦卑的时候，便是我们近于伟大的时候。"

钱永健深深懂得圣贤的这句话的重大意义，他曾经说：

“我们的贡献主要是改进了技术。人为的技术常常会过时，而有关自然基础的发现则会持之永久，例如达尔文或者沃森和克里克的贡献则比较少见，而且会引起激烈的竞争；而那些使人们关注重要问题的技术成功地改进，可以在至少几年里减少由于利益而引起的致命的、广泛的冲击。更有甚者，同样的工程学研究只是创造一些新的治疗策略以减轻疾病，而不仅是我们同事研究的工具。”

第三条：发挥团队精神。

钱永健在香港大学获得荣誉博士学位

正是由于钱永健有难得的谦逊品格，所以他一再强调团队精神。2009 年 12 月 2 日，钱永健在荣获香港中文大学“荣誉理学博士”时做了一个演讲。在演讲中一开始他就说：

“至于本人，有幸实验室团队的研究工作略有所成，也想借着今天的盛会，与大家分享当中的关键，盼为人类社会带来一点启迪。”接着他解释，所谓团队精神就是认识“多样性”对研究的重要作用：

我相信许多原则是相通的。就以多样性为例，我们的实验室所选取的基因的能力，来自所有的物种。同样的道理，我相信多功能的社会组织，包括大学和企业，同样需要背景广泛的人才，包括男女和不同种族，才能有所裨益。我们的实验室有幸得到来自世界各地的人才加盟，包括中国、日本、印度、以色列、加纳、波兰、德国、瑞士、意大利、法国、西班牙、英国和加拿大。

重视多样性，也就是要发挥团队里每一个人的才能，让他们各尽所能、发挥所长。为此，钱永健特别强调团队精神中的思想创新和学术自由：

知识创新也需要表达自由，撤除审查制度。1933 年爱因斯坦离开德国，理由便是他只想“在政治自由、兼容并包、法律面前人人平等的国度生活”……过去108年来获得诺贝尔科学奖的研究，大都是高度思想自由所孕育的产物。

……大学天职为促进思想创新及学术自由，其任务是从事能发前人所未发的研究，让学人随意质疑根深蒂固的理论。